KAMPENWAND
VERLAG

ISBN: 978-3-98660-205-5

Raiffeisenstr. 4 · D-83377 Vachendorf

www.kampenwand-verlag.de

Versand & Vertrieb durch Nova MD GmbH

www.novamd.de · bestellung@novamd.de · +49 (0) 861 166 17 27

Text: Wibke Sommer

Lektorat: Susanne Klein

Bilder: © Alexandra Maria Fotografie

Buchcoach: Fitore Brahimi

Druck: FINIDR,

s.r.o. . L.pov. 1965, 737 01 Český

Těš.n, Česk. republika

https://wibke-sommer.com

buch@wibke-sommer.com

Hinweis:
In diesem Buch gibt es einige Formulierungen, die nicht immer der Vorgabe des Duden entsprechen, aber der Autorin in der Vermittlung des Inhalts von einem bestimmten Bewusstseinslevel wichtig sind. Sie sind dann meist kursiv gesetzt.

Haftungsausschluss:
Die im Buch enthaltenen Übungen und Ratschläge wurden von der Verfasserin sorgfältig erarbeitet und geprüft. Eine Garantie kann dennoch nicht übernommen werden. Die Autorin übernimmt keine Haftung für Schäden irgendeiner Art. Es handelt sich hierbei um Informationen, die nicht als Diagnose, Behandlung oder Ersatz für eine medizinische oder psychologische Betreuung gedacht sind. Bitte befragen Sie hierzu Ihre Therapeutin oder Ihren Arzt.

WIBKE SOMMER

SELFLOVE *Millionaire*

ÜBER DIE AUTORIN

Als Bankkauffrau lernte ich Bank und nicht Geld. Leider ist der Banker selbst nicht reich. Hast du das mal hinterfragt?

Ich schon.

Ich erforschte eine Grundfrage unserer Gesellschaft: Was machen reiche Menschen anders?

Sie arbeiten nicht für Geld. *Reiche Menschen lassen ihr Geld für sich arbeiten.*

In der sehr männlich geprägten Finanzwelt habe ich mich auf die Suche nach der weiblichen Art gemacht, mir Geld zu erlauben und zu empfangen. Wir Frauen sind mit unserem Selbstwert oft so verquer unterwegs, dass wir uns Mangel kreieren müssen.

Ich habe Entscheidungen getroffen und alles gedreht. Nichts ist so, wie es zu sein scheint.

Hi, mein Name ist Wibke Sommer.

Vor ein paar Jahren noch hatte ich eine Million Träume und keine Ahnung, wie ich sie jemals erreichen soll. Ich lebte in meinem selbsterschaffenen goldenen Käfig. „Sei doch mal zufrieden", war das Feedback meines Umfelds. „Euch geht es doch gut."

Ja, wir hatten ALLES! Tolles Haus, zwei schöne Urlaube im Jahr, mein Mann hat als Ingenieur sehr gut verdient und die beiden Girls waren auf der Privatschule.

Das Leben der Anderen.

Ein vorbestimmtes Leben.

Weil man es so macht.

Ich war innerlich leer, unerfüllt und unzufrieden.

Nachts lag ich schlaflos heulend im Bett.

Heute weiß ich, dass es diese Unzufriedenheit braucht, um überhaupt bereit zu sein, etwas verändern zu wollen. Wenn wir uns immer zufriedengeben und faule Kompromisse akzeptieren, dann wird sich nix ändern.

Leben bedeutet Entwicklung.

Wachstum.

Wollen.

Wachsen wollen.

Etwas verändern wollen.

Über dich hinauswachsen wollen.

Oder ist es gemütlicher, nix zu tun und sich einer Ersatzbefriedigung hinzugeben?

Meine erfolgreichsten Kunden kommen zu mir, weil sie bereit sind. Sie haben eine Entscheidung getroffen. In exklusiven Retreats und Mentorings begleite ich diese Menschen in ihre Größe.

Ich persönlich liebe das Gefühl, mich immer weiter auszudehnen.

Grenzenlos.

Wir können das alle erleben und fühlen, wenn wir denn wollen.

In Wahrheit musst du gar nichts.

Aber du kannst alles haben.

Entscheide selbst, ob es sich lohnt.

MEIN GESCHENK AN DICH

Der Umsetzungskurs zum Buch im Wert von 499 Euro

Ich liebe Geschenke. Und du?

Du erhältst als Leser:in meines Buches exklusiven Gratis-Zugang zu wertvollem Bonusmaterial als Ergänzung zum Buch. Sowie aktuelle Infos und Termine, wo du mich live in deiner Nähe treffen kannst.

Registriere dich jetzt für den exklusiven **Gratis-Umsetzungskurs zum Buch:**

SelfLOVE Millionaire – Lerne das Geldspiel und du musst nie wieder für Geld arbeiten

Website: wibke-sommer.com/buchbonus
Email: buch@wibke-sommer.com

INHALT

VORWORT

Stell dir vor, du kaufst dir ein Buch und es verändert dein komplettes Leben.

Zu schön, um wahr zu sein?

JA! Definitiv.

Aus eigener Erfahrung kann ich dir versichern, dass der Kauf eines Buches nichts verändert. Leider!

Genauso wenig, wie ein Fitnesstrainer vermag, dich zu deinem Traumkörper zu begleiten, wenn du nicht bereit bist, regelmäßig zu trainieren. Er wird die Übungen nicht für dich machen können.

Ich habe dieses Buch für die wenigen Menschen geschrieben, die wirklich ihr Leben nachhaltig verändern und konkrete Ergebnisse erzielen möchten. Vor ein paar Jahren habe ich den Satz irgendwo gelesen: *„Machen ist wie Wollen, nur krasser"*. Tatsächlich ist es genau das. Es tatsächlich tun!

Menschen, die sich lieber weiterhin mantraartig extrem gute Gründe liefern wollen, warum es für sie *nicht* möglich ist, ihr eigenes Leben sinnerfüllt komplett nach ihren eigenen Wünschen und Bedürfnissen zu verändern, reihen sich bewusst oder unbewusst in die Gruppe derer ein, die nicht bereit sind, 100 % Eigenverantwortung für das eigene Tun oder Nichttun und somit in letzter Konsequenz für ihr eigenes Leben zu übernehmen.

Was wäre also, wenn du meine Einladung annimmst und die vielen Übungen und Fragen zur Selbstreflexion im Buch tatsächlich umsetzt? Besonders die „Weiß ich schon/Mache ich schon"-Liste hat es in sich. Du findest sie im ersten Kapitel.

Würdest du es tun, wenn du wüsstest, dass du nicht scheitern könntest? Wärst du wirklich bereit, von heute an jeden Tag ein bisschen mehr für möglich zu halten, dass tatsächlich alles möglich ist? Für dich! Wärst du auch bereit, dir deine eigenen Hintertürchen und Ansichten nicht mehr zu glauben und stattdessen immer mehr Beweise zu sammeln, dass du auf dem besten Weg bist, dir dein absolutes Lieblingsleben zu erschaffen?

Hin·ter·tür·chen /hintaty:açen,Híntertürchen/:

Aus dem kleinen ICH und dem konditionierten Verstand erschaffene, sehr realistisch wirkende Ausrede, warum es unmöglich scheint, etwas Neues, Größenwahnsinniges anzustreben oder auch nur im kleinen Zeh für möglich zu halten. Hintertürchen wirken subtil und multidimensional und führen, sollten sie nicht frühzeitig erkannt werden, automatisch dazu, dass man Träume und Ziele lieber gleich begräbt und weiterhin ein Leben voller Selbstzweifel und Ängste führt.

Ich werde dich anhand meiner eigenen Geschichte und Heldenreisen meiner zahlreichen Kunden in eine Fülle von Erfolgsgesetzen einweihen, die für ausnahmslos jeden, der bereit ist, diese in sein Leben zu implementieren, zu 100 % wirksam sind. Es handelt sich um universelle Naturgesetze, die für alle Menschen funktionieren, so sie denn auch wirklich angewendet und gelebt werden. Tatsächlich sind es bis gestern deine eigenen Hintertürchen gewesen, die dich immer wieder davon abhalten wollten, Geld und Erfolg auf wundersame Weise zu empfangen. Dabei dürfen wir alles sein und haben. Gesund, reich, glücklich, größenwahnsinnig, ...*Keine faulen Kompromisse mehr.*

Dieses Buch ist ein Praxishandbuch und keine weitere „Schnell reich werden"-Strategie. Es enthält die Codes für Fülle in allen Lebensbereichen. *Geld ist nicht das Problem und war es noch nie.*

Es sind unsere konditionierten Denk- und Glaubensmuster zu Geld, die wir im Laufe unseres Lebens als unsere augenscheinliche Wahrheit übernommen haben. Alles, wirklich alles, von dem du überzeugt bist, manifestiert sich in deinem Leben als deine eigene Realität.

Vielleicht denkst du jetzt: „Wibke, das ist bis hierhin nichts Neues. Das weiß ich schon alles." Dann möchte ich dir an dieser Stelle einen riesigen neuen Raum voller neuer Möglichkeiten anbieten. Es ist nicht das Wissen, das dich nachhaltig erfolgreich macht und dir ein erfülltes, gesundes und reiches Leben in allen Bereichen kreiert. Genau das leben nämlich tatsächlich die wenigsten Menschen. Glaub mir, ich kenne sie alle, die Hintertürchen, Rechtfertigungen und Geschichten, warum es so schwer und unerreichbar scheint. Bisher hast du deinen eigenen Wert über Fleiß und Leistung definiert und dich nur dann wirklich gesehen und gut gefühlt, wenn es maximal kompliziert und schwierig war. Ist es nicht so? Erwischt!

Bist du vielleicht sogar ein Problemlöser? Für dich und andere? Wir können nicht *nicht* manifestieren.

Ich kann dir versichern, dass ich genau dann ein Magnet für Wohlstand und die unglaublichsten Manifestationen wurde, als ich bereit war zu akzeptieren, dass ich in Wahrheit nichts weiß. Alles Wissen resultiert aus unserem konditionierten Verstand, Hörensagen und unseren Erfahrungen und Emotionen der Vergangenheit. Die besagten Hintertürchen sind nicht darum verlegen, uns immer wieder einen geordneten Rückzug anzubieten und lieber alles beim Alten zu lassen. „Hat nicht sollen sein. Schade!" Jenseits von dem, was du selbst für dich bis gestern für möglich gehalten hast, wartet deine ureigene innere Wahrheit auf dich. Leben aus der Seele ist die größte Erlaubnis. Nicht genutztes Potenzial, das nur darauf wartet, von dir gelebt zu werden. Jenseits von dem, was die Masse lebt und für möglich hält, wartet die Freiheit.

Viele Menschen lehnen Geld unbewusst ab, weil sie Geldverdienen mit einer Tätigkeit verbinden, die ihnen keinen Spaß macht. *Unser Kontostand lügt nicht.* Bist du bereit, die Wahrheit über Geld zu lernen, deine Ängste zu durchbrechen und deine eigene innere Reichtumsfrequenz zu aktivieren? Bist du bereit, Geld für dich und deinen Lifestyle zu nutzen und alle limitierenden scham- und schuldbehafteten Denkmuster als Lügen zu enttarnen? Bist du bereit, Geld nicht mehr als Limit und Wurzel allen Übels zu sehen, sondern als Potenzial und Möglichkeiten, um dir das Leben deiner Träume zu erschaffen?

Eins kann ich dir versichern: Ich habe noch keinen einzigen Nachteil gefunden, den ein Leben in finanziellem Wohlstand mit sich bringen könnte. *Reichtum ist ein Bewusstseinszustand.* Geld zu haben und für unsere Zwecke zu nutzen, darf normal und selbstverständlich sein. Wir sind Schöpfer unserer eigenen Realität. Was wäre, wenn dieses Buch tatsächlich dazu beiträgt, dass du es dir erlaubst, endlich wahrhaftig du zu sein und dir ein Leben und Wohlstand zu erschaffen, in dem du jeden Tag weit über dich hinauswächst?

Sei es dir wert.

Wibke Sommer

PROLOG

Wie ich etwas erschaffen habe, was sich die meisten Menschen nicht vorstellen können …

„Ich kann dir nur geben, was du glaubst, haben zu können“, hat Gott mir liebevoll zugeflüstert, als ich mal wieder nachts nicht schlafen konnte.

Dieser Satz ist per se die Lösung für all unserer Probleme.

Aber nein, in Wahrheit hast du gar kein Problem.

Was wäre, wenn alles schon perfekt ist?

Genau so, wie es ist.

Probleme hast du nur, wenn du welche haben willst.

Aber wer will das schon?

Ich habe mich für die Freiheit entschieden.

PUNKT.

Bist du bereit für Wunder und Magie?

Das Verrückte an meinem Leben war, dass ich keine vernünftige Gebrauchsanleitung dafür hatte.

Ab einem gewissen Punkt hatte ich Fragen.

Antworten habe ich keine bekommen.

Wenn man mal von Aussagen wie „Sei doch endlich mal zufrieden“ absieht.

„Sei doch mal zufrieden“ war für den Moment okay, aber auf Dauer wurde es unerträglich.

Ich war im falschen Leben gelandet.

Dabei hätte ich mich tatsächlich zufriedengeben können, denn uns ging es echt gut.

Ich: ehemalige Bankerin, selbstständig – also selbst und ständig – als Fotografin und Hotel Mama.

Das klassische Spiel: mein Haus, mein Auto, zwei Urlaube im Jahr und die Kids auf der Privatschule.

Mein Mann hielt sich als sehr gut bezahlter Ingenieur beschäftigt, steckte in seinem Karrieretunnel fest und hatte für meine Fragen an das Leben null Verständnis.

Ich war nicht mehr kompatibel mit diesem engen Klein-klein-Spiel, und zufrieden war ich schon gar nicht.

•

Hey, so schön, dass du hier bist!

Ich nehme dich mit auf eine ziemlich coole Reise.

Und gleichzeitig möchte ich dich warnen:

Dieses Buch kann dein komplettes Leben auf den Kopf stellen.

Es gibt keine Zufälle. Deswegen liegt die Vermutung nahe, dass du auch eine Suchende bist.

Kannst du sie fühlen?

Diese Sehnsucht tief in dir?

Diesen Samen, der bereits zarte Wurzeln geschlagen hat?

Es braucht Wurzeln.
Und Flügel.
It's time to fly, Baby.

1

GEWINNER STARTEN, BEVOR SIE BEREIT SIND

Los geht's!

Was wäre, wenn wirklich ALLES möglich ist?

Kleiner Spoiler: Ich sitze gerade auf der Terrasse unserer Villa am Meer, während ich diese Zeilen schreibe. Es ist nicht irgendeine Terrasse, es ist die Terrasse einer riesigen Luxusvilla auf Zypern in einem Fünf-Sterne-Resort. Das heißt: erste Reihe Meerblick mit Pool Boy, Gärtnern und Concierge-Service.

Alleine in den letzten drei Jahren haben wir als Familie über 17 Länder bereist, und wir bewegen uns dabei in einem Preissegment, in dem sich andere Wohnungen oder Häuser kaufen.

Wir leben tatsächlich in diesem größenwahnsinnigen Visionboard, das ich mir vor ein paar Jahren erstellt habe. Ich bin angekommen und doch erst am Anfang einer noch viel größeren Geschichte, die sich bereits am Horizont abzeichnet. In ein paar Wochen, im April 2024, werden wir nach drei Jahren und neun Monaten Zypern ein weiteres Mal unsere kuschelige Komfortzone crashen. Wir starten unsere Weltreise. Costa Rica ruft uns so sehr. Sieben Wochen sind geplant. Und danach? Wir wissen es nicht. Noch nicht.

Ich habe gelernt, meiner Seele zu folgen. Bedingungslos.

Aber noch mal von vorne:

Arizona.

Es ist der 8.8.2018 und ich schreibe bei einem fünftägigen Seminar meines Mentors Jack Canfield meine neuen größenwahnsinnigen Ziele auf.

Wenn wirklich ALLES möglich ist, dann will ich es jetzt endlich wissen:

1. Ich will ein Haus am Meer.

2. Ich will meinen Mann freikaufen aus seinem Karrieretunnel.

3. Ich will unseren beiden Töchtern die Welt zeigen.

4. Ich will unser Jahreseinkommen zum Monatseinkommen machen.

5. Ich will meinen 50. Geburtstag auf einer riesigen Yacht feiern.

Ich habe mir ein fünftägiges Seminar bei Jack Canfield manifestiert, meinem bis dahin größten Vorbild.

Ich könnte auch schreiben: Ich habe ein Blind Date mit einem mir bis dahin fremden Mann in Arizona. Allein die Geschichte dazu ist schon so verrückt. So etwas kann sich keiner ausdenken.

Anfang 2018 habe ich entschieden, dass ich Jack persönlich treffen und von ihm lernen möchte. Ich kannte ihn aus dem Buch „The Secret“, und seine Geschichte hatte mich sehr beeindruckt.

Am 1. August, einem Mittwoch, spät abends, gab es diese verrückte Begebenheit. Es war eine kurze Unterhaltung über WhatsApp mit Rainer, einem mir bis zu diesem Zeitpunkt nicht persönlich bekannten Mann, der mit mir zusammen Mitglied in einer größeren WhatsApp-Gruppe war. „Zufällig" haben wir uns an diesem besagten Mittwoch privat geschrieben, und das Universum konnte durch ihn wirken …

Er: „Ich fliege am Freitag nach Arizona zu Jack Canfield."

Ich antwortete ihm auf eine Art, wie man das gerne macht, wenn jemand in den Urlaub fährt: „Echt? Ich komme mit!"

Er: „Kannst du machen. Ich habe noch ein zweites Ticket."

Das war einer dieser Momente, in denen das Herz einen klitzekleinen Moment aussetzt. Hatte er das jetzt wirklich geschrieben? Mein Mann lag schon lange im Bett, und ich googelte nach Flügen.

Schlafen konnte ich sowieso nicht. Mein Verstand war schon längst ausgestiegen. Meinte Rainer das wirklich ernst?

Am folgenden Samstag saß also auch ich im Flugzeug nach Arizona zu Jack Canfield – und zu Rainer. Wir trafen uns am Sonntagnachmittag im Eventhotel am Pool. Ein Blind Date. Wie krass ist das denn?

Das war die Kurzfassung. In Wahrheit bin ich zwischen Mittwoch spät abends und dem Boarding am Samstag tausend Tode gestorben. Es wäre drei Trillionen Mal einfacher gewesen, nicht zu fliegen. Stattdessen habe ich alle Gründe, warum es kurzzeitig immer wieder unmöglich schien, einen nach dem anderen aus dem Weg geräumt. Alleine diese kurze Zeitspanne würde schon ein ganzes Buch füllen.

Da saß ich also in einem fünftägigen Seminar bei Jack Canfield und definierte meine neuen größenwahnsinnigen Ziele.

Eine letzte Herausforderung war geblieben: mein schlechtes Englisch, zumindest immer dann, wenn ich den Mund aufmachte. Und gleichzeitig flossen Jacks Worte durch mich hindurch, als wäre diese Sprachbarriere nicht existent. Was für eine krasse Erfahrung!

Ich war gekommen, um zu bleiben, und entschied mich während dieser fünf Tage für Jacks Train-the-Trainer-Ausbildung. Wenn schon, denn schon! Ich will das volle Programm. Maximale Konfrontation mit meinem alten kleinen Ich. Es war mein Ticket in die Freiheit.

Wieder zurück in Deutschland war dann nichts mehr wie zuvor. Ich war (und bin) zu 100 % committet. Ich habe meine Ziele dort in Arizona nicht definiert, um sie irgendwann mit einem langweiligen „Es hat nicht sollen sein" zu begraben.

Ich will sie nehmen mit jeder Zelle!

PUNKT.

Scheitern ist keine Option.

Keine faulen Kompromisse mehr.

•

Ich habe gerade das Gefühl, dass ich dir, liebe Leserin, zu Beginn noch eine kurze Einführung für dieses Buch mit auf den Weg geben möchte.

Ich persönlich glaube fest daran, dass nichts in unserem Leben zufällig passiert. Wir sind geführt. Daher ist es offensichtlich an der Zeit, dass du diese Zeilen lesen darfst. Wahrscheinlich bist du schon länger auf der Suche nach Antworten, weil du tief in dir diese Sehnsucht spürst, dieses unbestimmte Gefühl von „War es das schon oder kommt da noch was"? Vielleicht hast du große Träume und fragst dich, ob du größenwahnsinnig oder verrückt bist?

Ich möchte dir mit diesem Buch Mut machen. An dir ist nichts falsch! Im Gegenteil. Du pflanzt gerade die Samen für eine abgefahrene Reise zu dir selbst. Ich wünsche dir, dass du jeden einzelnen Moment davon genießt. Auch dann, wenn es sich manchmal alles andere als komfortabel anfühlt. Genieße es mit jeder Zelle. Es ist dein Leben, und wir sind hier alle nicht angetreten für Mittelmaß.

Besonders DU nicht! Es war nie dein Plan. Du hast dich nur irgendwann selber ein bisschen verloren, hast Erwartungen anderer erfüllt, hast funktioniert, deinen eigenen Wert vergessen, dich zufriedengegeben. War es nicht so?

Weißt du was? Auch das ist die Perfektion des Universums. *Wir sind immer zur richtigen Zeit am richtigen Ort aus dem richtigen Grund.* Alles, was war, hat einen einzigen perfekten Sinn: Es hat dich zu dieser wundervollen Frau gemacht, die du heute bist. Und jetzt darfst du dich komplett neu entscheiden. Du hast richtig gelesen. Du darfst dich JETZT hier und heute neu entscheiden.

Jetzt!

Die gute Nachricht dabei ist: Du musst diesen Weg nicht alleine gehen. Ich werde dir anhand meiner eigenen Reise viele wichtige Erfolgsgesetze an die Hand geben, die du dir zunutze machen kannst. Tatsächlich ist das Wissen um diese Gesetze allerdings komplett nutzlos, wenn du sie nicht in dein Leben implementierst.

Ich bin ganz ehrlich mit dir. Dieses Buch wird dich nicht über die Ziellinie tragen. Angelesenes Wissen verändert gar nichts, solange es nicht von dir umgesetzt wird. Du musst es tatsächlich selber *erLEBEN* und erfahren. Es ist wie ein Portal, das du durchschreiten darfst, ohne genau zu wissen, welche großartigen Geschenke auf der anderen Seite auf dich warten.

Du darfst auf deiner eigenen Heldenreise viele alte, nicht dienliche Glaubens- und Denkmuster hinterfragen und Dinge tun, zu denen du bisher nicht bereit warst. Ich werde dich in diesem Buch mit ganz viel „Alles ist möglich"-Energie fluten.

Wie war es denn bis gestern? Da haben wir uns ständig eine der vielen „Passt schon"-Masken angezogen und unser Leben auf Mittelmaß gedimmt.

Unzufriedenheit ist für mich eine riesige Motivation, etwas zu verändern.

Spulen wir ein paar Jahre zurück.

Ein hübscher, selbst erschaffener goldener Käfig mit schönem Haus, einem Mann, der als Ingenieur sehr gut verdient hat, und beiden *Girls* auf der Privatschule.

Ich habe es nicht gefühlt.

Es hat mich schlicht nicht erfüllt, so zu leben, nur weil es in unserer Gesellschaft als erstrebenswert gilt. Vorbestimmt bis zum Tod.

In mir war diese Sehnsucht nach einem Leben, wo weder Zeit noch Geld das Limit ist.

Reisend, ein Haus am Meer, Qualitätszeit mit meiner Familie statt als Familien-WG nebeneinanderher lebend.

Jeder beschäftigt in seinem täglichen Müssen.

Immer mal ein paar Tage Urlaub als Belohnung für das ansonsten langweilige Leben im Dauerstress.

Weißt du was?

In Wahrheit müssen wir nix.

WIR MACHEN ES FREIWILLIG!!!!

ALLES!

Weil wir uns eingekauft haben, dass es nur so geht.

Es ist eine Lüge!

Weil es unsere unbewusste Konditionierung ist, die uns gefangen hält.

Fleißig sein in der Schule, guter Job, Karriere, heiraten, Kinder, Eigenheim, immer mal Urlaub, um wieder runterzukommen, und möglichst ohne Lücke im Lebenslauf bis zur Rente durchhalten.

Das ist, wie wenn du durch einen Strohhalm auf dein Leben blickst. Es ist eben nur ein *pupskleiner* Ausschnitt von unendlichem Potenzial. Alles, was davon abweicht, zieht unser konditionierter Verstand gar nicht erst in Betracht. Es sei denn, wir erwachen aus der Lethargie des Gewöhnlichen und stellen uns mutig die berühmte Sinnfrage.

Dann wird es wild.

Auch wenn es manchmal so scheint. In Wahrheit haben wir keine Angst vor unserer eigenen Größe. Wir haben Angst, den augenscheinlichen Mangel nicht halten zu können, der sich parallel zu unserem eigenen Wachstum kreiert. Angst vor Ablehnung, nicht gut genug zu sein, nicht mehr dazuzugehören, Versagensangst und Angst, dass alles den Bach runtergeht. Sobald du dich outest, mehr zu wollen als bisher, stehst du in der Schusslinie.

Sofort fängt dein konditionierter Verstand an, deine alte Realität zu verteidigen.

Jedes „JA, aber …“ bedeutet, du gehst in die Akzeptanz.

Manche bekommen Rücken. Andere Burn-out.

Ist ja fast schon schick!

Dann gehörst du endlich dazu.

Dafür gibt es gratis eine große Portion Mitleid on top.

Wir machen uns selber zum Opfer, wenn wir das akzeptieren.

Warum bemitleidet uns eigentlich niemand für ein Leben im Durchschnitt?

Diese liebevolle Stimme, die leise geflüstert hat: „Wach auf!“

Es war nur ein leiser Hauch und doch konnte ich sie hören.

Ich bin ihr gefolgt. Ich habe herausgefunden wie machtvoll ich bin.

Ich habe in den letzten Jahren so viel gelernt wie nie zuvor.

Ich habe hohe Geldsummen (siebenstellig) investiert, um zu dieser Frau zu werden, die ich heute verkörpere.

Hatte ich dieses Geld, als ich gestartet bin? Nein!

Geld fließt immer nur so viel in unser Leben, wie wir bereit sind zu empfangen.

Reichtum ist ein Bewusstseinszustand.

So viele Menschen beharren drauf, dass sie kein oder nicht genug Geld haben.

Wir können nicht nicht manifestieren.

Ups!

Sie nutzen es auch gerne als Ausrede. Wenn ich das Geld hätte, DANN würde ich …

So funktioniert das Universum leider nicht.

Wir dürfen erst losgehen, und dann wird uns das gesamte Universum supporten.

Je committeter wir uns entscheiden, desto leichter ist es in Wahrheit.

Sicherheitsdenken und übersteigertes Kontrolldenken ist dafür nicht dienlich.

Übersteigertes Denken ist an sich schon purer Mangel, wenn du weit über dich hinaus wachsen willst.

Alles, was heute noch nicht in deinem Leben ist, wird mit dem alten Denken & Handeln nicht kommen.

So leicht und doch so schwer zu akzeptieren.

Ich feiere jeden Euro, den ich in mich investiert habe. Ich feiere alle meine Mentoren für ihr Vorangehen. Selbst wenn ich sie nur gebucht habe, um noch tiefer zu erkennen, wie ich es NICHT haben will.

Ich stehe heute für die purste Erlaubnis, mir Geld zu erlauben ohne Arbeiten.

Viel davon!

& genau das wünsche ich jedem Menschen.

Das passiert vielleicht nicht über Nacht und doch ist es möglich, wenn du es dir erlaubst.

Immer wieder, in jeder Sekunde darfst du dich dafür entscheiden.

Wir können nicht nicht manifestieren.

Das Universum ist nicht kaputt.

Ob du willst oder nicht, die universellen Gesetzte gelten für jeden von uns. Es gibt keine Ausnahmen.

Bist du bereit, den Preis zu zahlen? (Wobei Preis nicht unbedingt finanziell gemeint ist.)

Bist du bereit, zu lernen und zu wachsen?

Weit über dein aktuelles Bewusstsein hinaus?

Bist du bereit zu bleiben, bis es ist?

Oder lieber doch nur mal halbherzig versuchen?

Versuchen implementiert bereits dein Scheitern.

Scheitern kommt in meiner Welt nicht vor!

Ich habe die Fülle genommen. Auch als diese noch nicht sichtbar war.

Und ich bin immer noch nicht fertig.

Die Meisterschaft liegt im BLEIBEN, BIS ES IST, und nicht im „Ich versuchs mal“ oder „Hat nicht sollen sein“.

Es ist das Leben, was gelebt werden will.

Mit allen Facetten.

ICH habe mich für die FREIHEIT entschieden.

Ohne Zeit oder Geldlimit.

Und ich finde immer wieder Gelegenheiten, unzufrieden zu sein, um den nächsten *Quantum Leap* zu nehmen.

Wachstum hört nie auf.

Selbstermächtigung!

Es ist eine Entscheidung.

Unsere Seele liebt das große Spiel. Deine Seele hat dich hierhergeführt. Also lass uns spielen.

Für mich war mein Leben in meinem selbst erschaffenen goldenen Käfig damals so unerträglich, dass ich irgendwann gar nicht anders konnte, als mich dieser inneren Wachstumsreise mit jeder Zelle meines Körpers hinzugeben. Rückblickend das größte Geschenk, was ich mir selber machen konnte. Die Investition mit der besten Rendite.

Zum jetzigen Zeitpunkt musst du übrigens noch nicht wissen, WIE es konkret für dich funktioniert.

Auch wenn es dein kleines Ich gerne als Kontrolletti bis in die letzte Haarspitze wissen möchte, kannst du es nicht planen. Und wissen kannst du es schon gar nicht, weil diese besondere Reise nicht aus dem Verstand erfolgt. Unser Verstand ist ein mieser Verräter, wenn es um inneres und äußeres Wachstum geht. Du brauchst dich also zum jetzigen Moment nur dazu entscheiden, DASS du bereit bist für die wohl spannendste Bewusstseinsreise deines Lebens.

Ich möchte dich an dieser Stelle dazu einladen, dir eine **„Weiß ich schon / mache ich schon"-Liste** anzufertigen. Das heißt also, dass du in die linke Spalte schreibst, was du von den Inhalten meines Buches schon alles weißt, und in die rechte Spalte das, was du von diesem Wissen wirklich schon konsequent umgesetzt hast.

Tatsächlich wird das reine Wissen an sich nämlich nichts in deinem Leben nachhaltig verändern. Wir leben in einem *TUNiversum.*

Die Haltung von „Kenne ich schon" oder „Ich weiß schon alles" ist ein Konstrukt aus unserem konditionierten Verstand. Das Wachstum, in den ich mit dir in diesem Buch eintauchen möchte, findet nicht in unserem begrenzten Verstand statt. Wir begeben uns gemeinsam in das Unbekannte. Es ist eher ein Prozess, den du vom Zwiebelschälen kennst. Wenn wir alle limitierenden Schichten, die dir nicht mehr dienlich sind, abschälen und du herausfindest, wie machtvoll du als Schöpfer deines Lebens in Wahrheit bist.

„Weiß ich schon / mache ich schon"-Liste

Die meisten von uns sind
Wissensriesen und Umsetzungszwerge

______________________	______________________
______________________	______________________
______________________	______________________
______________________	______________________
______________________	______________________
______________________	______________________
______________________	______________________

Diese Liste ist sehr hilfreich, weil unser Verstand allzu gerne nach einem Hintertürchen sucht, um gewisse Dinge per se abzulehnen. „Weiß ich schon alles" ist ein vorzügliches Totschlagargument, das Veränderung allerdings unmöglich macht. Unser kleines Ich liebt es, sich dahinter zu verstecken. Also erstelle diese Liste für dich und erlaube deinem Verstand *niemals nie*, dir eine lahme Geschichte zu präsentieren, warum du das Projekt FREIHEIT besser gleich wieder fallen lassen solltest.

Zur Erinnerung: Es ist dein Leben, und du hast dich bereits entschieden, dich auf diese wundervolle Reise einzulassen. Aller Anfang ist leicht! Du musst einfach nur weiterlesen und dich auf dieses Buch komplett einlassen.

Selbst wenn es dich an verschiedenen Stellen möglicherweise herausfordert, nimm deine Bewertungen einfach wahr und lass sie mit offenem Herzen durch dich hindurchfließen. Atme und verlieb dich immer wieder neu in diese wundervolle Reise. Es ist dein Leben, und das darf jeden Tag maximal kribbelig und aufregend sein.

Ich führe mittlerweile ein Leben, das für viele unerreichbar scheint.

In meinen Mentoringprogrammen erlebe ich immer wieder, wie Menschen Dinge, die sie für sich nicht für möglich halten, ablehnen und sich und ihrem Wachstum damit natürlich selber im Weg stehen. Daher möchte ich an dieser Stelle betonen, dass ich weder deutlich bessere Voraussetzungen noch andere Vorteile hatte, die es mir ermöglichten, diese Transformation der letzten Jahre zu meistern. Im Gegenteil.

Ich wage zu behaupten, dass wir alle eine Sollbruchstelle eingebaut haben, als wir dieses Leben von einer anderen Dimension aus planten. Neben unserem Heimatland, unseren Eltern und der jetzigen Zeitqualität haben wir uns auch für das aktuelle Spiellevel entschieden – mit allen Herausforderungen, die damit einhergehen. Wir tauchen als Menschen so tief ein in dieses Lebensspiel, dass wir schon bald vergessen haben, wer wird sind. Ohne Sollbruchstelle wäre das an dem Punkt echt unschön. Wir würden es total verpeilen, aus unserem unbewussten Tiefschlaf aufzuwachen und für uns und unsere tiefste Sehnsucht loszugehen.

Alles bisher war nur das Vorspiel. Die Party beginnt, wenn wir herausfinden, wer wir in Wahrheit sind. Wir alle sind Schöpfer unseres eigenen Lebens.

Von all dem, was du denkst und fühlst und wie du handelst, davon ziehst du mehr in dein Leben. Liebe, Freude,

Glückseligkeit, Leichtigkeit, Reichtum, Freiheit – wir dürfen uns dafür entscheiden. Es ist unser Geburtsrecht. Gott hat uns einen freien Willen gegeben. Wir dürfen uns also jederzeit auch für weniger entscheiden. Weil weniger auf Dauer langweilig und unbefriedigend ist, geht es in diesem Buch um das Mehr, um ein Mehr von allem, was du dir wünschst.

2

DU DARFST DICH KOMPLETT NEU ERFINDEN

„Ich bin …“-Worte sind schöpferisch.

Wir sind alle in ein krasses Bewertungssystem hineingeboren. Ab Stunde Null werden wir in Normen gepresst und für das, was wir sind oder nicht sind, bewertet. Es beginnt bereits im Mutterleib, und kaum ist das Baby geboren, werden die nächsten Maße genommen. Der Kopfumfang und das Gewicht werden bestimmt, es wird gemessen, wie viel es trinkt, ob es genug trinkt usw. Wir werden schon ab unserem ersten Atemzug in Kategorien von besser oder schlechter eingeteilt, entsprechend optimiert und an die festgelegten Normen angeglichen.

Da wir permanent bewertet werden und durch diese Prägung auch selber permanent bewerten, sind wir mit unserer Aufmerksamkeit konstant im Außen. Immer in der Selbstkontrolle, ob wir gerade in das vorgegebene Schema passen: Werden wir gerade auch wirklich allen gerecht? Ist da vielleicht etwas zu viel oder unangemessen an dem, was wir tun? Bloß nicht aus der Reihe tanzen.

Im Laufe unseres Lebens verdrehen wir unsere eigene Wahrheit und unsere Bedürfnisse immer mehr zugunsten der

Zugehörigkeit. Wir denken, wir würden dann eher gefallen und mehr anerkannt, wir würden seriöser, kompetenter, interessanter, schlauer, schöner wirken. Wir passen uns in diesem Optimierungswahn immer mehr an die graue, langweilige Masse an und verlieren dabei unsere eigene Identität. Im Außen zwar augenscheinlich erfolgreich und trotzdem nur eine leere Hülle mit einer „Passt schon"-Maske.

Kennst du dieses Spielzeug für Kleinkinder? Ein Kasten mit unterschiedlich geformten Löchern – Rechteck, Dreieck, Kreis, Stern usw. Die zugehörigen Würfel, Pyramiden, Kugeln und Sterne passen nur in das entsprechende Loch mit der identischen Form.

Genau dieses Spiel spielen wir auch im übertragenen Sinne mit unseren Kindern. Sie kommen als wundervolle, wunderschöne, vollkommene Seesterne auf die Welt, und wir haben nichts Besseres zu tun, als ihnen so lange die fünf Beinchen ihrer Individualität immer mehr zu kürzen, bis sie alle perfekt in das runde Loch passen, also an die vorgegebene Schablone angepasst sind.

Wir sind dabei Täter und Opfer, Problem und Lösung zugleich. Die Perfektion unseres Seins. Dualität bedeutet immer, beides existiert nebeneinander. *Ohne Dunkelheit gibt es kein Licht.*

Sobald wir den Sinn unserer Existenz hinterfragen, kommen wir diesen Begrenzungen irgendwann auf die Spur. Seesterne werden als glatte Kugeln *niemals nie* wirkliche Erfüllung erfahren. Wir haben im Laufe unseres bisherigen Lebens so vieles abgeschnitten, was uns als vollkommene individuelle Wesen mit all unserer Schönheit und unseren individuellen Zauberkräften ausmacht. Jetzt dürfen wir uns auf unserer Reise zu uns selbst wieder erinnern.

Ich weiß, wer ich bin in Wahrheit.

Ich weiß, was ich bin in Wahrheit.

Ich weiß, wie ich wirke in Wahrheit.

Wort, ich bin Wort.

Ich bin hier. Ich bin hier. Ich bin hier.

Ich bin frei. Ich bin frei. Ich bin frei.

(Aus dem Buch „I Am the Word“ von Paul Selig)

Ich weiß auch, wer ich nicht (mehr) bin.

Ich weiß, was ich will in jedem Moment.

Ich kenne meine Wahrheit.

Je klarer du damit bist, desto einfacher wird dein Leben. Es geht um deine eigene Klarheit dir selbst gegenüber. 100 % und wahrhaftig du. Das ist deine größte Gabe. Endlich du zu sein, mit allem, was dich besonders macht. Wie frei bist du, wenn du ab sofort nur noch deine eigene Wahrheit sprichst?

Nicht in Konfrontation, sondern in Verbindung und Liebe.

Worte sind schöpferisch.

Du darfst dich komplett neu erfinden.

Was für ein Geschenk!

3

DIE ILLUSION VON MANGEL

Das Leben ist doch ein Wunschkonzert.

Weißt du, warum wir die Sterne nur nachts sehen? Weil es die Dunkelheit braucht, um das Licht sichtbar zu machen. Es gibt oben nur, weil es auch unten gibt. Reichtum gibt es nur, weil es auch Armut gibt. Es gibt Erfahrungen der Machtlosigkeit, Enttäuschung, Mangel, Wut, Schmerz, Krankheit und Kampf so wie es auch Liebe, Glückseligkeit, Freude, Erfolg, Gesundheit, Sinn und Erfüllung gibt. So wie die Farbe Weiß nicht die Abwesenheit von Farbe ist, sondern alle Farben enthält, will sich auch unsere Seele in allen Facetten erfahren. Das ist so, weil der Zustand der Vollkommenheit eben die Unvollkommenheit braucht, um erfahren zu werden.

Letztendlich ist es die Bewertung unseres Verstandes, mit der wir alles in unserem Leben als gut oder schlecht kategorisieren. Für unsere Seele ist ausnahmslos alles, was wir erleben, nur eine Summe an Erfahrungen. Sie hat Spaß. So oder so.

Zum Glück hat Gott uns den freien Willen gegeben. Ein freier Wille ist nur dann wirklich frei, wenn es eine Auswahlmöglichkeit gibt. Wir haben also die Wahl. Immer.

Was wäre, wenn du dir dessen immer mehr bewusst werden würdest, dass du alles, wirklich alles in deinem Leben verändern kannst, sobald du für dich eine neue Wahl triffst und beginnst, dein komplettes Leben neu auszurichten.

Wir haben eine so mächtige Superpower in uns, die uns schon unser Leben lang liebevoll immer wieder Zeichen sendet. Diese Power steckt in unseren Gefühlen. Ist es nicht so, dass sich Geldmangel, Machtlosigkeit, Wut, Enttäuschung und alle weiteren damit einhergehenden negativen Emotionen nicht wirklich gut anfühlen? In diesem Punkt sind wir uns sicher sofort einig.

Und was wäre, wenn genau diese negativen Gefühle der Indikator dafür sind, dass das, was wir gerade erleben, tief in uns eben nicht unserer Wahrheit entspricht?

Jede Begrenzung ist letztlich ein Konstrukt unserer bewussten oder unbewussten Konditionierungen. Leben aus der Seele und in Verbindung mit unserer inneren Wahrheit fühlt sich immer leicht an.

Die Natur kennt nur Fülle, während wir uns als Menschen ständig selbst limitieren. Eine Eichel ist nicht nur eine Eichel. Sie steht für unendliches Potenzial. Sie kann vertrocknen oder aber auf einen guten nährenden Boden fallen, keimen, Wurzeln bilden und zu einem riesigen Eichenbaum heranwachsen. Wenn wir dem Ganzen etwas Zeit geben, hat eine einzige Eichel das Potenzial, zu einem riesigen Eichenwald heranzuwachsen.

Wow!

Genauso haben wir Menschen die Möglichkeit, in einem nährenden, positiven Alles-ist-möglich-Umfeld über uns hinauszuwachsen und uns unendliche Fülle und Wohlstand zu kreieren. Ganz egal wie lange es dauert. Kontinuität ist unsere Superpower.

Das bedeutet, so lange zu bleiben, bis es IST! Ich bin das beste Beispiel dafür, dass genau das möglich ist.

Es geht also im Detail gar nicht darum, sich über den scheinbaren Mangel in unserem Leben zu beschweren und uns ein Leben voller Kompromisse und Limitierungen schön zu reden. Meine Wahrheit ist, dass es diese Illusion von Mangel braucht, damit wir aus einer Unzufriedenheit heraus eine neue Wahl treffen und ein gutes Warum entwickeln und um selber die Veränderung zu werden, die wir uns so sehr wünschen für diese Welt.

Wir haben Zauberkräfte. Kannst du dich erinnern, dass du als kleines Mädchen so gerne in Mamas Kleiderschrank nach den perfekten Accessoires Ausschau gehalten hast, um dich als Prinzessin angemessen einzukleiden? Das schönste Kleid, Stöckelschuhe, eine Handtasche und ganz viel tollen Schmuck. Durftest du mit diesem Outfit das Haus verlassen? Sicher nicht. Stattdessen hagelte es fette Verbote.

Oder da gab es vielleicht den Moment, in dem du morgens um 3 Uhr Lust auf ein schönes, leckeres Eis verspürt und neben dem Bett deiner Eltern deine Bedürfnisse angemeldet hast. Wurde deinem Wunsch nach einem Eis entsprochen? Sicher nicht. Stattdessen gab es wohl eher eine Litanei an Erklärungen, warum das jetzt definitiv nicht der richtige Moment für ein Eis war. Und dass Eis vor dem Mittagessen sowieso nicht erlaubt ist und du jetzt bitte schön zurück ins Bett gehen solltest, weil deine Eltern lieber noch ein paar Stunden schlafen wollten und sie einen anstrengenden Tag vor sich hatten.

Merkst du was? Wir kommen als unendliches Potenzial in dieses Leben, und von klein auf wird uns eingetrichtert, dass es hier definitiv nicht um unsere Bedürfnisse und Wünsche geht. Ständig ist alles verboten. Wir sind zu laut, zu wild, zu klein und ecken überall an.

Kein Wunder, dass wir irgendwann nicht mehr an uns und unsere Träume glauben und nie gelernt haben, unserer Intuition zu vertrauen. Weil da draußen ja angeblich ohnehin alle besser wissen, was für uns gut ist. Und weil wir in eine Struktur gepresst wurden, die so nie unsere war.

Darf ich dir nun also vorstellen? Deine Intuition. Sie ist vielleicht ein bisschen zu kurz gekommen in den letzten Jahren, aber es gibt sie noch. Du musst nur lernen, dir selbst, deinen Bedürfnissen und Gefühlen wieder mehr zu vertrauen. Du kannst wieder lernen, deine tiefe eigene Wahrheit wahrzunehmen, statt mit dem Verstand Regeln zu folgen, die von anderen aufgestellt wurden und die so nie deine waren. Diese ganze Illusion von „Ich bin nicht gut genug" ist eine Lüge!

DU bist wundervoll und toll!

DU bist wunderschön!

DU hast Zauberkräfte!

DU kannst alles erreichen, wenn du dir erlaubst, endlich wieder deine Schöpferkräfte zu reaktivieren.

DU hast diese innere Führung, die dir schon dein ganzes Leben liebevoll ein leises „Wach auf" zuflüstert.

Was, wenn das Leben doch ein Wunschkonzert ist? Deine Intuition ist viel mächtiger als jede Strategie, die dir dein konditionierter Verstand vorgibt.

In meinen Live-Events male ich meinen Teilnehmern gerne einen schwarzen Punkt auf den Arm. Dieser Punkt symbolisiert alles, von dem sie glauben, dass sie das sind oder eben nicht sind.

Also zum Beispiel ich mit 46 Jahren: Schlechte Schülerin, die es nur mit diversen Spickzetteln durch die Abiturprüfung geschafft hat, schlecht in englisch, hat nichts zu sagen, ehemalige Bankkauffrau, ehemalige Fotografin, fühlt sich als kleine, graue Maus, Ehefrau, Mutter von zwei wundervollen Töchtern, fehlendes Selbstwertgefühl, möchte nicht anecken, unzufrieden, urlaubssüchtig, unerfüllt, Rabenmutter, liebt gutes Essen, Vegetarierin, Multitalent - aber fühlt sich nicht gesehen, nicht gut genug, harmoniesüchtig, Sucht nach Liebe und Anerkennung, Familienmanagerin, Mamataxi, introvertiert, Visionärin, handwerklich geschickt, offen, interessiert, auf der Suche nach einer Exitstrategie.

In Wahrheit bin ich all das gar nicht. Es sind Etiketten, die ich mir irgendwann aus den unterschiedlichsten Gründen auf die Stirn geklebt habe, nur um endlich jemand zu sein, über den ich mich definieren kann.

Okay! Dafür steht der schwarze Punkt auf dem Arm. Und was ist das Potenzial? All das, was nicht der Punkt ist!

Hast du hier Lust auf ein Experiment? Dann habe ich diese Übung für dich: Male dir einen schwarzen Punkt auf den Arm und stelle dich nackt vor den Spiegel.

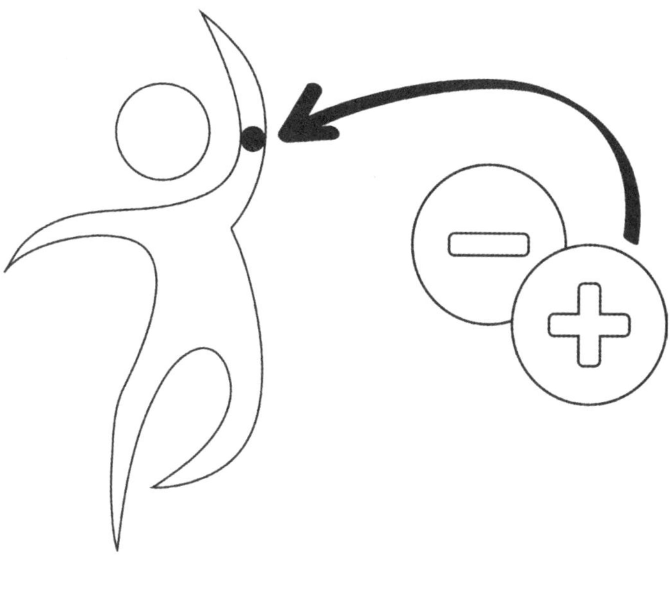

Diese Übung ist grundlegend wichtig. Lass sie bitte nicht, aus falschen Scham- und Schuld-Programmen, aus. Was siehst du, während du da vor dem Spiegel stehst? Außer deinem wunderschönen nackten Du siehst du einen winzig kleinen schwarzen Punkt auf deinem Arm, oder? Bist du dieser Punkt?

Natürlich nicht!

Dieser winzig kleine Punkt beinhaltet lediglich das, was du glaubst zu sein oder eben nicht zu sein.

Bekommst du langsam eine leise Ahnung davon, wie viel mehr du in Wahrheit bist? Dein Potenzial ist riesig. Es ist unendlich, um genau zu sein. Nur hast du bis heute nur einen winzigen Anteil davon wirklich gelebt.

Wow!

Was ist da noch alles möglich.

Ich höre deinen Verstand gerade förmlich „Ja, aber …“ sagen. Kommt da gerade im kleinen Zeh ein wenig Ablehnung durch?

Lass mich bitte kurz den Gedanken weiterführen. Was wäre, wenn ich dich jetzt daran erinnere, dass fast alles, wer oder was du glaubst zu sein oder eben nicht zu sein, dir seit deiner frühen Kindheit von außen übergestülpt wurde? Es wurde dir lediglich so häufig erzählt und vorgelebt, dass du es irgendwann selber geglaubt hast. War es nicht genau das? Du warst zu laut, zu frech, unartig und hast zu viele Fragen gestellt. Vielleicht warst du auch „schlecht“ in Mathe und glaubst seitdem, du kannst nicht mit Zahlen bzw. mit Geld umgehen. Vielleicht haben dir auch deine Eltern eine gewisse Schwere im Umgang mit Geld vorgelebt. Womöglich musste dein Vater hart und viel arbeiten, und es war trotzdem nie genug Geld da. Oder deine Eltern haben sich immer wieder abfällig über reiche Menschen geäußert oder regelmäßig wegen Geld gestritten.

Und DU hast das alles in deinen schwarzen Punkt gepackt. Kannst du mir folgen?

Geld ist nicht das Problem. Es ist die Art, wie wir darüber denken. Deine Erfahrungen von Mangel, Schwere und Kampf sind nicht dein Schicksal, sie sind ein Portal zu grenzenlosem Erfolg, Reichtum und bedingungsloser Liebe.

4

ES IST SO VIEL MEHR MÖGLICH

Du bist unendliches Potenzial.

Vielleicht möchtest du – nur für einen Moment – die Inhalte dieses Buches als eine exklusive Auslage in einem Obstladen betrachten? Viele Früchte sind dir von klein auf bekannt, und du isst sie regelmäßig. Sie sind wie lieb gewonnene Gewohnheiten in deinem Leben. Manche findest du im Geschmack geradezu langweilig und wünschst dir schon längst neue Geschmacksexplosionen. Einige Früchte jedoch hast du noch nie zuvor gesehen, geschweige denn gekostet. Vielleicht hat man dir sogar erzählt, dass diese Früchte nicht besonders gut schmecken oder für dich nicht genießbar sind. In Wahrheit hast du es für dich nie geprüft. Anstatt dir jetzt die bereits gewohnten Früchte einzukaufen, bist du vielleicht genau heute bereit, in eine Geschmackswelt einzutauchen, die du so noch nie gekostet hast. Saftig, süß und voller kleiner Samen, die ich dir mit diesem Buch einpflanzen möchte. Ob und wann diese Samen in deinem Leben aufgehen werden, hängt davon ab, wie sehr du bereit bist, dein Herz zu öffnen und Neues zuzulassen.

Es kommt auf die Qualität des Nährbodens, in die du deine Samen einbringst, an und nicht zuletzt auch auf deine Bereitschaft, diese Samen beim Wachsen zu begleiten. Es gilt, sie regelmäßig zu wässern, Unkraut zu jäten und sie, wenn nötig, sogar vor widrigen Umständen im Außen zu beschützen.

Wusstest du, dass eine vollreife Papaya von außen ziemlich gammelig aussieht? Wenn du sie mittig aufschneidest, offenbart sich ein wunderschöner verborgener Stern aus saftig süßem Fruchtfleisch. In diesem Stern hängen viele kleine Samen, die etwas pfeffrig schmecken. Du kannst sie einfach mitessen. Dein Darm liebt Ballaststoffe.

Jeder einzelne Samen ist nicht einfach nur ein Samen. Jeder Samen ist ein riesiges Potenzial, das entweder verkümmert oder im perfekten Nährboden zu einem prächtigen Papayabaum oder gar einer riesigen Obstplantage heranwachsen kann.

Wenn du das auf dieses Buch überträgst, dann möchte ich dir versichern, dass dieses Buch das Potenzial hat, dein komplettes Leben zu verändern. Bei mir und bei vielen meiner Teilnehmer in meinen unterschiedlichen Coaching- und Mentoring-Programmen ist es genau so passiert. Ihr Leben hat sich komplett verändert.

Bleiben wir noch bei der Papaya. Ist es nicht so, dass sich das Leben für uns manchmal alternativlos beschissen anfühlt? Warum ist das so? Hier meine persönliche Favoritenliste dazu:

Weil wir permanent glauben, nicht gut genug zu sein.

Weil wir uns schon viel zu oft verbogen haben, um es anderen Menschen recht zu machen.

Weil wir so sehr dazugehören wollen, obwohl wir sehr häufig unser Licht dimmen müssen, um in die kleine Welt der anderen zu passen.

Weil wir uns so sehr nach Liebe und Anerkennung von anderen Menschen sehnen, dass wir immer wieder zu faulen Kompromissen bereit sind.

Weil wir uns abrackern, nur um die Erwartungen anderer Menschen zu erfüllen.

Weil wir viel zu oft Ja sagen, obwohl wir ein Nein fühlen.

Weil wir wegen all dem uns selber total vergessen haben.

Weil wir unseren eigenen Wert über Leistung definieren und deswegen so viele Fleißkärtchen sammeln müssen, dass uns manchmal ganz schwindelig wird und es uns fast den Boden unter den Füßen wegreißt.

Wenn das der Fall ist (und wahrscheinlich ist es so), dann ist es für unser System ungeheuerlich und ganz und gar verboten, Geld in Leichtigkeit zu empfangen.

Autsch!

Uns wurde beigebracht, dass wir erst perfekt sein müssen, bevor wir überhaupt etwas Neues anfangen dürfen. Wir sammeln Ausbildungen und Zertifikate mit Sternchen, sind Wissensriesen und fühlen uns doch so unvollkommen.

Und so unvollkommen sieht auch die vollreife Papaya aus. Wenn du sie zum ersten Mal in diesem unvollkommenen, fast schon gammeligen Zustand siehst, wirst du sicher *niemals nie* vermuten, welches Wunder sich in ihrem Inneren verbirgt. Dieser wunderschöne Stern mit seinen vielen Samen aus unendlichem Potenzial.

Was glaubst du: Warum sind so viele Menschen unerfüllt? Könnten diese innere Leere und dieses tiefe Gefühl von Sinnlosigkeit damit zusammenhängen, dass wir vor lauter Beeinflussung im Außen vergessen haben, wer wir in Wahrheit sind? Und auch wie machtvoll wir sind und dass wir all das, was uns nicht entspricht, verändern können?

Ich nenne das Selbstermächtigung. Bei mir war es so. Ich habe erfahren, dass wir alles bereits in uns tragen, um ein Leben in Wohlstand, bedingungsloser Liebe, Glückseligkeit, Freude, Erfolg, Gesundheit, Sinn und Erfüllung zu erschaffen. Alles ist bereits in uns. Schon immer. Unendliches Potenzial, Zauberkräfte und ganz viel Magie und Wunder.

Wir alle sind Schöpfer unserer eigenen Realität. Ausnahmslos. Wir können nicht nicht manifestieren. Jeden Tag dürfen wir die Wahl treffen, ob wir weiter wachsen oder ob wir uns limitieren und an dem jeweiligen Status quo festhalten.

Nichts zu verändern scheint auf den ersten Blick leichter, weil wir dann nicht gegen unsere unbewussten Konditionierungen agieren müssen. Die lieb gewonnene Komfortzone zu verlassen ist eine riesige Herausforderung, selbst wenn wir jeden Tag unter dieser mangelnden Eigenverantwortung leiden.

Auf Dauer nähren wir damit eine Abwärtsspirale, die wir teuer mit unserem Leben bezahlen müssen. Ich beobachte immer wieder, dass Menschen teilweise sogar süchtig sind nach ihren Mangelprogrammen. Die negativen gewohnheitsmäßigen Emotionen und Erfahrungen wollen dann lieber weiter genährt werden, als dass wir uns für eine unbekannte bessere Zukunft entscheiden.

„Ich kann dir nur geben, was du glaubst haben zu können." Das ist die Botschaft, die ich von Gott empfangen habe. Ist das nicht per se die größtmögliche Einladung, um uns im Höchsten zu erfahren? Um zu wachsen? Weit über unser bisheriges Leben hinaus? Glaubst du wirklich noch an Zufälle?

Energie folgt der Aufmerksamkeit. Den Raum, den du öffnest, wirst du kreieren. Wie viel mehr Luxus, Erlaubnis, Erfüllung,

Geld, Geschenke, Magie und Wunder haben noch Platz in deinem Leben? Ist da noch Luft nach oben?

Wir sind Drehbuchautorin und Hauptrolle in einer Person, wenn es darum geht, dieses Leben zu etwas ganz Besonderem zu machen. Es gibt auch ein paar Nebenrollen und Statisten. Einige davon hast du schon besetzt in deinem Lebensfilm. Vielleicht magst du in diesem Bereich zukünftig noch etwas spezifischer auswählen.

Der Satz *„Du bist der Durchschnitt der fünf Menschen, mit denen du die meiste Zeit verbringst"* von Jim Rohn wird oft zitiert. Du bist also der Durchschnitt dieser ähnlichen Interessen, des ähnlichen Einkommens und der ähnlichen Erwartungen an das Leben. Sei achtsam, mit wem du dich umgibst.

Ich habe schon viele Menschen kennengelernt, die sich in ihrem eigenen Lebensfilm im wahrsten Sinne des Wortes zu Tode langweilen. Sich über andere, wie den Ehepartner oder den Chef, über die Umstände, den Staat oder das Wetter aufzuregen, hat noch nie etwas zum Positiven verändert. Das ist gerade eben so, als würdest du im Kino die Leinwand zerstören wollen, weil dir der Film zu langweilig ist. Viel wirksamer ist es doch, den Projektor zu stoppen und einen neuen Film einzulegen.

Hast du jemals bewusst entschieden, welche Art von Film du dir anschauen möchtest, wenn du auf dein Leben zurückschaust? Bist du vielleicht in einem Drama, in dem die Hauptdarstellerin am Ende frustriert feststellt, dass sie vor lauter falschen Kompromissen ihr Leben gar nicht wirklich gelebt hat? Bekanntlich bedauern sterbende Menschen verpasste Chancen mehr als die Momente, in denen sie so richtig krass über sich hinaus gewachsen sind. Niemand sagt wohl auf dem Sterbebett: „Ach, hätte ich doch besser mal mehr Zeit in meinen Nine-to-five-Job investiert."

Also los!

Worauf wartest du?

Wie sieht deine persönliche Heldenreise aus?

Schreib es auf.

Jetzt!

Wie würdest du leben, wenn alles möglich wäre?

In welchen Lebensbereichen würdest du neu wählen?

Welche faulen Kompromisse würdest du nie wieder akzeptieren?

Wo würdest du morgens aufwachen? Am Meer oder lieber in den Bergen oder in deinem neuen Penthouse in New York? Wer liegt neben dir, wenn du die Augen öffnest? Was isst du zum Frühstück? Womit verbringst du deinen idealen Tag? Mit einer Massage? Einem Ausflug übers Meer mit der Yacht? Kommt später deine persönliche Shoppingberaterin mit der exklusiv für dich angefertigten neuen Kollektion deiner Lieblingsdesignerin? Vielleicht prüfst du auch vor dem Frühstück deine Konten, um festzustellen, dass deine Investments sich in diesem Monat bereits verzehnfacht haben. Oder spielt deine Lieblingsband heute Abend exklusiv für dich und deinen Lieblingsmenschen am Strand deiner Privatinsel?

Was wäre es bei dir? Schreib alles auf. Beschreibe deinen idealen Wenn-alles-möglich-ist-Tag. Was würdest du machen, wenn weder Zeit noch Geld das Limit ist? Mach es. Du darfst so richtig auf die Kacke hauen. Hör endlich auf, dich selber zu begrenzen.

Alles ist möglich. Also fang an, ALLES zu wählen.

Es ist so viel mehr möglich, als du ahnst. Du darfst dich öffnen. Du darfst dich im Empfangen üben. Du darfst dich in eine komplett neue *Zeitlinie* träumen, in der du bereits all das lebst, was du dir bis gestern selber verboten hast.

Als kleines Mädchen war es für dich ganz normal, so viel mehr zu wollen. Es gab keine Begrenzungen, wenn du versunken warst in deiner eigenen Welt. Du hattest große verrückte Träume. Erinnere dich! Du bist so viel mehr als deine limitierenden Konditionierungen. Du warst Prinzessin, Fee und ein wunderschön schillerndes Einhorn gleichzeitig. Du konntest fliegen und warst an allen Orten zugleich. Erinnere dich und schreib alles auf, was du dir jetzt wünschst. Vielleicht bist du auf Safari in Afrika? Oder schwimmst mit Walen vor Hawaii? Dein privater Koch verwöhnt dich mit deinem Lieblingsessen zum Lunch. Vielleicht ruft auch Hollywood bei deiner Assistentin an und lässt fragen, ob du einwilligst, dein Lebenswerk verfilmen zu lassen. Schließlich inspirierst du mit deiner Größe und deinem Lifestyle Millionen Menschen, selber an sich zu glauben, für sich einzustehen und über sich hinauszuwachsen.

Wir Menschen lieben Heldenreisen.

5
VERLIEB DICH NEU

Es ist Zeit aufzuwachen.

Ich habe in meinen Coaching- und Mentoringprogrammen die Erfahrung gemacht, dass sich Menschen oft sehr schwertun, das Drehbuch ihres Leben neu und größenwahnsinnig zu schreiben. Viele haben ihre eigenen Bedürfnisse schon so weit runtergedimmt, dass selbst eine Bahnfahrt in der ersten Klasse schon als absolut verboten erscheint. Eine Übernachtung in einem Fünf-Sterne-Hotel oder der Flug in der Business-Class zum Urlaubsdomizil ist erst recht nicht erlaubt.

„Über Geld spricht man nicht", heißt es. Ich schon! Ich kenne kein anderes Thema, das so sehr polarisiert. Es ist so radikal ehrlich, legt den Finger schmerzvoll in die Wunde. Alles, was du sonst noch elegant vertuschen kannst, was du noch erklären, begründen und zu deinen Gunsten auslegen kannst, wird spätestens sichtbar, wenn es ums Geld geht. Dein Kontostand lügt nicht.

Geld zu wollen, es sich zu nehmen, darüber sprechen, es einzufordern scheint so absonderlich. Ich möchte dir mit diesem Buch die Chance geben, dich komplett neu in Geld zu verlieben.

Dir zu erlauben, Geld zu haben. Viel davon. Einfach, weil du es liebst, wirklich easy zu sein mit Geld.

Es ist übrigens mehr als genug da. Du nimmst niemandem etwas weg, wenn du Geld hast. Geld will fließen und liebt es, dir deine Wünsche zu erfüllen. Es will dir dienen. Du darfst endlich Ja sagen.

Tatsächlich ist ein Ja zu Geld ein Ja zu dir selber. Mal unter uns: Du bist die einzige Person auf der ganzen Welt, die ein gewisses Eigeninteresse hat, sich selbst – also dir – ein geiles, erfülltes Leben zu kreieren.

Du gibst dir deinen Wert. Dein Wert hat in Wahrheit nichts damit zu tun, wie fleißig du eine gewisse Leistung erbringst. Du kannst allerdings niemals wirklich frei leben, wenn du den ganzen Tag für Geld arbeitest. Reiche Menschen arbeiten nicht für Geld. Sie lassen ihr Geld für sich arbeiten.

Das hat gesessen!

Als ich diesen Satz zum ersten Mal hörte, war ich gerade selbst und ständig in meinem damaligen Herzensbusiness als Fotografin. Mein Mann war als gut bezahlter Ingenieur mit der Firma verheiratet und war gerade dabei, sich durch den ganzen Stress seine Gesundheit zu ruinieren. Rückenschmerzen, Allergien und regelmäßig Migräne waren sein Normal. Alle paar Wochen lag er für ein komplettes Wochenende als Totalausfall bei völliger Dunkelheit im Bett. Pünktlich am Montagmorgen saß er dann wieder in der Firma am Schreibtisch. Der perfekte Sklave unserer Zeit.

Das Universum servierte uns unsere eigene Abwärtsspirale auf dem *goldenen Silbertablett.* Noch schien augenscheinlich alles perfekt. Wir haben das, was nicht stimmte, einfach ausgeblendet. Von außen betrachtet waren wir die perfekte Vorzeigefamilie. Schönes Haus im Speckgürtel von Frankfurt am

Main, in ländlicher Gegend und in der Nähe unserer Eltern. Da, wo es noch bezahlbare, große Grundstücke gab. Parkähnlicher Naturgarten mit hohen Bäumen, frischen Kräutern und Obst zum Naschen. Zwei Kaninchen in einem riesigen Freigehege und zehn eigenen Bienenvölkern im Garten. Unsere beiden Töchter gingen auf eine Privatschule. Wir hatten ein sechsstelliges jährliches Einkommen, zwei tolle Autos und haben uns zwei Mal im Jahr schöne Urlaube gegönnt. Ein Leben also, wovon so viele Menschen träumen.

Die perfekte Illusion.

Aus heutiger Sicht und mit etwas Abstand beschreibt es mein Mann als ein Leben bei Vollspeed auf einer sechsspurigen Autobahn. Er war getrieben, hatte riesigen Druck und konnte selbst im Urlaub kaum mehr abschalten. Während dieser Zeit habe ich ihn zum ersten Mal mit meinen Fragen zum Sinn unserer Existenz konfrontiert. Dazu später mehr.

Ich selbst hatte für eine Weile das Gefühl, es geschafft zu haben. Ich war raus aus dem tristen Bankalltag, wollte nie wieder einen Chef haben, der über mich und meine Zeit bestimmen kann. Ich wollte nie mehr nur 30 Tage Urlaub haben. Während der Elternzeit hatte ich mir mit kleinem Geld ein eigenes Fotostudio in unserem Keller eingerichtet. Unsere erste Tochter war mein Lieblingsmotiv. Meine Bilder waren voller Leben. Alteingesessene Fotostudios in der Umgebung mit ihren langweiligen, verstaubten Aufnahmen haben mich schnell als ernst zu nehmende Konkurrenz wahrgenommen. Bald war ich in verschiedenen Kindergärten regelmäßig gebucht und hatte viele Stammkunden. Fotos von Hochzeiten, Familien und Neugeborenen waren meine Präferenz.

Ich habe es geliebt, hatte mein Hobby zum Beruf gemacht. Ich konnte mir meine Zeit frei einteilen und hatte lauter

Lieblingskunden. Zum ersten Mal im Leben habe ich Anerkennung für meine Arbeit bekommen. Es war wie eine Sucht, die endlich befriedigt wurde. Es hat so gutgetan. Sogar so gut, dass ich die faulen Kompromisse, die ich bereit war einzugehen, gar nicht wahrgenommen habe.

Mein Mann und ich haben uns in dieser Zeit quasi die Klinke in die Hand gegeben. Die Kinder waren noch klein. Meine Arbeitszeiten waren dann, wenn er zu Hause war, also abends und am Wochenende. Während der Woche musste eine der Omas einspringen. Später kam unsere Tagesmutter als Back-up dazu. Das Hamsterrad drehte sich immer schneller.

Parallel zu all dem durfte ich mich mit allem auseinandersetzen, was ein Business mit sich bringt: Angebote, Rechnungen, Sozialversicherung, Steuer, Weiterbildung, Equipment, Studiomiete, meine Außenwirkung (Social Media, Website), Hochzeitsmessen. Das ganze Programm.

Obwohl ich gefühlt einen Fulltime-Job hatte, war ich für das Finanzamt immer am Rande der Liebhaberei.

Obwohl ich nie wieder einen Chef wollte, der über mich und meine Zeit bestimmt, war ich indirekt noch immer in dieser Fremdbestimmung gefangen. Mein Mann rannte währenddessen weiterhin in seinem Karrieretunnel, und somit waren wir noch immer durch seine maximal 30 Urlaubstage limitiert.

Heute weiß ich aus meiner Coachingerfahrung mit über 3.000 Frauen, dass viele in dieser Herzensbusiness-Falle feststecken. Die Rolle der Frau, die sich mit dem kleinen Spiel begnügt. Passt schon. Bloß nicht zu viel wollen.

Ist das der Wert, den wir uns als Frau selber geben? Eine toxische Mischung aus Geringverdienerin und Existenzminimum? Gerade wenn es sich um das sogenannte Herzensbusiness handelt, sind wir sehr schnell bereit, extra faule Kompromisse einzugehen.

Kleiner Spoiler: Es wird nach hinten raus nicht besser. Viele sehen ihren Mann deshalb als Altersvorsorge. Bei Tageslicht betrachtet ist es eine tickende Zeitbombe.

OMG!

Was leben wir damit unseren Kindern vor? Mama ist gestresst, ausgepowert und müde. Sie lebt nicht ihre volle Größe, dimmt immer wieder selber ihr Licht und stellt sich hinten an, um bloß nicht egoistisch zu wirken oder als vermeintliche Rabenmutter abgestempelt zu werden. Große Träume und Ziele, falls überhaupt vorhanden, fallen dem Alltag zum Opfer. Ist das wirklich unser Anspruch an das Leben? Wollen wir diese Grundhaltung weitergeben an unsere Kinder?

Tatsächlich werden mit diesem Bewusstsein alle Wachstumsgesetze unseres Universums ignoriert.

Ich kannte sie zu dieser Zeit noch nicht. Der Augenblick, als ich verstanden habe, dass wir als Schöpferwesen immer nur das bekommen, was wir glauben haben zu können, war für mich der krasseste Moment der Selbsterkenntnis.

Einen Schritt zurück: Vor meiner Freiberuflichkeit als Fotografin hatte ich Bankkauffrau gelernt.

In dieser Ausbildung habe ich *Bank gelernt. Bank und definitiv nicht Geld.*

Hast du jemals hinterfragt, warum dein persönlicher Bank- oder Finanzberater selber nicht finanziell frei ist? Wenn die gängigen Finanzprodukte wirklich geeignet wären, ein Vermögen aufzubauen, dann würde der Banker doch an der Quelle sitzen.

Unser komplettes Finanzsystem ist nicht darauf ausgelegt, dass wir Menschen nachhaltig Vermögen aufbauen. Statistisch gesehen besitzen 1,1 % der Menschen 45 % des Weltvermögens, wobei allerdings ca. 50 % der Menschen nur 1,2 % des weltweiten Vermögens besitzen (siehe dazu die Reichtumspyramide aus dem Jahr 2022 auf der Statista-Website: https://de.statista.com).

Das ist doch Beweis genug, dass wir unsere Finanzen selber in die Hand nehmen müssen. Das macht niemand für uns. In der Schule wird das Fach Finanzielle Bildung nicht unterrichtet. Wir müssen uns also entweder mit einem gewissen Selbstanspruch um diese Themen kümmern oder uns dauerhaft mit Zeit- und Geldmangel zufriedengeben. Eigenverantwortung ist für viele leider immer noch ein Fremdwort.

Die Frage, die ich mir immer wieder gestellt habe, lautet: Was machen diese 1,1 % der Menschen anders? Ich wollte es herausfinden. Die Zeit spielt gegen uns.

6

UNSER FINANZSYSTEM UND DER BERÜHMTE NOTGROSCHEN

Spar dich reich? Auch wenn es alle machen, funktioniert es trotzdem nicht!

Unser aktuelles Finanzsystem straft Sparer radikal ab. Ich werde dir dazu jetzt einen komplett neuen Raum öffnen.

Schnall dich an.

Was ist Geld? Ein Tauschmittel. Genau.

Historisch betrachtet hatten wir als Menschheit schon immer die Herausforderung, Tauschhandel zu betreiben. Der Bäcker buk Brot, der Schneider stellte Kleidung her, der Schäfer verfügte über Wolle und Fleisch und der Schmied fertigte Messer. Und alle tauschten ihre Waren untereinander. Auf Dauer ist dieser Tauschhandel recht komplex, weil für ein Tauschgeschäft immer zwei Bedürfnisse exakt zusammenpassen müssen. Zudem ist natürlich ein Brot weniger wert als ein Schaf oder ein gutes Messer. Weitere Kriterien wie Verderblichkeit und Transport kommen dann auch noch hinzu.

Mit unserem heutigen Geld ist das Tauschgeschäft hingegen mega easy. Wobei unser buntes Papiergeld ja an sich gar keinen wirklichen Wert hat. Vielmehr hat es den Wert, den wir diesem Stück Papier beimessen. Eine Null mehr aufs Papier gedruckt und schon ist dieses Stück Papier mehr wert.

Verrückt!

Welches wertvolle Gut wird jedoch zusätzlich zu dem Geld auch immer getauscht und oft unter den Tisch gekehrt? Zeit! Unsere Lebenszeit, um genau zu sein. Die ist, zumindest in diesem Körper, endlich.

Wenn wir also unsere kostbare Lebenszeit gegen Geld eintauschen, sollte zumindest eine wichtige Eigenschaft sichergestellt sein: Das getauschte Geld muss dem Wert unserer getauschten Lebenszeit entsprechen und diese speichern.

Da tauchen Fragen auf: Welchen Wert gibst du dir eigentlich?

Was bist du wert?

Und wer bestimmt diesen Wert?

Du?

Oder doch eher dein Chef, deine Kunden, dein Mann?

Hast du das mal für dich durchleuchtet?

Wir wollen ja auch nicht immer alles sofort ausgeben. Nachhaltiger Vermögensaufbau oder eine Rücklage für später funktioniert aber eben nur, wenn die getauschte Zeit einen Wertzuwachs hat oder zumindest wertstabil ist. Ist das denn überhaupt gewährleistet?

Definitiv nein!

Für jeden Euro, den du gegen deine persönliche Zeit eintauschst, zahlst du Steuern und Sozialabgaben.

Der jährlich errechnete Steuerzahlergedenktag markiert den Zeitpunkt, an dem Menschen ihre jährliche Steuerschuld – rein rechnerisch – beglichen haben und ab diesem Zeitpunkt für sich selber arbeiten. Dieser Steuerzahlergedenktag war in Deutschland zum Beispiel 2023 am 12. Juli. Das bedeutet konkret, dass jeder Steuerzahler im ersten Halbjahr seine Lebenszeit komplett an den Staat verschenkt hat.

Das Geld, das du darüber hinaus behalten darfst, wird allerdings im nächsten Schritt noch mindestens ein weiteres Mal versteuert. Dafür gibt es gut 40 weitere Steuerarten, wie zum Beispiel in Deutschland die Mehrwertsteuer von aktuell 19%, außerdem die Schenkungssteuer, die Vergnügungssteuer und so einige mehr.

Ich möchte in diesem Buch nicht über Sinn oder Unsinn von Steuern und Sozialabgaben diskutieren. Ich möchte dir lediglich verdeutlichen, warum wir dadurch, dass wir mehr und härter arbeiten, sicher nicht der Zeit-gegen-Geld-tauschen-Falle entkommen.

Beschäftigen wir uns doch einmal näher mit unserem aktuellen Finanzsystem.

Unsere Zentralbank ist für die Geldwertstabilität verantwortlich. Faktisch gelingt es ihr jedoch nicht, diese Aufgabe zu bewältigen, was kontinuierlich steigende Preise und eine relativ hohe Inflation beweisen. Die Geldmenge wurde in den letzten Jahren massiv ausgeweitet. Alleine ein Drittel der Menge an US-Dollars wurde in der Zeit der Corona-Pandemie erschaffen. Da der US-Dollar die Weltleitwährung stellt, hat das Auswirkungen auf alle anderen Länder. Auch im Euroraum wurde fleißig Geld aus dem Nichts erschaffen, was am Ende des Tages die tatsächliche Kaufkraft unseres Geldes reduziert.

Der Clou dabei ist, dass diese Zusammenhänge vielen Menschen nicht klar sind.

Eine Geldmengenausweitung und steigende Inflation bedeuten faktisch, dass unsere in Geld getauschte Lebenszeit an

Kaufkraft, also an Wert verliert. Der 100-Euro-Schein bleibt der 100-Euro-Schein, seine Kaufkraft nimmt jedoch von Jahr zu Jahr ab. Du kannst dir also deutlich weniger für dein Geld kaufen, weil dein Leben in Euro bemessen immer teurer wird.

Der Antrieb, finanziell vorzusorgen und zum Beispiel einen Bausparvertrag, eine Lebensversicherung, einen ETF (also börsengehandelte Fonds) oder andere Fonds zu besparen, bedeutet immer, dass wir aus einer Haltung der Angst vor einer schlechteren Zukunft handeln. Nahezu alle Vorsorgeprodukte werden über Angst verkauft. Das Spiel mit der Angst funktioniert hervorragend. Angst ist jedoch ein denkbar schlechter Begleiter, wenn es darum geht, nachhaltig gute (finanzielle) Entscheidungen zu treffen. Schwupps sind wir damit voll eingestiegen in das Bewusstsein der Masse, die nach aktueller Statistik eben nicht wohlhabend ist.

Wie kann das sein? Warum geben sich so viele Menschen mit Mittelmaß zufrieden?

Bei Tageslicht betrachtet halten all diese Produkte nicht im Entferntesten, was sie versprechen. Die Vorsorger und Sparer sind deshalb die großen Verlierer unserer Zeit. Keines dieser gängigen Produkte erfüllt die Eigenschaften eines sinnvollen Geldwertspeichers. Somit sind sie nicht geeignet, um nachhaltig und effizient vorzusorgen oder zu sparen, obwohl sie genau dafür abgeschlossen werden. Inflationsbereinigt wird der Wert (die Kaufkraft) dieser Geldanlagen immer geringer, je länger der Vertrag besteht, und das trifft besonders auf den langen Anlagehorizont von Vorsorgeverträgen zu.

Also, wie lange läuft noch mal deine Lebensversicherung? 40 Jahre? 30 Jahre? Oder nur 20?

Spielt keine Rolle.

Es ist eine krasse Geldvernichtungsmaschine.

Unser aktuelles Finanzsystem macht das Sparen unmöglich.

Du wirst jetzt wahrscheinlich sagen: „Aber Wibke, mein Geld wird doch mehr! Ich bekomme doch regelmäßig Zinsen."

Ja klar, auf dem Papier wird dein Geld durch die Verzinsung mehr. Sobald die Rendite geringer ist als die Inflationsrate, verpufft jedoch deine Kaufkraft im Nirvana und damit auch dein Notgroschen. Das spüren die meisten sehr schnell im Supermarkt oder an der Tankstelle.

Es wird also Zeit, Verantwortung zu übernehmen und die eigenen Finanzen zur Chefsache zu erklären. Es verändert dein ganzes Leben, wenn Geld nicht mehr das Limit ist.

An dieser Stelle denkst du vielleicht: Ich verdiene echt gut. Mein Business läuft. Das betrifft mich nicht. Geld ist bei mir nicht das Limit.

Ja super!

Ich feiere dich.

Und jetzt?

Wohin mit dem ganzen Geld?

Gerade jetzt wird es doch spannend, den nächsten Schritt zu gehen, nämlich Investorin zu werden und dein Geld nachhaltig für dich arbeiten zu lassen. Geld zu kreieren, indem du arbeitest, macht dich nicht frei, auch wenn du dein Business noch so sehr liebst. Aktuell arbeitest du für Geld vielleicht auf einem Niveau, das andere sich nicht mal vorstellen können.

Großartig!

Doch nichts zu müssen und so viel mehr zu können bedeutet, dein Geld macht den Job und du darfst alles tun, was dich maximal erfüllt. Glaub mir eins: Wenn dein Geld dir zum ersten Mal eine Million im Monat kreiert, nur weil du es nachhaltig und sehr gewinnbringend investiert hast, spätestens dann verstehst du die Power dahinter.

Ansonsten bist du weiterhin Sklavin in deinem eigenen Konstrukt. Weil du zwar sehr gut verdienst, dein Geld jedoch durch Steuern, Sozialabgaben, schlechte finanzielle Entscheidungen und nicht zuletzt durch die Inflation aufgefressen wird und du dafür das Kostbarste hergibst, was du besitzt – deine Lebenszeit.

7

GELD IST NICHT DAS PROBLEM

Warum Frauen Angst vor Geld haben und was es braucht, um das jetzt zu ändern.

Veränderung kann immer nur passieren, wenn wir bereit sind, uns auch wirklich verändern zu wollen.

Ich möchte dir, liebe Leserin, mit diesem Kapitel voller Liebe einen riesigen Raum öffnen.

Ich, Wibke, stehe für krassestes Wachstum. Ich bin weit über mich hinausgewachsen. Ich bin eine neue Frau geworden in einem neuen Leben, das weit über das hinausgeht, was ich früher jemals für möglich hielt. Der Übergang von meinem alten Leben, beeinflusst durch die limitierenden Konditionierungen der Gesellschaft, zu meinem neuen Leben in Freiheit, das ich mir selbst erschaffen habe, fühlte sich an wie eine Neugeburt.

Wie aus einem wundervollen magischen Versandhauskatalog des Universums habe ich immer mutiger und konkreter gewählt, wie ich wirklich leben möchte, wenn alles möglich ist.

Dafür durfte ich meine programmierten Anteile immer tiefer wahrnehmen und auflösen und mein kleines konditioniertes Ich sterben lassen, um als göttlich geführtes Wesen zu erwachen.

Das ganze Leben passiert in Wahrheit für uns, damit wir diese spannende Reise überhaupt erfahren können. Kontrolle, Sicherheitsdenken, Neid, Bewertungen, die Unfähigkeit, Entscheidungen zu treffen, und die unterschiedlichen Ängste sind niedrige Frequenzen und Konstrukte aus der konditionierten Masse.

Um die Millionen in dieser Leichtigkeit anzuziehen, musste ICH mich bewegen, und ich durfte Dinge tun, die ich bis dahin nicht bereit war zu tun. Meine komplette Evolution von der kleinen grauen Maus zu einer Multimillionärin, die ihren Mann und ihre Kinder befreit hat, teile ich mit dir in diesem wundervollen Buch.

Wir als Familie leben Freiheit, finanziell und örtlich. Wir arbeiten nicht mehr für Geld. Ich habe mich ganz tief mit mir selbst konfrontiert. Das war nicht immer lustig, und gleichzeitig habe ich mich auf die geilste Reise meines Lebens gemacht.

Lass dich also auf dieses Kapitel ein. Es hat das Potenzial, dir die Augen zu öffnen.

Bist du bereit?

Schnall dich an!

Viele Frauen, die in meine Räume kommen, fühlen, dass außerhalb ihres viel zu eng gewordenen goldenen Käfigs so viel mehr auf sie wartet, als sie bereits leben. In Wahrheit stand die Tür schon immer weit offen. Niemand zwingt uns, das kleine eingeschüchterte Mädchen zu bleiben, das voller Verbote, Selbstzweifel, Ängste und Limitierungen ist. Brav und angepasst zu sein ist das Gegenteil von frei sein. Wenn du schon als kleines Mädchen bewertet wurdest und dein Mann oder andere in deinem Umfeld dich heute auslachen für deine Träume, dann braucht es jetzt eine große Portion innerer Stärke, um dich von den Meinungen im Außen zu befreien. Sie sehen nicht, was du siehst. Du bist eine Visionärin. Und natürlich werden Menschen dich bewerten, denn sie sind ja gefangen in ihrer eigenen Konditionierung.

Alles in diesem Leben ist freiwillig. Wir müssen nichts. Gott wird uns immer nur das geben, was wir bereit sind zu akzeptieren.

In Wahrheit ist das, was uns geschieht, ein liebevoller Weckruf des ganzen Universums, um endlich aus dem Tiefschlaf zu erwachen. Manche Menschen warten so lange, bis es super ungemütlich wird, und klammern sich dann noch an den letzten Strohhalm, obwohl ihnen bereits ihr komplettes Leben um die Ohren fliegt. Spätestens nach einem heftigen Schicksalsschlag geht es dann auf einmal doch. Dann ist es doch besser, noch heute zu starten, oder?

Der beste Zeitpunkt ist immer JETZT!

Es gibt so viele Missverständnisse, wenn es darum geht, sich für die eigene Wachstumsreise zu entscheiden. Das größte Missverständnis geschieht da, wo wir Frauen nur zu gerne an einer sehr entscheidenden Stelle falsch abbiegen. Weiblicher Erfolg wird oft so verstanden, als ob es genügte, sich die nächsten Wochen mal in purer Leichtigkeit und mit größter Erwartung aufs Sofa zu setzen und mal zu schauen, was passiert. Die falsche Überzeugung zu nähren, wenn es schwierig ist und es sich nicht gut anfühlt, ist nicht mein Weg. An dieser Stelle scheitern die meisten, weil sie nicht zwischen ihrer Konditionierung und ihrer Seelenstimme unterscheiden können. Jetzt wird es multidimensional, und ich habe eine gute und eine unbequeme Botschaft für dich.

Die gute Nachricht zuerst: Den krassesten Erfolg in absoluter Leichtigkeit zu erfahren bedeutet, dass du bedingungslos deiner

Seele folgst und sofort, ohne zu zögern in alle deine Impulse springst. Unabhängig davon, was dein begrenzter Verstand, dein kleines Ich und dein Umfeld davon halten. Sogar unabhängig davon, ob es bei deinem aktuellen Kontostand komfortabel ist. Geld ist immer Wahrheit. Wenn dein Geld in Fülle zu dir fließt, lebst du deine Wahrheit.

Dann wirst du nicht mehr durch deine unbewussten Konditionierungen gesteuert, sondern deine Seele sitzt am Steuer deines Lebens. Tatsächlich lebst du dann immer mehr deine höchste Erfüllung, und dein Leben fühlt sich maximal leicht an – voller Wunder und Magie. Wenn du, ohne immer wieder rumzueiern, diesen Weg nehmen kannst, dann geht es tatsächlich leicht und schnell. Dein Kontostand wird sich deiner neuen Frequenz automatisch anpassen.

Und jetzt wird es vielleicht etwas unbequem: Deiner Seele nachhaltig zu folgen und mutig in alle Impulse zu springen setzt voraus, dass du deine innere Arbeit gemeistert hast. Deine ungefilterte innere Wahrheit kannst du nur empfangen, wenn du deine Seelenstimme von der Stimme deines konditionierten Verstandes unterscheiden kannst. Doch sei darauf gefasst, dass dir deine Selbstsabotageprogramme immer wieder schmeicheln werden und dir die altbekannten Lügen und Selbstzweifel einflüstern, sobald du dich auch nur ansatzweise für Veränderung entscheidest.

Eines steht fest: Dieses multidimensionale Programm in dir wird dich nicht kampflos aufgeben. Dafür war eure bisherige Symbiose zu nahrhaft und zu bequem.

Gefühle entspringen immer der Realität, die wir gerade verkörpern, und diese entstammt deinen Entscheidungen aus der Vergangenheit. Das bewirkt, dass sich diese innere Arbeit eben nicht immer nach Leichtigkeit, Erfolg und Freiheit anfühlen wird, weil es bedeutet, dein komplettes System zu crashen, umzuprogrammieren und die Selbstsabotageprogramme zu enttarnen.

Während meiner Heldinnenreise gab es auch immer wieder meinen Mann und unser näheres Umfeld als Gegenspieler, die meine verrückten neuen Ansprüche an mein bzw. an unser Leben infrage stellten. Hätten sie diese Rolle nicht für mich gespielt und mich nicht immer wieder so herausgefordert, wäre diese krasse Wachstumsreise gar nicht möglich gewesen. Ich wäre dann definitiv nicht die Frau, die ich heute bin. Ich durfte mich also immer wieder neu konfrontieren und mich fragen: Wie sehr will ich es wirklich, wirklich? Bin ich wirklich bereit, alles zu verlieren, um so viel mehr zu bekommen? Der Rest ist Geschichte.

Manche Frauen kommen erst in meine Programme, wenn sie gefühlt, und nach eigenen Angaben, schon alles gemacht haben. Ich bin so etwas wie die letzte Instanz. Die folgende Zeichnung bildet auf der linken Hälfte genau das ab, was diese Frauen erlebt haben. Es fühlt sich für sie an, als hielte sie ein unsichtbares Gummiband immer wieder an einer imaginären roten Linie zurück. Sobald sie den nächsten Versuch starten, ihr Leben zu verändern, fühlt es sich spätestens ab dieser unsichtbaren roten Linie unerträglich schwer an. Es fühlt sich an, als würden sie immer wieder gegen eine massive Wand laufen.

Da stehen sie dann erneut vor der ganzen Palette an Selbstzweifeln, ihrem Gefallenwollen und all den Verboten. Jeder einzelne Millimeter persönlichen Wachstums und das Über-sich-Hinauswachsen wird hart erkämpft, weil sie immer noch das liebe, angepasste *Good Girl* sein wollen, das von allen gemocht und geliebt wird. Spontan kommen an der unsichtbaren roten Linie auch alle altbekannten Konditionierungen zu Geld vorbei. Wenn es ganz wild wird, dann geht sogar die Waschmaschine kaputt, um zu beweisen, dass es finanziell eng ist. An dieser Stelle zerplatzen die schönsten Träume wie Seifenblasen.

Dabei fängt genau hier die Party erst an. Gewinner bleiben so lange, bis sie erreicht haben, was sie wollen. Sie bleiben dran und sind bereit, sich zu konfrontieren mit allem, was jetzt vorbeikommt. Immer wieder mit Anlauf gegen die Wand zu laufen wird *niemals nie* zum Ziel führen.

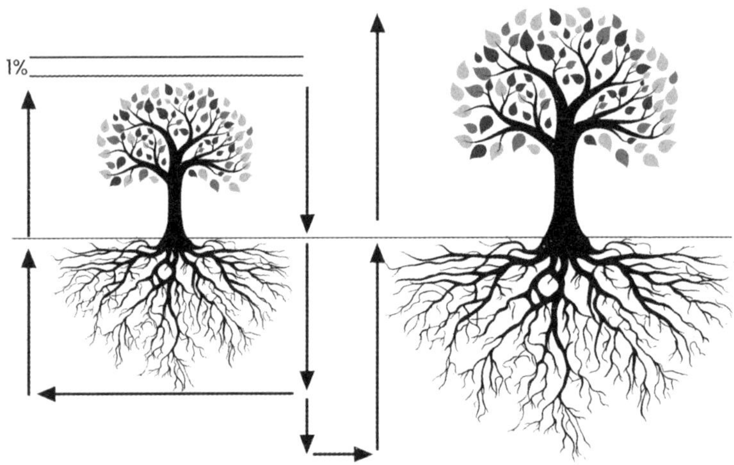

Persönliches Wachstum bedeutet, bereit zu sein, dich mit allem, was dich bis gestern limitiert und zurückgehalten hat, zu konfrontieren, nicht dienliche Glaubensmuster loszulassen, noch tiefer die eigene Wahrheit zu fühlen und diese zu verankern, um als neues Ich weit über dich hinaus zu wachsen.

Im Gegenteil. Du fährst im wahrsten Wortsinn immer wieder dein Leben vor die Wand.

Willst du den Loop endlich nachhaltig verlassen? Dann ist die Bewusstmachung in diesem Kapitel für dich.

Gern geschehen!

Egal was du bisher gemacht hast, du stößt dir also immer wieder den Kopf an dieser unsichtbaren roten Linie. Die meisten Frauen buchen Coaching um Coaching und drehen sich doch weiter im Dauerloop um sich selbst. Die unbewussten Konditionierungen im eigenen Programm wirken wie ein Filter. Sobald sich dein Denken außerhalb des gewohnten Denkmusters bewegt, wird das Programm aktiv, und jede neue Idee wird erst einmal mit den alten Konditionierungen als Filter gescannt.

Dein Programm fährt also seinen Selbsterhaltungsmechanismus hoch. Es beginnt dir zu schmeicheln und wird dir ganz subtil und multidimensional glauben machen, dass du es besser in diese Richtung gar nicht weiter versuchen solltest. Das kann an dieser Stelle ganz schön fies werden. Veränderung wird immer boykottiert, weil das Programm nicht will, dass du signifikant etwas veränderst. Wir haben alle eine riesige Angst vor den möglichen negativen Konsequenzen, die uns unser Versand in den dunkelsten Farben ausmalt. Und schon schalten wir wieder auf Autopilot und reagieren wie immer, indem wir vermuten, dass diese Veränderung zu schwer und unerreichbar sein wird und für uns sowieso nicht möglich ist.

Merke: Immer, wenn dein ganzes System rebelliert und dir alle Risiken und Nebenwirkungen deiner neuen Entscheidung präsentiert, ist es das Programm, das sich da meldet.

Meine besondere Gabe ist es, diese Sabotageprogramme in der Tiefe zu enttarnen und meinen Klientinnen sichtbar zu machen. Ob sie diese Wachstumschance nutzen, liegt wie immer 100 % in ihrer Eigenverantwortung.

Wie du auf der Zeichnung oben erkennst, können wir den Loop nur unterbrechen, wenn wir eine Ebene tiefer gehen. Das bedeutet, wir dürfen uns von den obersten Blättern unseres Bäumchens den kompletten Weg bis hinunter zu unseren Wurzeln durch unsere Konditionierungen bahnen und alles überdenken, was sich uns in den Weg stellt. Klingt mühsam, schwer, anstrengend?

Merkst du was?

Das Programm ist bereits aktiv.

Erinnerst du dich an meine Worte ein paar Zeilen zuvor? Das Programm wird es dir immer ausreden wollen.

In Wahrheit ist es eine ganz wundervolle Erfahrung, mit stärkeren Wurzeln und neuem Bewusstsein weit über uns hinauszuwachsen. Ich nenne das in meinen Kursen „Wurzeln und Flügel". Je tiefer wir bereit sind, die innere Arbeit zu machen, desto höher können wir wie ein Phönix aus der Asche aufsteigen.

Ein Baum, zum Beispiel eine Eiche, würde ohne tiefe, starke Wurzeln nie hoch hinauswachsen können. Es braucht erst tiefere und stärkere Wurzeln, um den nächsten Wachstumsschub in die Höhe zu ermöglichen. Auch der Eichelkeimling bildet zuerst Wurzeln, bevor an der Oberfläche das Wachstum eines neuen Bäumchens sichtbar wird.

Lies dieses Kapitel gerne mindestens zwei Mal mit weit geöffnetem Herzen, weil es so grundlegend ist, das vollumfänglich zu verstehen. *Was wir im Inneren nicht verändern, müssen wir im Außen mehr und härter arbeiten.*

Was bedeutet es also, zu 100 % Verantwortung zu übernehmen?

Lass uns dazu mal brainstormen:

Es bedeutet, dass ich eine echte Entscheidung treffe.

Ich bin mutig.

Ich lerne, was zu lernen ist.

Ich knicke nicht immer wieder ein, wenn es sich kurzfristig nicht komfortabel anfühlt.

Ich bin immer bereit, meine eigenen Angstbarrieren zu durchbrechen.

Ich ducke mich nicht weg, wenn es unangenehm wird.

Ich konfrontiere mich mit allem, was sich auf dem Weg zeigt, und sortiere aus, was mir nicht mehr dienlich ist.

Ich bin bereit, immer wieder neue, größere Entscheidungen zu treffen.

Ich gewöhne mich daran, dass es kein Netz und keinen doppelten Boden gibt, weil Wachstum immer im Unbekannten stattfindet.

Ich höre auf, alles kontrollieren zu wollen.

Ich bin bereit, alles zu hinterfragen, was ich über mich, das Leben, Erfolg, Geld, Gesundheit glaube zu wissen.

Ich akzeptiere, dass ich in Wahrheit nichts weiß.

Ich definiere mich nicht mehr über die Vergangenheit.

Ich bin bereit, jedem – und ganz besonders mir selbst – zu vergeben.

Ich bin bereit, mein kleines Ich sterben zu lassen, damit ich meinem eigenen Wachstum überhaupt Raum geben kann.

Ich vertraue mir. Ich vertraue darauf, dass das Universum immer auf meiner Seite ist und dass Gottes Plan für mich so viel größer ist, als ich es aktuell auch nur ansatzweise glauben kann.

Ich höre auf, überall Probleme zu sehen, und lenke meinen Fokus auf die Geschenke am Wegesrand und auf mein Wachstum.

Ich höre auf, mich mit anderen zu vergleichen.

Ich genieße den Weg.

Ich bin dankbar für mich und meine Entscheidungen.

Ich sehe selbst die klitzekleinsten Fortschritte und zelebriere sie.

Ich bin nicht mehr süchtig nach Liebe und Anerkennung von anderen Menschen.

Ich fühle und spreche meine Wahrheit.

Ich bin bereit, meiner neuen Vision zu folgen, auch wenn sie niemand außer mir sehen kann.

Ich gebe immer 100 %. Ich weiche nicht aus.

Ich bleibe in Verbindung.

Ich gehe nicht zurück ins Programm.

Ich verrate mich nicht.

Aufgeben ist keine Option.

Ich schaffe es! Weil ich es will.

Ich verstehe, dass meine Ängste mir mein größtes Potenzial zeigen.

Ich liebe es und genieße den Weg.

Es ist mein Leben!

Wenn ich zweifle, zögere oder rumeiere, habe ich Angst. Wenn ich Wachstumschancen aufschiebe, habe ich Angst. Und die Angst zeigt mir, wo ich in die Trennung gehe und in die falsche Richtung abdrifte. Angst ist mein Freund und holt mich zurück ins Leben.

Wenn ich meine Angst spüre, dann konfrontiere ich mich mit ihr und kehre sie um 180 Grad um, um mein Potenzial zu erkennen.

Ich gebe dir ein Beispiel: Aus „Ich habe Angst, dass mein Mann mich verlässt, wenn ich für mich einstehe und meine Ziele verfolge" wird: „Mein Mann liebt es, wenn ich so mutig bin. Erfolg macht sexy."

Wooohooo! Also los …

Wenn du nicht bereit bist, die oben genannten Punkte zu meistern, dann bist du überhaupt nicht vollumfänglich fähig, deine innere Stimme zu hören. Dann lässt du dich immer wieder von dem oben beschriebenen Programm täuschen. Das Programm arbeitet subtil und fällt den meisten Menschen gar nicht auf. Sie werden von ihrem konditionierten Verstand gesteuert und leben fast ihr ganzes Leben auf Autopilot. Das bedeutet, dass unser Verstand alle Gefühle und Erfahrungen der Vergangenheit, *Hörensagen* sowie unbewusste Konditionierungen und angelerntes Wissen als Basis für neue Informationen und Entscheidungen hernimmt und neue Impulse im Keim erstickt. Es geht sogar so weit, dass neue Informationen, die nicht in unser Glaubens- und Denkmuster passen, sofort ausgefiltert werden und von unserem System ausgeblendet werden. Wir werden gelebt.

Deine Befreiung gleicht dem Weg durch einen Geburtskanal. Es ist eng und dunkel. Du löst deine programmierten Anteile immer tiefer auf und lässt dein kleines, konditioniertes Ich sterben, um als göttlich geführtes Wesen zu erwachen. Das ganze Leben passiert in Wahrheit für uns, damit wir diese spannende Reise überhaupt erfahren können.

Am Anfang dieses Kapitels habe ich die Missverständnisse auf unserer Wachstumsreise schon angesprochen. Und wenn wir schon mal dabei sind, möchte ich dir hier der Vollständigkeit halber noch ein paar weitere weibliche Missverständnisse sichtbar machen.

1. Oft ist es so, dass ein Vermögen in Immobilien nicht gefühlt wird.

Ein Vermögen in Immobilien ist identisch mit jedem anderen Vermögenswert (zum Beispiel auch in Form von Aktien, Anleihen, Edelmetallen) in gleicher Höhe, und doch ist es für viele eine krasse Erfahrung, wenn nach einem Verkauf die volle Summe auf dem Konto sichtbar wird.

Die magische Zahl ist 1.000.000 Euro. Viele Menschen laufen ihr Leben lang einem bestimmten finanziellen Ziel hinterher und übersehen dabei, dass es manchmal schon längst Realität ist. Mit einem Eigenheim in exponierter Lage, das vielleicht schon lange abbezahlt ist, ist die Million schnell erreicht. Viele

Frauen sind also schon längst Millionärinnen mit ihrem Haus, aber sie fühlen es nicht oder es ist ihnen nicht einmal bewusst.

Solltest du auf deinem Weg zur ersten Million bereits festgelegt haben, wie sich dein Leben als Millionärin verändern wird, ist spätestens jetzt der Moment da, diese Veränderung auch wirklich herbeizuführen. Vielleicht hast du festgelegt, dass du in deiner Zielidentität als Millionärin nur noch Business-Class fliegst und in Fünf-Sterne-Hotels wohnst. Da ist die Versuchung groß, dir jetzt auf diesem neuen Level abermals einzureden, dass es das ja gar nicht braucht. Erinnere dich: Das Programm ist subtil. Wenn es bei dir schon immer wegen Geld, selbst bei kleinen Beträgen, geklemmt hat, wird sich das auch mit dem Hausverkauf oder dem neuen Kontostand nicht verändern.

Einzig dein Unterbewusstsein ist irgendwann komplett verwirrt, wenn du dich so inkongruent verhältst. Ähnlich ist es, wenn du dauerhaft behauptest, kein Geld zu haben, weil das, was da ist, für schlechte Zeiten gespart und zurückgehalten werden soll. Das ganze Universum wird dich in dem Fall darin unterstützen, kein Geld zu haben, weil du dir besagte schlechte Zeiten quasi herbeiwünschst. Diese krasse Verwirrung findet nur statt, weil nachhaltige finanzielle Bildung fehlt.

2. Eine weitere Barriere ist, wenn das Geld hauptsächlich vom Ehemann erwirtschaftet wurde.

„Aber das ist doch das Geld meines Mannes“, höre ich Frauen dann oft sagen. Äh, nein! Es ist euer Geld! Während du deinem Mann den Raum gegeben hast, sich in seinem Beruf zu verwirklichen und für das Familieneinkommen zu sorgen, hast du eure gemeinsamen Kinder bekommen, sie durch alle Lebensphasen liebevoll begleitet, den Haushalt gemacht, für leckeres, gesundes Essen gesorgt, warst Ehefrau, Freundin und Geliebte und hast alles dafür getan, dass die Familie es schön hat. Glaubst du da wirklich, es sei nur sein Geld? Es ist auch deins.

Nimm es!

Du musst dein Geld nicht selbst erwirtschaften. Du darfst das Geld deines Mannes beanspruchen. Du darfst es nutzen, um die Frau zu werden, die selbst Millionen kreiert.

Auch das ist deine Manifestation. Niemand außer dir hat diese Situation herbeigeführt. Frauen, die sich das nicht bewusst machen, leben dauerhaft in der Getrenntheit zwischen der eigenen Manifestation und sich selbst. Sie trennen sich so krass von Geld ab, dass sie es noch nicht einmal dann nehmen können, wenn es schon da ist. Sie lassen es nicht nahrhaft für sich werden. Die klassische feministische Zurückhaltung betrifft so viele Frauen.

Die Glaubenssätze „Ich muss es selbst machen" und „Ich muss selbst das Geld verdienen" zahlen dann mal wieder auf die größte Lüge unserer Zeit ein, nämlich dass wir alle unseren Wert über Leistung beweisen müssen.

Dabei will der Mann einfach nur eine glückliche Frau an seiner Seite. Sie ist jedoch nicht glücklich, wenn sie ihre Träume und Sehnsüchte nicht lebt. Wenn sie ihre Bedürfnisse permanent verleugnet, ist die innere Leere allgegenwärtig.

Ich möchte alle Frauen wachrütteln und sie ermutigen: Nimm von deinem Mann, denn ich habe auch von meinem Mann genommen.

Du wirst in diesem Buch lesen, welche Power dahinter steckt, wenn du als Frau dich selbst ermächtigst, in deine volle Größe zu gehen, und dir erlaubst, dass Geld dir dienen darf. Mein Mann hat für meine Selbstverwirklichung seine Lebensversicherung aufgelöst, und ich habe uns befreit. Durch diese Entscheidung konnte so viel Heilung passieren für uns, für unsere Kinder und für viele Frauen und Männer, die bereits mein tiefes Wissen getankt haben.

3. Viele Frauen, die größeren Geldsummen erben, schämen sich dafür.

Sie können das Geld nicht nehmen. Vor lauter falscher Scham und Schuld können sie es nicht genießen, geschweige denn für sich nutzen. Oft haben es sich die vorigen Generationen unter großem Verzicht zusammengespart. Das Geld nun zur puren Freude zu verwenden, scheint geradezu verboten. Doch unsere Versorgung kommt von Gott, und eine Erbschaft ist nur eine weitere Möglichkeit, wie Geld in dein Leben fließen kann. Auch hierzu durfte ich bereits vielschichtige Erfahrungen mit meinen Mentees sammeln. Teilweise fühlt es sich fast wie Exorzismus an, wenn es darum geht, mit diesen Themen in die Heilung zu gehen. Dennoch: Es lohnt sich so sehr.

4. Geld in größeren Summen zu besitzen, ruft die wildesten Konditionierungen auf den Plan.

Bei vielen Frauen ist es so, dass sie fast vor Angst sterben, wenn sie dann endlich die Million haben. Es ist die Angst, dass sie ihnen wieder genommen werden könnte. War vorher der größte Wunsch dominant, endlich Millionärin zu sein, verändert sich nun die Energie und die Angst, das Geld wieder zu verlieren, übernimmt. Ein Zustand irgendwo zwischen Sehnsucht und Angst. Bei vielen tritt dieses Phänomen in Zusammenhang mit Geld auf, es kann aber auch den Arbeitsplatz, den Traumpartner oder die Gesundheit betreffen. In letzter Konsequenz ist es die Angst vor dem eigenen Tod, weil dieser Person so langsam dämmert, dass sie vor lauter konditionierten Ängsten und augenscheinlichen Verboten ihr eigenes Leben nicht gelebt hat.

5. Unterm Strich haben die meisten Frauen deswegen kein Geld, weil sie zu gut mit wenig Geld umgehen können.

Sie haben sich schon längst damit arrangiert, sich mit wenig zufriedenzugeben. In dieser Konditionierung verbirgt sich eine riesige Angst und Unwissenheit. Viele Frauen müssen offensichtlich erst einmal ihr komplettes Leben vor die Wand fahren, damit sie bereit sind, sich zu bewegen.

Wohlstand ist ein Bewusstseinszustand.

Wenn du kein oder nicht genug Geld zur Verfügung hast, bist du bis gestern nicht bereit gewesen, dich mit dir selbst zu konfrontieren. Ein Leben in Schonhaltung bringt keine Million. „Ich habe kein Geld“ ist pure Ohnmacht. Und gleichzeitig haben diese Frauen an dieser Stelle einen scheinbaren Benefit, sonst würden sie diese Ohnmacht nicht wählen.

Mein Fazit aus diesem Kapitel ist: Wir haben alle diesen göttlichen Funken in uns, der wie ein Samenkorn darauf wartet, zu keimen und aufzublühen. Viele Frauen fühlen schon länger eine innere Leere, die sich wie ein Schleier über ihr Leben legt, ohne dafür die richtigen Worte zu finden oder zu wissen, was konkret sich in ihrem Leben nicht stimmig anfühlt.

Die Menschen brauchen nicht mehr Geld.

Geld ist nicht das Problem.

Sie brauchen mehr Bewusstsein und nachhaltige finanzielle Bildung sowie die Bereitschaft, überhaupt wirklich, wirklich etwas an ihrem Leben ändern zu wollen.

Ich persönlich weiß, wie ich aus einer Million so viel mehr mache, ohne hart dafür zu arbeiten, und wie ich dieses Geld für mich nutzen kann.

Weißt du was? In Wahrheit geht es gar nicht ums Geld. Es ist die FREIHEIT, die ich mir dadurch kreiert habe. Der größte Reichtum für mich ist es, die Kontrolle über meine Lebenszeit zu haben. Wenn Fülle da ist, muss ich mir den Mangel nicht mehr schönreden. Ich kann wählen. Und ich liebe es. Wie ist das bei dir? Ist da noch Luft nach oben? Dann los! Deine Seele wartet schon so lange auf dich.

8
DIE MAGIE IN DEIN BUSINESS EINLADEN

Dient dir dein Business oder bist du Sklavin deines Jobs?

Darf ich dir einen weiteren Raum öffnen? Ich stelle dir die Frage von weiter vorne noch einmal, lass du das Folgende mal sacken: Was würdest du tun, wenn alles möglich wäre? Würdest du weiterhin so viel arbeiten?

Okay, vielleicht würden viele die Frage mit Ja beantworten, weil Arbeit eine fantastische Möglichkeit ist, uns von uns selber abzulenken. Natürlich ist da auch ein Hauch von „Ich muss doch Geld verdienen" im Spiel. Obwohl die Fragestellung ausdrücklich die Formulierung „wenn alles möglich wäre" enthält. Im kleinen Zeh schwingt da wohl noch ein kleiner Zweifel mit. Wie soll es gehen? Wo soll das Geld denn bitte herkommen, wenn ich nicht arbeite?

OMG!

Ja, genau so war es bei meinem Mann.

Dieses Etikett „Ich bin Ingenieur" (Bankkauffrau, Hausfrau, Unternehmerin, Gutmensch oder was auch immer) sitzt so fest! Und er ergänzte noch: „Ich mag meinen Job, weil er mich maximal erfüllt und Spaß macht. Ich bewirke etwas mit meinem Tun."

Aus heutiger Sicht, ein paar Jahre später, hat sich diese alte Realität als mangelndes Vorstellungsvermögen und krasser Selbstbetrug enttarnt.

Unsere Sehnsucht, jemand zu sein und etwas zu erreichen im Leben, ist so nachvollziehbar. Wir kennen es alle. Ist es dir schon bewusst, welche Lüge du damit nährst? Also nur für den unwahrscheinlichen Fall, dass du dich gerade im kleinen Zeh angesprochen fühlst: Ist es dir bewusst, wie du dich damit immer mehr von dir entfernst?

Wir wünschen uns so sehr die Liebe und Anerkennung von anderen, um uns endlich gesehen und wertvoll zu fühlen. Und wir haben schon seit früher Kindheit gelernt, unseren Wert über Leistung zu beweisen.

Das liebe, brave Mädchen war immer schön artig und machte, was Mami sagte. Deswegen sind wir auch heute noch alle immer so schön fleißig und pflichtbewusst und halten uns beschäftigt mit Verbiegen und damit, Erwartungen zu erfüllen. Viel tun und beschäftigt sein zahlt schön auf die Fleißkärtchensammlung ein. Dann gibt es diese schönen Sternchen-Stempel ins Heft.

In unserem Fall hat das neue Leben meinen Mann dann förmlich dazu gezwungen, sich mit sich selber zu konfrontieren.

Faktisch ist dieses Arbeiten für Geld und dass wir unseren Wert über Arbeit rechtfertigen, nur ein Konstrukt unserer Konditionierung. Wir haben es, wie alles andere auch, von unseren liebenden Eltern und der Gesellschaft übernommen, dass in unserer Kultur das Arbeiten für Geld der Hauptzweck unserer Existenz ist. Ohne Fleiß kein Preis. Das ist die größte Limitierung unserer Zeit. Es ist, was wir glauben.

Liebste Leserin, hätte man dir von klein auf erzählt, dass es in diesem Leben darum geht, maximal glücklich zu sein und dich in allen Facetten auszuprobieren, und dass Geld der maximalen Freude folgt, einfach weil immer mehr als genug zur Verfügung steht, je erfüllter du deinen Tag verbringst, dann wäre das heute deine Konditionierung. Du würdest in deiner höchsten Frequenz gar nicht auf die Idee kommen, deine kostbare Lebenszeit mit Tätigkeiten und Menschen zu verbringen, die dich in Wahrheit langweilen oder krank machen.

Weil wir uns schon früh von unseren Eltern abgeschaut haben, dass Geldverdienen kein Zuckerschlecken ist, sind viele sehr schnell bereit, bei ihrem Herzensbusiness Abstriche zu machen. Wenn es uns wirklich Spaß macht und wir ganz viel Liebe und Anerkennung für unsere Leistung bekommen, scheint es nicht ganz so wichtig zu sein, wenn nicht gleichzeitig ein Haufen Geld reinkommt. Gerade bei Frauen ist diese Haltung sehr beliebt, weil historisch ohnehin der Mann der Hauptverdiener war und wir uns über Generationen mit der Rolle der Geringverdienerin arrangiert haben. Geld, Finanzen und das Übernehmen von Verantwortung gilt zum Teil noch immer als Männersache.

Wenn wir dann doch ein bisschen eigenes Geld dazuverdienen wollen, dann ist es ja nicht schlimm, wenn nicht so viel dabei rumkommt. Hauptsache, wir kommen mal an die Luft, oder? „Bescheidenheit ist eine Zier“, hat man uns beigebracht, und das brave Mädchen hat auch gelernt, nicht zu viel zu wollen. Unseren eigenen Wert treten wir dabei zwar mit Füßen, aber egal.

Liebes, zwischen „Ich möchte mich nicht an anderen bereichern“ und einem angemessenen Preis für deine Gaben ist durchaus Luft nach oben. Deine Lebenszeit ist das Wertvollste, was du hast. Du bist eine erwachsene Frau und darfst dir bewusst sein, wie wertvoll du bist. Du brauchst deine Lebenszeit nicht zu verscherbeln – auch und erst recht nicht für dein

Herzensbusiness. Nur weil du etwas gerne machst oder es eine deiner unbewussten Kompetenzen ist, für die du dich quasi nicht wirklich anstrengen musst, hat das, was dich ausmacht, doch einen hohen Wert für andere. Du darfst dich dafür anerkennen, wie wundervoll und wertvoll du bist.

Geld und Erfolg im Job, im eigenen Business oder als Mama sind unser größter Spiegel. Wenn da kein Wachstum passiert, wird es auf Dauer anstrengend. Du bist hier in diesem Leben, um dich in der Fülle zu erfahren. Faktisch haben sich die meisten Menschen nie damit beschäftigt, welchen tiefen Sinn ein Nine-to-five-Job oder ein Business wirklich hat.

Dein ganzes Leben, auch dein Job oder Business, sind eine Ausdehnung deiner Selbst als Schöpferwesen. Wenn du Manifestation nicht nur verstanden hast, sondern auch jeden Tag in die Verkörperung gehst, dann ist Geld die logische Konsequenz. Es ist die höchste Erlaubnis, sich in der Fülle zu erfahren, ohne dafür viel arbeiten zu müssen. Diese Einsicht eröffnet für viele eine neue Dimension der Selbsterkenntnis.

In dem Moment, in dem es in deinem Leben wieder gemütlich wird, also wenn du dich an eine neue Frequenz angepasst hast, darfst du dich immer wieder neu fragen: *Wie will ich es haben, wenn alles möglich ist?* Wie viel größer darf der Raum noch werden, den ich heute für mich öffne? Bewusstsein beginnt und endet in dir. Immer!

Deine Beziehungen zu Geld spiegeln sich in deinem kompletten Leben wider.

Geld ist in Wahrheit dein bester Freund, weil es dich erkennen lässt, wer du bist. Wenn du kein oder nicht genug Geld hast, wird es auf Dauer schwer, dich in allem zu erfahren, was das Leben uns an Möglichkeiten bietet. Wie schon besprochen, ist Arbeiten für Geld nur *eine* Möglichkeit, um Geld zu kreieren. Es darf und kann so viel leichter und in größeren Summen zu uns fließen, wenn wir uns von diesem einschränkenden Glaubensmuster befreien.

In Wahrheit erfolgt unsere Versorgung durch Gott. Und diese Versorgung kommt in dem Maße zu uns, wie wir bereit sind zu empfangen. Der Kreativität sind keine Grenzen gesetzt, einzig unsere bewussten und unbewussten Glaubenssätze standen bis gestern zwischen uns und der maximalen Fülle.

Geld fließt zu uns durch unseren Arbeitgeber, durch unsere Kunden, durch eine Schenkung, durch eine Steuerrückerstattung, durch die Kündigung deiner Lebensversicherung oder auch durch eine uns bisher noch unbekannte Kiste in unserem Kleiderschrank. (Spoiler: Die verrückte Kleiderschrankstory einer meiner wundervollen Kundinnen findest du im Kapitel „Die Macht der Entscheidung".)

Gott findet immer einen Weg, um dir zu geben, was du glaubst, haben zu können. Nicht mehr und nicht weniger. Präzise genau das.

Dein Business braucht übrigens auch Geld, wenn es dir dienen soll. Ich frage mich immer wieder, wie es sein kann, dass so viele Menschen bereit sind, ihr privates Geld in ein Business zu buttern, um damit ein Konstrukt künstlich am Leben zu erhalten, das schon längst nicht mehr funktioniert oder noch nie funktioniert hat. Oder warum Menschen viel Zeit und Energie in ihren Job stecken, mit dem sie finanziell jedoch kaum über die Runden kommen. Niemand zwingt uns dazu, es sind unsere eigenen Limitierungen.

Wie viel mehr Selbstwert ist nötig, um außerhalb der schrumpfenden Komfortzone eine neue Wahl zu treffen? Eine einengende Situation nicht zu verändern grenzt an Selbstverletzung. Wir dürfen uns neu entscheiden und Neues zulassen, um andere Ergebnisse zu erzielen.

Geld, Job oder Business spiegeln dir all das, wo du noch nicht in der Klarheit und in der Eigenverantwortung bist.

Also noch mal: Dein Business sollte dir dienen und nicht du dem Business. Gleiches gilt für den Job als Angestellte oder auch für dich als Hausfrau und Mutter, wenn du dich über Jahre mit ganz viel Hingabe um deine Familie kümmerst. Das Potenzial ist gigantisch, wenn wir bereit sind, uns mit uns selbst zu konfrontieren.

Hast du schon bemerkt, dass wir Menschen uns nach jedem „JA, ABER" die Strategie präsentieren, die wir bis gestern angewandt haben, um uns nicht bewegen zu müssen?

Ich mach mal ein Beispiel: Ich würde so gerne den Finanzkurs buchen und lernen, wie Geld wirklich funktioniert, ABER ich habe kein Geld. Wie klar bist du in deinem Commitment? Bist zu bereit, dich zu lösen von deiner aktuellen Realität? Bist du bereit, dich in den nächst größeren Raum hinein zu bewegen? Wir verwehren uns so oft selbst das Wachstum, weil wir glauben, nicht bereit zu sein. Das ist eine Lüge. Eigenermächtigung heißt das Zauberwort.

Weißt du, wie oft große Frauen ihre Magie zerstören, weil sie nicht weitergehen? Weißt du, wie viele Frauen im Business oder Beruf nicht wachsen, weil sie in der Komfortzone feststecken?

Wachstum ist das schönste Geschenk, das du dir selber machen kannst. Irgendwann lebst du diese neue Identität, und so lange musst du einfach durchhalten. Ich nenne es: *In der kreierenden Energie bleiben, bist es ist!* Mit dem richtigen Commitment geht es schneller, als du denkst.

Lass uns das Ganze an vier Fallbeispielen mal sehr vereinfacht nachrechnen:

Beispiel 1 – Du bist angestellt:

Mal angenommen, du bist supererfolgreich im Job und verdienst 10.000 Euro brutto im Monat. Je nach Beziehungsstatus und etwaigen Kinderfreibeträgen bekommst du jeden Monat plus/minus 5.500 Euro auf dein Konto überwiesen. Damit verdienst du deutlich mehr als die meisten. Großartig! Ist dir dabei aber aufgefallen, dass sich gut die Hälfte bereits in Luft aufgelöst hat, bevor du das Geld überhaupt auf dem Konto hast? Wenn du jetzt noch deine aktuellen Ausgaben abziehst, ist dein Konto am Monatsende leer, oder? Ist da irgendwo ein Loch? Hast du mal nachgeschaut? Warum akzeptieren das so viele?

Eins steht fest: Wenn du nicht grundlegend etwas veränderst, wird dein Gehalt *niemals nie* ausreichen, um dir dauerhaft einen richtig tollen Lifestyle zu kreieren.

Dein Einkommen zu erhöhen wäre hier eine Möglichkeit. Als Angestellte hast du allerdings recht wenig Einfluss auf dein Gehalt. Wann war noch gleich deine letzte Gehaltserhöhung? Während die Lebenshaltungskosten und idealerweise auch deine Ansprüche an deinen Lifestyle ständig steigen, wird dein Gehalt wahrscheinlich schon die letzten Jahre auf demselben Level stagnieren. Immerhin gibt es jeden Monat verlässlich Geld, und du bekommst ja auch 30 Tage Urlaub zugebilligt. Du hast allen Grund, zufrieden zu sein.

Autsch!

Ich hoffe nicht.

Dankbar natürlich, aber damit zufrieden zu sein, würde bedeuten, dass du dich schon längst aufgegeben hast. Du liest dieses Buch sicher nicht, um dich mit Mittelmaß zufriedenzugeben.

Ich habe dieses Buch definitiv nicht geschrieben, um dich zu mehr Enthaltsamkeit und Sparsamkeit zu ermahnen. Im Gegenteil. Ich finde, wir brauchen alle eine sehr gut gefüllte Wunsch- und Löffelliste. Zu dieser Liste gibt es noch ein eigenes Kapitel.

„Spar dich reich" ist definitiv nicht mein Rat und passt auch nicht zu meiner Energie. Dennoch sind deine Ausgaben eine wichtige Stellschraube. Und es gibt übrigens einen Unterschied zwischen Ausgaben und Investitionen, worauf ich etwas weiter unten noch eingehe. Doch um bei den Ausgaben zu bleiben: Vielleicht hast du schon auf deiner To-do-Liste vermerkt, deine Lebensversicherung genauer unter die Lupe zu nehmen? Wenn ich du wäre, würde ich den Vertrag dazu zeitnah prüfen. Es geht um dein Geld. Hier besteht eine große Chance, eine Mogelpackung zu entlarven. Inflationsbereinigt hast du nämlich nach ca. zehn Jahren dein eingezahltes Kapital durch den Kaufkraftverlust halbiert, wenn wie in den letzten Jahren die tatsächliche (nicht die geschönte) Inflation höher ist als die Verzinsung deines Vertrages. Demzufolge ist die Lebensversicherung eine tickende Zeitbombe, weil sie dir eine Sicherheit vorgaukelt, die sie nicht halten kann.

Auf meiner Website wibke-sommer.com/buchbonus erhältst du exklusiven Zugang zu meinem exklusiven Gratis-Umsetzungskurs zum Buch, um tiefer in das Thema Finanzielle Bildung einzutauchen. Anhand konkreter Beispiele kannst du noch besser meine Aussagen im Buch nachvollziehen und bekommst zusätzlich wertvolles Bonusmaterial.

Es lohnt sich.

Das Thema Urlaub ist auch sehr heikel. Wie du aus meiner eigenen Geschichte ahnst, war Urlaub für mich schon immer das

Heiligste. Ich habe dafür gelebt, mindestens zwei Mal im Jahr in den Urlaub zu fahren.

Tatsächlich waren wir als Familie seit 2019 nicht mehr im Urlaub. Einfach, weil es für uns keinen Grund mehr gibt für dieses Belohnungssystem. Es war schon immer eine Illusion.

Die meisten Menschen fahren in den Urlaub, um sich von ihrem Job zu erholen, endlich mal runterzukommen und auszuspannen. Kurzfristige Linderung.

Genau genommen steht sogar das Wort „Erholungsurlaub" in deinem Arbeitsvertrag, wenn du angestellt bist. Du darfst dich offiziell 30 Tage im Jahr von deinem Leben inklusive Job erholen. Und wenn der Erholungsurlaub vorbei ist, kommst du wieder zurück in dein altes Leben und alles bleibt wie immer. Ziemlich schlechter Deal, wie ich finde. Diese Art Erholungsurlaub ist übrigens eine Ausgabe, die dein Leben nicht signifikant verbessert.

Hast du das jemals hinterfragt?

Ich war bereit, notfalls für mein komplettes restliches Leben auf unseren Familienurlaub zu verzichten, als Zugeständnis und Commitment an meinen Mann, um mir 2019 ein Coaching für 30.000 Euro ermöglichen zu können. Und genau dieses Coaching war der Grundstein. Seitdem haben wir nie wieder Erholungsurlaub von unserem Leben gebraucht, weil ich ziemlich genau ein Jahr später meinen Mann aus seinem Job „freigekauft" habe. Ich habe mich für Freiheit entschieden. Seitdem reisen wir als Familie ohne Zeit- und Geldlimit an unsere schönsten Seelenorte.

Verstehst du, worauf ich hinauswill?

Ausgaben verpuffen irgendwo im Nirvana. Investitionen machen dich wertvoller, erhöhen dein Bewusstsein und verbessern deine Lebensumstände.

Wäre es nicht schlau, zuerst in dich und dein Wachstum zu investieren – und dadurch dauerhaft Freiheit zu erlangen –, statt Jahr für Jahr bis zur Rente Urlaub als Erholung zu brauchen?

Lass das mal sacken.

Gerade die Beschäftigung mit grundlegenden Themen wie finanzielle Bildung, unserem Finanzsystem und nachhaltige Möglichkeiten, dein Geld für dich arbeiten zu lassen, sind der Turbo für deine finanzielle Freiheit. Wie John D. Rockefeller so schön gesagt haben soll: *„Wer den ganzen Tag arbeitet, hat keine Zeit, Geld zu verdienen.“*

Arbeiten macht dich nicht frei, finanzielle Bildung schon.

Du musst Dinge anders machen als die konditionierte Masse, um ein Leben zu führen, das sich die Masse *niemals nie* leisten kann. 100 % Eigenverantwortung für deine Finanzen zu übernehmen ist eine Entscheidung, die dein komplettes Leben verändert. Öffne dich für Möglichkeiten, die du wahrscheinlich noch gar nicht kennst, und erkläre deine Finanzen zur Chefsache.

Beispiel 2 – Du hast ein eigenes Business:

Mal angenommen, dein Business ist ein Einzelunternehmen und kreiert dir im Monat großartige 100.000 Euro. Davon kannst du deine Ausgaben abziehen. Vielleicht hast du eine Assistentin, die dir monatlich für ihre Leistung eine Rechnung schreibt, oder andere Mitarbeiter, die dich in deinem Business unterstützen. Natürlich gibt es noch andere monatliche Ausgaben wie Abschreibungen auf deinen Laptop, ein Büro oder Coachingprogramme, die du dir für dein persönliches Wachstum gönnst. In diesem Beispiel sind das monatlich 20.000 Euro, um die sich dein zu versteuerndes Einkommen dadurch reduzieren wird. Demzufolge beträgt dein zu versteuerndes Einkommen nicht mehr 100.000 Euro, sondern 80.000 Euro. (Lassen wir deinen Beziehungsstatus und etwaige Kinderfreibeträge hier mal außen vor.) Davon landet nach dem Abzug von Steuern und Sozialabgaben gut die Hälfte auf deinem Konto. Aus 100.000 Eure werden also 40.000 Euro. Mit diesen 40.000 Euro finanzierst du deinen privaten Lifestyle, also Miete, Auto, Reisen und die weiteren üblichen Ausgaben, die sicher mittlerweile deutlich höher ausfallen, als es vielleicht früher der Fall war, wenn du da noch als Angestellte im Nine-to-five-Job unterwegs warst.

Fällt dir was auf? So viel bleibt gar nicht übrig. Haha, genau das ist Jammern auf hohem Niveau.

Die Miete für eine Luxusvilla auf Zypern beträgt locker 10.000 Euro im Monat. Dein neuer Porsche wird im Unterhalt teurer sein als der alte Golf. Dein neues Normal, also zum Beispiel bequemes Reisen mit Business-Class-Flügen und der Luxussuite im Fünf-Sterne-Hotel, kostet auch ein Vielfaches deines früheren Lebens. Und wenn du jetzt nur noch Markenklamotten shoppst, sind deine 40.000 Euro an monatlich verfügbarem Einkommen schnell ausgegeben. Schon bald wirst du feststellen, dass Einnahmen von 100k im Monat gar nicht wirklich viel Geld sind.

Das ist jetzt echt tricky, weil das die meisten Menschen gerade mal so im Jahr verdienen, wenn überhaupt. Was ist also viel, was ist wenig oder angemessen?

Was, wenn es einfach nur Geld ist?

Möglichkeiten?

Potenzial?

Grenzenloses Potenzial.

Und was wäre, wenn ab sofort zusätzlich dein Geld für dich arbeiten würde? Weil du so klug bist und einen Teil deiner Einnahmen jeden Monat nachhaltig und gewinnbringend anlegst, bevor alles für diesen schönen Schnickschnack draufgeht?

Ich kann dir versichern, dass es sehr sexy ist, dieses Geldspiel erfolgreich zu spielen. Du kreierst dann auf Dauer mehr Geld, wenn du nicht arbeitest, als wenn du dafür arbeiten würdest.

OMG!

Ich wünsche es dir so sehr.

Zusätzlich ist es auch ein Turbo für dein Business. Denn dadurch brauchst du nicht dringend neue Kunden und musst auch nicht einen Launch nach dem anderen durchziehen, um deinen Lifestyle zu finanzieren, sondern du kannst Geld zusätzlich nachhaltig und easy fließen lassen.

Es ist wie Atmen. Glaub mir, diese neue Energie ist megaanziehend und nimmt dir ganz viel Druck und Erwartungshaltung aus deinem System.

Beispiel 3 – Du bist selbstständig (arbeitest also selbst und ständig) und bist in deinem eigenen goldenen Käfig gefangen (auch wenn es dir nicht bewusst ist):

Vor ein paar Tagen hatte ich ein Gespräch mit einer neuen Lieblingskundin. Ich liebe erfolgreiche Frauen. Sie hat in den letzten Jahren ein krasses Wachstum erfahren dürfen. Ihr ganzes Leben ist komplett auf einem höheren Level angekommen. Sie ist ein Energiebündel, ihr Herzensbusiness erfüllt sie und sie verdient mittlerweile sehr gut. Sie liebt es zu reisen. Als Fotografin bietet sie Frauen die Möglichkeit, weltweit mit ihr an den schönsten Orten Fotoprojekte umzusetzen. Und ja, das kann ich als ehemalige Fotografin so gut nachfühlen: die Sehnsucht zu reisen und das eigene Business miteinander vereinen.

Ihr Terminkalender ist übervoll. Und genau hier befindet sie sich unbewusst in einer fiesen Zwickmühle. Gerade, wenn das Business augenscheinlich so super läuft und endlich alles passt, sind wir schnell bereit, uns selber hintenanzustellen. Wenn die nächste Traumkundin und das nächste tolle Reiseziel locken, dann wird der nächste Termin noch irgendwo reingequetscht. Die drei Tage, die eigentlich in diesem Monat für sie oder die Familie geblockt sind, werden dann „ausnahmsweise" für das spontane Shooting in Paris genutzt.

Das ständige Reisen bedeutet auch, viel Zeit an Flughäfen oder in der Bahn zu verbringen. In den schönsten Ländern und den aufregendsten Städten bleibt am Ende doch keine Möglichkeit für privaten Genuss. Geplant war zum Beispiel, wenigstens ganz kurz noch in die Stadt zu gehen, und dann waren da aber diese neue Anfrage, die E-Mails; es musste noch schnell die nächste Location recherchiert werden, vielleicht mussten dringend noch ein paar Fotos bearbeitet werden, oder es war einfach mal dran, etwas länger zu schlafen. Um Land und Leute zu erforschen, bleibt da kein Raum. Klar, denn dafür bräuchte es einfach etwas mehr Zeit. Beim nächsten Mal vielleicht …

Eigentlich wäre es dran, dass der Mann seine Arbeitszeit reduziert oder seinen Job vielleicht sogar ganz aufgibt, weil sie längst so viel mehr verdient als er. Es würde für die ganze Familie deutlich mehr Flexibilität bringen.

Er könnte sie auf den Reisen begleiten, und sie könnten gemeinsam jeweils ein paar Tage länger bleiben. *Echte Quality Time. Wooohooo,* alleine der Gedanke ist verlockend und verboten zugleich. Daraus könnte sich maximales Wachstum ergeben, wenn durch einen Rollentausch auf einmal das schnell gewachsene Herzensbusiness zum Haupteinkommen würde. Druck, Verantwortung, Versagensängste, Sicherheitsdenken, Geldthemen, Erlaubnis – die volle Palette verborgener Konditionierungen rund um diese Themen käme unverblümt an die Oberfläche. Und zwar nicht nur ihre eigenen, sondern die ihres Partners gleich mit.

Aktuell ist die Situation eine tickende Zeitbombe. Und bei allem nährenden Erfolg und der Liebe und Anerkennung ihrer Kundinnen für ihre Arbeit vergisst sie genau eine Person.

Sich selbst.

Natürlich ist sie selber so sehr involviert, dass sie dieses sich immer schneller drehende Hamsterrad gar nicht wahrnimmt. Sie kann es nicht sehen, weil ihr ganzes System die alten Glaubenssätze nährt und ihr vorgaukelt, maximal erfüllt und endlich in ihrem Traumleben angekommen zu sein.

Es macht ihr ungeheuren Spaß, die Kundinnen sind toll, sie kann endlich reisen, wohnt in tollen Hotels, fliegt Business-Class und verdient viel Geld. Augenscheinlich ist alles perfekt, oder? Ist es die perfekte Selbsttäuschung?

Sie kann sich und ihre Zeit nicht duplizieren. Natürlich könnte eine Assistentin ihre Reisen organisieren. Sie könnte auch die Bildbearbeitung abgeben und dadurch etwas Freiraum schaffen. Die Verlockung ist groß, dass sie in dieser gewonnenen Zeit weitere Shootings annimmt und das Hamsterrad sich noch schneller dreht. Genau so lebt sie es ja bereits. Es ist ihre unbewusste Konditionierung, die schon längst übernommen hat. In unserem Gespräch habe ich sehr deutlich ihr Programm gefühlt. Sie ist auf dem besten Weg, sich ihren nächsten Burn-out zu manifestieren, obwohl augenscheinlich im Außen alles perfekt ist.

In Wahrheit lebt sie eine Lüge. Natürlich wollte sie Erfolg, Geld und Reisen – und genau das wurde vom Universum präzise geliefert.

Das Universum macht, was es soll.

Wie viel konkreter dürfen wir wählen, wenn wir echte Freiheit leben wollen?

Im Unterbewusstsein dieser Frau ist als Filter ganz stark die Sehnsucht des kleinen Mädchens wirksam, die Sehnsucht nach Liebe, Anerkennung und Gesehenwerden mit ihren wundervollen Fähigkeiten. Genau diese verborgenen Bedürfnisse werden durch ihr aktuelles Business genährt.

Ich höre dich, liebe Leserin, förmlich sagen: „Wow, ja, aber Wibke, das ist doch ganz fantastisch." Ja und nein. Der Unterschied in der Energie ist haarfein. Wenn du schon früh gelernt hast, deinen eigenen Wert über Fleiß und Leistung zu definieren, dann darf Geld nicht leicht fließen.

Als kleine Mädchen haben wir uns nahezu alle eine Maske angezogen. Wir haben Angst vor Bewertung und Ablehnung. Immer wenn wir mit Situationen konfrontiert wurden, die sich nicht gut angefühlt haben, wurde unser Herz ganz eng. Wir haben unsere Tränen und Bedürfnisse runtergeschluckt. Wir haben uns klein und unbedeutend gefühlt und uns immer weiter in unser Schneckenhäuschen zurückgezogen. Offen zeigen durften wir unseren Schmerz nicht.

Jetzt scheint bei ihr auf einmal alles toll zu sein. Die weggedrückten Emotionen der Kindheit können endlich befriedigt werden. Sie bekommt Liebe und Anerkennung, und als Kirsche auf der Sahne gibt es noch Erfolg, Geld und Reisen. Yes!

Und was noch?

Stress, schlaflose Nächte, eine riesige To-do-Liste, einen übervollen Terminkalender, etliche kleine Zeitfresserchen und ein Leben am Limit. Außerdem wundervolle Reiseziele, ohne wirklich die Zeit vor Ort persönlich nutzen zu können. Permanent ein schlechtes Gewissen, weil sie einerseits die Welt sehen möchte und andererseits ihre Liebsten zu Hause zurücklassen muss.

Wenn sie ehrlich zu sich wäre, dann sähe ihr Traumleben vielleicht etwas anders aus. Ihr Mann könnte, wie gesagt, seinen Job aufgeben und sie auf den Reisen so oft wie möglich begleiten. Als angesagte Fotografin würde sie weltweit zu exklusiven Konditionen gebucht. Sie würde nur noch wenige Aufträge annehmen, die sie künstlerisch als besonders reizvoll empfindet. Zusätzlich würden sie als Familie entspannt ihre Sehnsuchtsorte bereisen, und die Fotografie würde sich perfekt in ihren Lifestyle einweben. Nach Belieben würde sie für ihre Lieblingskunden besondere Fotoreisen anbieten, und die wären heiß begehrt und immer schnell ausgebucht. Ihre Assistentin wäre ein wahrer Goldschatz und sie selbst würde gleichzeitig darauf achten, dass sie immer genug Zeit für sich und ihre persönlichen Bedürfnisse, für gutes Essen und regelmäßige Spa-Besuche einplant.

Unrealistisch? Nö!

Erinnere dich an das Zitat von John D. Rockefeller: „*Wer den ganzen Tag arbeitet, hat keine Zeit, Geld zu verdienen.*"

Was würde wohl passieren, wenn diese Frau anfangen würde, sich finanziell zu bilden? Was wäre, wenn sie verstehen würde, warum das Arbeiten für Geld sie *niemals nie* wirklich ihre wahre Größe leben lässt? Was würde passieren, wenn sie ab sofort nachhaltig ihr Geld für sich arbeiten lassen würde?

Und – hier ein Trommelwirbel! – was würde passieren, wenn sie lernen würde, dass Liebe und Anerkennung von außen sie immer in der Bedürftigkeit halten? Und dass es die innere Arbeit und ganz viel Selbstliebe sind, die sie unabhängig werden lassen. Diese neue innere Haltung wäre mega anziehend für ihre Kunden.

Wie schon gesagt: *Was wir im Inneren nicht verändern, müssen wir im Außen mehr und härter arbeiten.*

Du bist keine Fotografin? Also meinst du, das Beispiel trifft auf dich nicht zu?

Hmmm, vielleicht doch.

Diese Konditionierung leben wir alle mehr oder weniger ausgeprägt. Dein Kontostand lügt nicht. Ist dir bewusst, dass wir nicht nur ein Geldkonto, sondern auch ein Zeitkonto besitzen?

Beispiel 4 – Du bist Investorin. Die Kirsche auf der Sahne:
Es bedeutet, nichts zu müssen und so viel mehr zu können. Dein Geld arbeitet für dich, während du das tust, was du liebst. Du hast gelernt, wie Geld wirklich funktioniert. Du hast deine alten Geldwunden geheilt und liebst es, erfolgreich das Geldspiel zu spielen. Du hast tief verstanden, dass du deinen Wert nicht über Leistung und Arbeiten beweisen musst. Du machst dir das Geschenk, dich noch einmal komplett neu erfinden zu dürfen in deiner tiefsten Wahrheit. Du bist finanziell optimal aufgestellt, weil du in jeder Marktphase profitierst, ohne dich täglich mit deinen Investments beschäftigt zu halten. Du bist eine SelfLOVE Millionaire.

Wow! Ja, das ist die pure Befreiung.

Das ist Wachstum, Erlaubnis, Empfangen. Endlich hast du Zeit, dein Leben so zu gestalten, wie du es liebst. Und du gibst auch deinen Kindern neue „Alles ist möglich"-Glaubenssätze mit auf ihren Weg. Du vertraust deiner Intuition. Dieses bedingungslose Springen in deine Impulse hat dich in eine krasse neue Realität katapultiert. Bei nahezu null Zeitinvestition kreiert dir dein Geld einen sehr luxuriösen Lifestyle. Du bist easy mit Geld und sehr wählerisch damit, wie und mit wem du deine Zeit verbringst. Du bist viel bewusster in deinem Denken und deiner Sprache.

Nachdem du dich von nahezu allen alten Konstrukten befreit hast, konntest du die Verbindung zu deiner Seele viel tiefer fühlen. Sie hat dir eine völlig neue Lebensqualität offenbart. Du siehst in allem, was ist, die Wunder und Magie, die dir das Universum mühelos vor die Füße legen. Dein komplettes Leben ist wie ein Erinnern an eine tiefe Wahrheit, die schon immer in dir war. Es ist die tiefste Erfüllung.

Geld ist Liebe.
Du bist Liebe.
Du bist frei.
Fühl Wahrheit.

Deine Seele hat dich hierhergeführt, und auch wenn dein Verstand noch ein bisschen unschlüssig ist, wie er das jetzt finden soll.

Lies einfach weiter.

9

NICHTS IST SO, WIE ES ZU SEIN SCHEINT

Hör auf, für Geld zu arbeiten.

Dieses Kapitel ist für deinen Verstand, der möglicherweise immer noch bemüht ist, diese Reise verstehen zu wollen. Wahrscheinlich fragt er permanent nach dem WIE. Wie bitte soll das alles möglich sein?

In meinem Online-Finanzkurs „easy peasy HAPPY MONEY Krypto Investing“ öffne ich mit meinen Teilnehmern einen riesigen neuen Raum. Es geht darum, das *Big Picture* zu verstehen, um dann aus dem neuen Bewusstsein heraus bessere finanzielle Entscheidungen zu treffen und Eigenverantwortung für die eigenen Finanzen zu übernehmen.

Wir schauen uns anhand von echten Beispielen an, ob ihre Geldanlagen wirklich halten, was ihnen vom Banker versprochen wurde. Fonds, Sparpläne, ETFs, Aktien, Bausparverträge, Lebensversicherungen und teilweise sogar Immobilien sind in Wahrheit echte Spielverderber, wenn es um nachhaltigen Aufbau von Vermögen geht. Jedes Sparen in Fiat-Geld führt dazu, dass unser Leben auf Dauer immer teurer wird.

[Hintergrundwissen: Fiat-Geld wie unser Euro, der US-Dollar und andere Währungen fungieren als gesetzliches Zahlungsmittel. Der Wert wird nicht durch physische Werte wie Gold gedeckt, sondern durch das Vertrauen von uns Menschen. Die Zentralbanken der jeweiligen Länder sind für die Geldwertstabilität verantwortlich, die sie über die Regulierung der Geldmenge und die Festlegung der Zinssätze regeln. Seit Gründung der Zentralbanken nimmt jedoch die Kaufkraft aller Fiat-Währungen kontinuierlich ab. Die Folge: Sparer sind die großen Verlierer unserer Zeit.] Auch Gold schneidet übrigens schlechter ab, als sein Ruf uns glauben lässt, wenn man sich erlaubt, wirklich einmal ganz genau hinzusehen. Es sind deutlich mehr Gold-Zertifikate im Umlauf, als reale Werte dahinterstehen.

Auf der Website zur Staatsverschuldung der USA (www.usdebtclock.org) ist das Verhältnis von Zertifikaten zu Gold mit 123:1 angegeben (Stand 22.04.2024). Das bedeutet, dass die Menge an Zertifikaten 123-mal höher ist als die tatsächliche weltweit vorhandene Goldmenge. Wenn die gehandelte Menge an Gold 123-mal höher ist als die tatsächlich vorhandene Menge, dann manipuliert das den Goldpreis.

Solltest du also physisches Gold oder ein solches Zertifikat besitzen, basiert der tatsächliche Wert auf einer Blase.

Es ist noch viel verrückter, als die meisten Menschen überhaupt bereit sind zu denken, weil es unser komplettes Wertesystem crasht. Es bedeutet in letzter Konsequenz, dass Menschen für Geld arbeiten und ihre Lebenszeit gegen Geld tauschen, dessen Wert auf einer künstlichen Blase basiert.

Die komplette Finanzwelt, auch unser aktuelles Geldsystem, ist eine Fake-Welt, die geschaffen wurde auf Basis von Mechanismen, die von zentralen Vertrauensparteien (das sind Institutionen wie Zentralbanken, Banken und Regierungen) gesteuert werden. Das funktioniert nur, solange das Vertrauen in der Bevölkerung vorhanden ist. Wir kaufen also Gold, Aktien, ETFs, die in gewisser Weise nichts weiter sind als digitale Luft.

Alles neu erschaffene Geld fließt über Subventionen in einzelne Branchen. (In den USA wurden zum Beispiel ein Drittel aller Dollars während der Pandemie aus dem Nichts erschaffen.) Die Aktienkurse und Immobilienpreise steigen, weil große Summen Geld zufließen, und die Investoren freuen sich über ihre augenscheinlichen Gewinne. Dabei bilden diese zum größten Teil einfach nur das aus dem Nichts erschaffene neue Geld ab, das im großen Stil in die Aktien- und Immobilienmärkte fließt. Oder glaubt wirklich jemand, dass die steigenden Aktienkurse ausschließlich auf unsere florierende Wirtschaft zurückzuführen sind?

Wie hoch die tatsächliche Wertschöpfung der Unternehmen hinter den Krediten und augenscheinlichen Kursgewinnen ist, lässt sich nur schwer nachvollziehen.

Wenn du das Geldsystem hinterfragst und beginnst, es zu verstehen, dann verändert es alles. Es hat Auswirkungen auf unsere Definition von Werten und Preisen. Unser Finanzsystem basiert auf Vertrauen in Werte, die es real gar nicht gibt.

Genau diese bestehende hochaktuelle Situation mache ich in einfachen Worten und Beispielen in meinem Finanzkurs „easy peasy HAPPY MONEY Krypto Investing“ sichtbar und zeige gleichzeitig einen perfekten Ausweg, der sich zum Glück bereits parallel entwickelt hat.

Dazu fällt mir ein sehr passendes Zitat frei nach Buckminster Fuller ein: *„Man verändert die Dinge nicht, indem man die existierende Realität bekämpft. Um etwas zu verändern, muss man neue Modelle schaffen, die die Alten überflüssig machen.“*

Ist das Universum nicht perfekt? Während die Masse noch tief und fest schläft, bildet sich fast unbemerkt das ganze Universum um, um im perfekten Moment bereitzustehen. Wir stehen vor der größten Vermögensumverteilung unserer Zeit.

Mich erinnert das an Noah und seine Arche. Ich kann tatsächlich nur erahnen, wie sehr er von seinem Umfeld belächelt und ausgelacht wurde, als er anfing, seine Pläne in die Tat umzusetzen.

Auch mir ging es in den letzten Jahren immer wieder so.

Ich habe zahlreiche Entscheidungen getroffen, die die meisten Menschen *niemals nie* auch nur in Erwägung ziehen würden. Aus Angst einen Fehler zu machen, treffen viele lieber gar keine Entscheidung – und genau das ist der Fehler. Ich nenne das eine Entscheidung durch Unterlassung. Nichts zu tun und dabei zuzuschauen, wie das eigene Leben immer enger wird, ist nicht besonders weitsichtig. Die Bereitschaft, permanent den Gürtel enger zu schnallen, ist nicht meine Definition von Freiheit und Selbstbestimmung.

Die Qualität unserer Entscheidungen bestimmt unser Leben. Ich entscheide mich für die Freiheit. Wir haben alle einen freien Willen. Die große Kunst ist, davon Gebrauch zu machen. Am Ende des Tages zählt nur: Was willst du?

Was sind deine Ziele für dich und deine Liebsten? Was möchtest du deinen Kindern vorleben? Ist Freiheit auch dein höchster Wert? In meinen persönlichen Umfragen in meiner Community ist tatsächlich Freiheit der am meisten genannte Wert. Wie kommt es, dass nur so wenige Menschen diesen Wert Freiheit auch wirklich leben?

Von Henry Ford stammt der Ausspruch: „*Würden die Menschen das Geldsystem verstehen, hätten wir eine Revolution noch vor morgen früh.*" Finanzielle Bildung lernen wir nicht in der Schule. Ich frage mich, ob sich die Menschen bewusst sind, dass ihr mühsam erarbeitetes Geld permanent schmilzt wie Eiswürfel unter der Sonne Zyperns?

Bei einer Inflation von plus/minus 7,4 % wie zuletzt Ende 2022/Anfang 2023 hat deine getauschte Lebenszeit, also dein Geld, nach 10 Jahren seine Kaufkraft halbiert. Wie lange war noch mal die Laufzeit deiner Lebensversicherung? 20 Jahre? 30 Jahre oder länger?

Die beschriebenen Beispiele in diesem Kapitel sind in diesem Buch sehr vereinfacht dargestellt und dienen lediglich einer groben Orientierung.

Auf meiner Website wibke-sommer.com/buchbonus erhältst du exklusiven Zugang zu meinem kostenlosen Umsetzungskurs zum Buch, um tiefer in das Thema Finanzielle Bildung einzutauchen. Anhand konkreter Beispiele kannst du noch besser meine Aussagen im Buch nachvollziehen und bekommst zusätzlich wertvolles Bonusmaterial.

Fazit: Klassische Geldanlagen und das Zurücklegen von Notgroschen enden in einem schlechten Deal. Nachhaltig sparen und vorsorgen für später ist eine Illusion.

Könnte das Geldsystem der Grund sein, warum die Armen immer ärmer und die Reichen immer reicher werden? Nicht unbedingt.

Das Geldsystem ist für alle gleich. Wir können höchstens einen Mangel an finanzieller Bildung für diese ungleiche Verteilung verantwortlich machen. Wobei diese ja, wie gesagt, nicht in den Schulen gelehrt wird und somit für uns alle eine gewisse Eigeninitiative voraussetzt.

Zur Erinnerung: 1,1 % der Menschen verfügt über 45 % des Weltvermögens. Eine wichtige Frage bleibt also: Was machen diese Menschen anders? Wie schaffen sie das? Sie haben aufgehört, für Geld zu arbeiten! Reichtum ist eine Frage des Bewusstseins.

Der Moment, in dem du es schaffst, deine Zeit von deinem Einkommen zu entkoppeln, verändert alles. Dein ganzes Leben, um genau zu sein.

Und auch das deiner Familie. Was wäre, wenn es auch für dich möglich ist? Und zwar ganz leicht! Und gleichzeitig so schwer, weil dein kleines Ich dafür das lieb gewonnene „Ja aber" aufgeben müsste.

Wir verwehren uns so oft dem Wachstum, weil wir glauben, nicht bereit oder nicht gut genug zu sein. Eigenermächtigung ist das größte Geschenk, das du dir machen kannst. Nimm dir das volle Potenzial. Du bist hier für ein größenwahnsinniges Leben. Es wartet alles direkt vor deiner Nasenspitze und hinter all den Verboten, die du über die Jahre akzeptiert hast. Erfolgreich das Geldspiel zu spielen und dein Geld für dich arbeiten zu lassen ist die Kirsche auf der Sahne. Nimm sie dir.

An dieser Stelle fallen mir so viele tolle Erfolgsgeschichten meiner Absolventen des Finanzkurses ein. Es wird uns immer wieder gezeigt, mit welcher Perfektion das Universum funktioniert.

Eine Frau im besten Alter hatte sich zum Beispiel den Finanzkurs aus der Arbeitslosigkeit heraus kreiert. Ich kannte sie aus einem anderen Kontext, und weil sie das Geld für den Kurs augenscheinlich nicht aufbringen konnte, hatten wir im Vorfeld Kontakt per WhatsApp. Sie war sehr bemüht, mir kreative Gründe zu liefern, warum sie den Kurs zwar unbedingt machen wollte, es aber in ihrer finanziellen Situation unmöglich schien, das Geld für den Kurs aufzubringen. Im Verlauf dieser Konversation machte sie sogar mich dafür verantwortlich, weil ich diesen *unverschämt teuren Preis* für den Kurs verlangte und sie das Geld schließlich nicht zur Verfügung hatte.

OMG!

Es ist immer wieder so spannend zu beobachten, wie sehr wir uns selber im Weg stehen, wenn es ums Geld geht. Kannst du die Energie von Schuldzuweisung und Opferhaltung fühlen?

Mangel kreiert noch mehr Mangel und manifestiert sich in allen Lebensbereichen. Oft geht dann auch noch zusätzlich die Waschmaschine oder das Auto kaputt oder es steht eine teure Zahnbehandlung an, weil wir uns so sehr selbst beweisen wollen, dass wir das Geld wirklich nicht haben und es *niemals nie* aufbringen werden.

Das Universum ist sehr schnell. Derartige Bestellungen werden prompt und zuverlässig geliefert, weil sie durch einen sehr intensiven Gefühlscocktail vom Universum bevorzugt behandelt werden. „Ich habe kein Geld" führt immer dazu, dass wir noch tiefer die Erfahrung machen dürfen, kein Geld zu haben.

Mittlerweile habe ich persönlich immer wieder die Erfahrung gemacht, dass uns das Universum nur Gelegenheiten vor die Nase hält, die potenziell für uns tatsächlich möglich sind, wenn wir denn bereit sind, uns dahin auszudehnen. Selbst wenn die äußeren Umstände augenscheinlich dagegensprechen. Wenn es so intensiv mit uns in Resonanz geht, ist es möglich.

Immer!

Wenn du diese Worte in der Tiefe verstanden hast, wird es wild.

Natürlich dürfen wir die Energie von „Ich möchte gerne, aber …" verändern in die Frage: „Wie ist es auch für mich möglich?" Hier fängt bereits das innere Wachstum an. Und genau darum geht es in Wahrheit: Sich etwas möglich zu machen, einfach weil man es so sehr will – weil Scheitern in dieser Energie nicht vorkommt und wir das Geld oder unsere finanzielle Situation nicht mehr über uns und unsere Bedürfnisse stellen.

Wie war das noch mal? *Wenn wir etwas wirklich, wirklich wollen, wird uns das ganze Universum darin unterstützen, es zu erreichen.*

Okay, wir dürfen in Vorleistung gehen und bereit sein, unsere Komfortzone zu verlassen. Wir werden dafür Dinge tun, die unser kleines Ich bis gestern immer wieder erfolgreich vermieden hat. Vielleicht sogar andere Menschen um Hilfe fragen.

Bäm! Im Fall der Frau, die meinen Finanzkurs buchen wollte, war es genau das. Ihr Expartner hat ihr den vollen Betrag geliehen. So einfach und doch so weit außerhalb der Komfortzone.

Hinter unserer größten Angst wartet die Freiheit. Das Geld war da, und sie hat den Kurs gebucht.

Oft kommt auch die Frage, ob es überhaupt Sinn macht, meinen Finanzkurs zu buchen, selbst wenn nach der Investition in den Kurs gar kein Geld mehr verfügbar ist, um die neuen Anlagestrategien anzuwenden. Ein klares JA! Es macht sogar sehr viel Sinn, weil wir ja immer nur von dem Status quo aus starten können, an dem wir aktuell finanziell stehen.

Nur falls in deiner aktuellen finanziellen Situation noch Luft nach oben ist, hier ein Reminder: Zu viel wollen gibt es nicht. Es sei denn, du bist süße drei Jahre alt und bist gerade mit deiner Mama in der Eisdiele.

Das beste Investment mit der besten Rendite ist immer die Investition in uns selbst. Eine Investorin investiert immer erst in sich und ihr finanzielles Bewusstsein und erst dann in entsprechende Assets. Ich denke, es ist spätestens nach den vorigen Kapiteln erkennbar, dass es durchaus Sinn macht, die Finanzen zur Chefsache zu erklären und in die eigenen Hände zu nehmen. Deshalb rate ich auch nicht dazu, deine Finanzen einem Finanzberater zu überlassen, da dieser im Zweifel selber nicht wohlhabend ist und somit wohl kaum in der Lage sein dürfte, dich in die finanzielle Fülle zu begleiten. Außerdem wird es dein komplettes Leben verändern, die zu sein, die es tut, um endlich wirklich easy mit Geld zu sein.

Das Ziel ist 100 % Eigenverantwortung ohne Wenn und Aber. Tatsächlich geht es in meinem Finanzkurs auch nur etwa 20 % darum, die perfekte Strategie für die jeweilige Person nach ihren individuellen Bedürfnissen zu finden, und 80 % der Inhalte drehen sich um das richtige Erfolgsmindset, um sich überhaupt Geld in dieser Leichtigkeit zu erlauben. 80 %, die es in sich haben, weil wir in uns natürlich über viele Jahre eine komplett andere Konditionierung in Bezug auf Geld genährt haben.

Geld zu kreieren, ohne zu arbeiten, ist die Königsklasse, und wir dürfen uns dafür komplett neu in unsere Finanzen verlieben.

Natürlich kommen immer wieder Frauen, die mir versichern, dass ihr Mindset perfekt sei und sie nur an der Strategie interessiert seien. Sie hätten dann lieber einen abgespeckten Kurs, also Strategie only. Gerade wenn sie bereits erfolgreich ein Business aufgebaut haben, glauben sie, bereits viel oder sogar alles zu wissen.

Wie ich oben in einem der Fallbeispiele schon gezeigt habe, ist das perfekte Mindset, um erfolgreich ein Business aufzubauen, also für Geld zu arbeiten und Zeit gegen Geld zu tauschen (wenn auch auf sehr hohem Niveau), nicht immer dienlich, wenn es darum geht, Geld ohne Arbeiten zuzulassen.

Wilder Aktionismus und die Überzeugung, dass mehr Tun eine bessere Performance bringt, ist bei meiner Strategie nicht dienlich. Denn da geht es in letzter Konsequenz um das Zulassen und Empfangen von großen Summen.

In meinem Finanzkurs und darüber hinaus wird dann entsprechend doch immer wieder sichtbar, dass unser Mindset keine Begrenzung nach oben kennt und durchaus mehr möglich ist.

Immer.

Kurzum, die Aufteilung 80 % Mindset und 20 % Strategie macht wirklich Sinn, gerade wenn es darum geht, in wirklich jeder Marktphase nachhaltig und hoch profitabel zu investieren.

Bei der Dame in unserem Beispiel war es genauso. Sie konnte die Strategie zunächst nur mit kleinerem Budget umsetzen. Die 80 % Mindset haben sie jedoch dazu ermächtigt, dass sie innerhalb der nächsten Monate einen 100.000 Euro-Deal abgeschlossen hat. Ohne Job, ohne Business hat sie sich dieses Geld kreiert, weil sie durch ihr neues Mindset Chancen gesehen hat, die vorher für sie auf ihrer alten Frequenz nicht sichtbar waren.

Aus der Verbindung mit ihrem Exmann gab es noch ein Haus, das laut Schätzung der Bank einen Wert X hatte. Durch die Erkenntnisse aus dem Kurs und aus meiner persönlichen Geschichte war nun ihr Plan, das Haus zu verkaufen, um den Gegenwert des Hauses anzulegen und mit meiner im Kurs gezeigten Anlagestrategie Traumrenditen zu erzielen. Ihr Expartner war auch davon angetan, das gemeinsame Haus zu verkaufen, gab sich jedoch zunächst mit dem Schätzwert der Bank zufrieden.

Meine Kundin war beflügelt von ihren neuen Möglichkeiten. Sie wollte es mir gleichtun und war fest entschlossen, mit meinen Strategien einen Fantasiepreis für ihr gemeinsames Haus zu erzielen. *OMG!*

Sechs Monate, nachdem sie sich den Kurs möglich gemacht hatte, kreierte ihr dieses Wissen nicht nur den Hausverkauf und damit die Möglichkeit, totes Kapital sinnvoll zu investieren, um ihre finanzielle Freiheit aktiv zu forcieren. Ihr neues Mindset führte auch dazu, dass sie außerdem 100.000 Euro mehr erzielte, als die Schätzung des Hauses durch die ortsansässige Bank ergeben hatte.

Ich liebe diese Heldinnenreise, die ohne den Finanzkurs und durch das Ablegen der alten Begrenzungen und das

Weit-über-sich-selber-Hinauswachsen meiner Teilnehmerin *niemals nie* so passiert wäre. Sie hat alles Gelernte mutig umgesetzt und dadurch ihr neues Mindset in die Verkörperung gebracht. In der Folge hat sich ihr komplettes Leben verändert, und sie ist heute eine mutige, erfolgreiche Frau, die mitten im Leben steht, reist und ihr Leben in vollen Zügen genießt.

Entgangenen Nutzen kann man nicht messen. Was wäre wohl passiert, wenn sie sich mangels finanzieller Mittel den Kurs nicht ermöglicht hätte und weiterhin Beweise für „Ich habe kein Geld" gesammelt hätte? Sie hätte „Ich habe kein Geld" weiterhin in ihrem Leben kultiviert und entsprechende Situationen erschaffen, in denen sie die Erfahrung von „kein Geld" machen kann.

Tatsächlich ist es genau diese Transformation, die bereits vor dem Kauf des Kurses passiert ist, die eine komplett neue Energie freisetzt und das ganze Universum umbaut. Sie wurde zu dieser Frau, die sich ungeachtet der augenscheinlichen Realität (arbeitslos, kein Geld) selber bewiesen hat, dass sie sich nicht von einem ungünstigen Status quo aufhalten lässt. SEIN – TUN – HABEN als Erfolgskonzept bedeutet, eine Entscheidung zu treffen, die Person im Inneren zu sein, die es sich möglich macht, entsprechend als diese neue Person zu handeln, und als logische Konsequenz diese neuen Ergebnisse aus der veränderten inneren Haltung heraus und aktiven neuen Handlungen in die Realität zu holen.

Mut und persönliches Wachstum werden vom Universum immer belohnt, während Zweifel und die Angst, außerhalb der immer enger werdenden Komfortzone zu agieren, nachhaltig die Abwärtsspirale nähren.

Es gibt viele weitere Erfolgsgeschichten, gerade wenn es darum geht, Häuser oder Wohnungen schnell und easy zu

Fantasiepreisen zu verkaufen. (Mit Fantasiepreis meine ich hier den eigenen Wunschpreis, der teilweise weit über dem für die Region marktüblichen Preis liegen kann.) Ortsansässige Makler werden in der Regel nie ohne sechsmonatigen Maklervertrag tätig. (Warum wollen sie diesen Vertrag, wenn sie doch angeblich eine riesige Liste mit kaufwilligen Interessenten haben? Gehen sie bereits davon aus, dass es länger dauert?)

Meine Kunden schaffen es hingegen in kürzester Zeit ohne Vorkenntnisse, ihre Immobilien selber zu verkaufen, und kreieren sich einen Preis weit über dem Marktpreis. (Immer vorausgesetzt, es handelt sich dabei um eine sehr gut erhaltene Immobilie im besten Zustand und guter Lage.) Krasses persönliches Wachstum inklusive.

10
UNBEWUSSTE GLAUBENSSÄTZE UND DEINE BEZIEHUNG ZU GELD

Hör auf, Geld über dich und deine Wünsche zu stellen!

Wir haben alle diesen lodernden göttlichen Funken tief in uns verborgen, verbunden mit dem Wissen, dass Freiheit unser Geburtsrecht ist. Das ist so, selbst wenn es uns nicht bewusst ist oder wir dieses Buch hier für Hokuspokus halten.

Wir sind frei.

Sogar so frei, uns für Unfreiheit zu entscheiden.

Erinnerst du dich an die Übung mit dem schwarzen Punkt aus Kapitel 3?

Solange wir uns nur über diesen kleinen schwarzen Punkt auf unserem Arm definieren, haben wir unser volles Potenzial noch nicht entfaltet. Also ich meine, es ist nur ein winzig kleiner Punkt. Warum sollten wir uns selber so sehr limitieren, wo wir doch in Wahrheit unendliche Wesen mit krasser Superpower, Manifestations- und Schöpferkraft sind?

Unsere Beziehung zu Geld hat Einfluss auf ausnahmslos alle Lebensbereiche. Gute Ernährung in Bioqualität und hochwertige Vitalstoffe haben ihren Preis, regelmäßige Massagen, einfach weil du es liebst, die beste Versorgung beim Zahnarzt, die beste Schule für deine Kinder, ein schönes Wohnumfeld zum Wohlfühlen – all das ist mit Geld verbunden. Du machst Reisen, die du nicht über den günstigsten Preis auswählst, sondern über die schönen Fotos, die du dann einfach noch zwei bis drei Wochen verlängerst, weil der Service so liebevoll ist und du dich maximal verwöhnen lassen möchtest. Du liebst es, deinen Kindern diese Leichtigkeit im Umgang mit Geld mitzugeben. Und du bist jedes Mal aufs Neue dankbar bei einem Langstreckenflug in der Business-Class in deinem eigenen Bett zu schlafen und bei nettem Service ausgeruht am Zielort anzukommen. Dein komplettes Leben fühlt sich so leicht an, weil du easy bist mit Geld. Wie fühlt sich das an? Fühl mal rein.

Geld möchte fließen.

Leicht.

Wie Einatmen und Ausatmen. Du hältst ja auch nicht die Luft an aus Angst, es kommt keine Luft mehr nach. Was wäre, wenn immer mehr als genug Geld da ist und du dir über Nachschub keine Gedanken machen müsstest?

Warum sich mit weniger zufriedengeben?

Die gelebte Realität von vielen sieht jedoch anders aus.

Stell dir vor, du sitzt mit einer Freundin im Restaurant und hast dich schon den ganzen Tag auf leckeren frischen Spargel gefreut. Bis zu dem Moment, in dem du auf der Speisekarte den Preis entdeckst. Schlagartig geht dein komplettes System auf Ablehnung. Du hörst dich sagen, dass du gar nicht hungrig bist, und bestellst den kleinen Salat.

Oder du bist gerade in der Stadt unterwegs und siehst im Schaufenster dieses tolle Kleid. Wow, es ist perfekt, und du hast schon lange davon geträumt, so ein Kleid zu tragen. Die Farbe ist wunderschön, und es hat den perfekten Schnitt. Du probierst es an, und es passt wie angegossen. Du fühlst dich wie eine Göttin. Es wäre perfekt, es bei deinem Geburtstag in ein paar Wochen zu tragen. Beim Blick auf den Preis kommen dir die Tränen. Na ja, für dieses Kleid ist er durchaus okay, aber 1800 Euro für ein Kleid sind weit außerhalb dessen, was dein Kontostand hergibt.

Meistens sind es sogar die viel kleineren Dinge, die unser Geldbewusstsein auf die Probe stellen. Der Kohlrabi im Supermarkt kostet heute 2,99 Euro, obwohl der Preis letzte Woche noch bei 0,99 war. Kaufst du trotzdem wie geplant vier Stück oder bei dem Preis nur einen?

Deine Kinder wollen noch schnell an eurer Lieblingseisdiele vorbei und ein Eis essen. Du stellst fest, dass sie die Preise erhöht haben. Statt 2,50 Euro wie im Vorjahr kostet die Kugel jetzt 4,50. Dürfen die Kids wie immer zwei Kugeln wählen, oder reicht heute auch eine pro Kind? Weil ihr ja ohnehin gleich noch zu Abend esst und … bla, bla, bla.

Ok, eins noch …

Was macht es mit dir, dass die kurz vor den Sommerferien gekauften sündhaft teuren Hallenturnschuhe deines Kindes nach dreimaliger Nutzung jetzt nach den Ferien nicht mehr passen und du schon wieder neue Turnschuhe kaufen musst?

Es gibt keinen mir bekannten Vorteil dabei, sich kein Geld zu erlauben.

Im Gegenteil, es geht eigentlich nur immer dann ums Geld, wenn Geld der limitierende Faktor ist. Wenn immer mehr als genug Geld zur Verfügung steht, dann spielt Geld tatsächlich kaum eine Rolle. Es ist da und es wird genutzt. Ganz neutral. Da ist keine besondere Emotion damit verbunden, erst recht keine negative. Es IST einfach so.

Nur wenn Geld das Limit ist, werden Entscheidungen bewusst oder unbewusst immer dem Preis untergeordnet. Es geht also konkret nicht mehr um dein Bedürfnis. Es geht auch nicht mehr um dich! Du stellst Geld über dich und deine Wünsche. Das bedeutet, dass du dem Geld mehr Wert beimisst als dir selber und deinen individuellen Wünschen und Bedürfnissen.

Viele Menschen geben zwar vor, mehr Geld haben zu wollen, lehnen es jedoch gleichzeitig unbewusst energetisch ab. Auch wenn wir ihn nicht sehen, haben wir diesen unbewussten Filter. Unser Kontostand lügt nicht, ganz egal auf welchem Level.

In Kapitel 3 habe ich bereits über die Macht unserer Gefühle geschrieben. Negative Gefühle, die wir in einer bestimmten Situation haben, sind der Indikator dafür, dass diese unangenehme Situation nicht unsere tiefe Wahrheit ist. Ergo sind wir gerade einer Illusion aufgesessen, die unseren unbewussten Konditionierungen entstammt. Ein Gefühl der Schwere in Bezug auf Geld ist definitiv nicht unsere innere Wahrheit!

Ist das nicht verrückt? Wir haben diese negativen Gefühle im Umgang mit Geld nur falsch bewertet. Schon immer. Geld ist nicht das Problem. Es liegt vielmehr an unseren negativen Glaubens- und Denkmustern in Bezug auf Geld, die wir uns im Laufe unseres Lebens zu eigen gemacht haben.

Warum? Weil es uns so vorgelebt wurde. Es ist gar nicht unsere Wahrheit! Wir haben es nur zu unserer Wahrheit gemacht.

Von klein auf wurde uns erzählt, dass Geld nur zu uns kommt, wenn wir viel und hart arbeiten, ganz nach dem Motto „Von nichts kommt nichts“. Wir haben irgendwann geglaubt, dass wir über besondere Leistung möglichst viele Fleißkärtchen sammeln müssen, um Geld zu verdienen. Weil mit schlechten Schulnoten ja nie etwas aus uns wird. Weil wir nur mit guten Noten einen guten Job bekommen, in dem wir dann genug Geld verdienen können, um bis zur Rente durchzuhalten. Ohne Fleiß kein Preis.

Wir haben gelernt, dass Arbeiten sehr anstrengend ist, weil der Papa sich nach seinem anstrengenden Arbeitstag erst einmal auf der Couch ausruhen musste. Wir haben auch gelernt, dass Geld etwas Schlechtes ist, weil unsere Eltern sich vielleicht immer wieder über Geld gestritten haben. Oder uns wurde gesagt, dass man über Geld nicht spricht. Vielleicht hat uns der Vater auch irgendwann mit „Das geht dich nichts an“ abgewimmelt, wenn wir einfach nur verstehen wollten, worüber die Eltern gerade diskutieren.

Wir haben gelernt, dass reiche Menschen skrupellose Halsabschneider sind und über Leichen gehen. Wir haben gehört, wie unsere Eltern sich ihre finanzielle Situation schöngeredet haben, indem sie Reichtum und Geld verteufelt haben und schlecht über reiche Menschen gesprochen haben.

Wenn wir mit unserer Mutter einkaufen waren, hat sie vielleicht den Kohlrabi eben nicht gekauft, obwohl er auf der Einkaufsliste stand. Und auch wenn sie das nicht offen kommuniziert hat, haben wir ihre Energie dabei gefühlt. Oder wir wollten unbedingt das süße Stofftier haben, und die Eltern haben uns mit „Das ist mir zu teuer“ abgebügelt.

„Du isst uns noch die Haare vom Kopf“ war zwar nicht böse gemeint, strotzt jedoch vor Mangelenergie. Unter dem Deckmäntelchen des Ausspruchs „Schuster, bleib bei deinen Leisten“ wurde uns schon früh eine krasse Limitierung übergestülpt, damit wir bloß nicht mehr wollen, als unsere Eltern uns mit ihrem „sauer verdienten Geld“ ermöglichen konnten. Und „Hauptsache gesund“ kennst du sicher auch aus deiner Kindheit.

Ich habe vor ein paar Tagen einen Kommentar auf meinem Instagram-Profil bekommen, der sehr schön die Bewertungen vieler Menschen zu Geld widerspiegelt: *„Gesundheit für mich und meine Familie ist das Wichtigste. Liebe und echte Freunde. Dinge zu erschaffen, die mir Freude bereiten. Reich sein macht vieles möglich, aber keines der oben genannten Dinge. Es sind die kleinen Dinge im Leben, die das Leben so schön und liebenswert machen.“*

Siehst du die krasse Konditionierung hinter diesen Worten? In meiner Welt gibt es kein Entweder-Oder. Ich und auch meine Familie und gerne auch die ganze Welt dürfen gleichzeitig gesund und reich sein. Ich darf in der maximalen Freude sein – mit und ohne Geld. Ich darf lieben und tief geliebt werden. Natürlich dürfen die kleinen Dinge mein Leben schön und liebenswert machen. Allerdings bestelle ich auch die großen Dinge nicht ab, sondern erlaube mir einfach, ALLES zu leben, was mir gefällt.

Und noch ein Beispiel aus dem Bereich Gesundheit: Es ist sicher förderlich, sich von hochwertigem pestizidfreiem Biogemüse zu ernähren und sich und seiner Familie hochwertige Vitalstoffe kaufen zu können, statt aus Kostengründen darauf zu verzichten und sich einzureden, dass man sich ja auch so schon gesund und ausgewogen ernähre. Und sollte tatsächlich mal ein teurerer medizinischer Eingriff notwendig sein, möchte ich persönlich mich nicht auf die preiswerte Kassenleistung begrenzen wollen, die mir erst von einem Sachbearbeiter genehmigt werden muss, sondern für mich und meine Familie die besten alternativen Heilmethoden wählen, die ich dann eben easy aus eigener Tasche bezahle.

An dieser Stelle ist es mir wichtig, dir zu versichern, dass es mir nicht darum geht, recht zu haben! Ich möchte dir lediglich einen neuen Raum öffnen für eine komplett neue Welt voller Wunder und Möglichkeiten.

Geld ist nicht das Problem!

Wir können unser Geldbewusstsein komplett verändern. Und wenn wir uns aus dem üblichen linearen Denken verabschieden, kann diese Veränderung sogar leicht und schnell gehen.

Viel Zeit zu investieren, Fleißkärtchen zu sammeln und besonders viel und hart zu arbeiten sind definitiv nicht die Garantie für ein hohes Einkommen. Sonst wäre der Reichtum dieser Welt viel gleichmäßiger verteilt.

Zur Erinnerung: Reiche Menschen arbeiten nicht für Geld. Sie haben es geschafft, ihre Zeit von ihrem Einkommen zu entkoppeln.

Entscheidend sind vielmehr unsere Gedanken, die wir zu Geld haben, und die daraus resultierenden Gefühle, die wir in diesem Zusammenhang fühlen. Daraus ergeben sich entsprechende Handlungen, die dem ungehinderten Geldfluss dienlich sind oder eben nicht.

Zum Glück haben wir ja immer wieder die freie Wahl, eine Entscheidung zu treffen, die alles verändert. Was wäre also, wenn du ab heute alles hinterfragst, was du zu den Themen Geld, Reichtum, Erfolg, Gesundheit, Luxus bis gestern glaubtest zu wissen? Frage dich: Woher genau kommt dieses Wissen? Stammt dieses Wissen von Menschen, die diese Themen bereits für sich erfolgreich gemeistert haben? Oder ist es lediglich *Hörensagen* oder eine Meinung von jemandem, der selber keine Ahnung, geschweige denn eigenen Ambitionen hat, es in diesem Lebensbereich zur Meisterschaft zu bringen?

Dazu hier noch einmal mein Lieblingsbeispiel: *In der Bank habe ich Bank gelernt und nicht Geld.* Dein Bank- oder Finanzberater ist im Zweifel selber nicht wohlhabend. Warum bitte solltest du diesem Bankmitarbeiter die Verantwortung über deine Finanzen überlassen? Was qualifiziert diese Menschen dazu? Ihre Ausbildung? Sicher nicht.

Wie tickt unsere Gesellschaft zu dem jeweiligen Thema? Beim Thema Finanzen kennen wir die Statistik bereits. Ähnlich verhält sich die breite Masse beim Thema Gesundheit. Während Gesundheit unser Normal ist, geben sich auffällig viele Menschen damit zufrieden, dauerhaft behandlungswürdig zu sein.

Übernimmst du wirklich Eigenverantwortung für dich und dein Leben, wenn du anderen Menschen die Macht über deine wichtigsten Lebensbereiche überlässt? Wie würde sich dein Leben verändern, wenn du deine Finanzen, deinen individuellen Erfolg und deine Gesundheit zur Chefsache erklärst? Die Haltung von „lieber gesund als reich“ wird auf Dauer weder Gesundheit noch Reichtum kreieren.

11

DIE MACHT EINER COMMITTETEN ENTSCHEIDUNG

Die Magie passiert, wenn du Entscheidungen unabhängig vom Kontostand triffst! Oder wie du definitiv NICHT bekommst, was du wirklich, wirklich willst.

Warum bekommen Menschen nicht das, was sie vorgeben zu wollen? Auch wenn sie glauben, schon alles Menschenmögliche dafür zu tun. Die Antwort: Sie treffen keine Entscheidung!

Jetzt denkst du vielleicht: Doch! Ich habe mich schon immer entschieden.

Und ich glaube dir das natürlich.

Lass uns da einmal genauer hinschauen. Wie treffen die meisten Menschen Entscheidungen?

1. Durch Unterlassung

Stell dir folgende Situation vor: Du surfst im Internet bei deinem Lieblingsonlineshop vorbei und siehst diese tolle Bluse. Es gibt sie in zwei Farben, und du bist gerade unschlüssig, welche du dir bestellen möchtest. Kurzentschlossen gibst du beide Farben in deiner Größe in den Warenkorb und beschließt, am nächsten Tag noch einmal wiederzukommen, um dich final für eine Farbe zu entscheiden.

Am nächsten Tag fällt dir die tolle Bluse wieder ein, und du bist dir sehr sicher, dass du die weiße Bluse kaufen möchtest. Im Warenkorb bekommst du dann die Info, dass sie nur noch in Schwarz verfügbar ist. Vielleicht denkst du jetzt: Okay, hat nicht sollen sein. Und es ist ja nicht wirklich entscheidend, ob ich eine Bluse mehr oder weniger im Schrank hängen habe.

Sehe ich auch so. Tatsächlich zieht sich dieses Phänomen aber durch weitaus relevantere Lebensbereiche.

Es zeigt sich immer dann, wenn unsere Handlungen nicht kongruent sind mit unserer eigenen Wahrheit. Immer dann, wenn wir unangenehme Situationen aufschieben.

Immer dann, wenn wir zu einem anderen Menschen Ja sagen, tief in uns drin allerdings ein krasses Nein fühlen. Immer dann, wenn wir Regeln folgen, die nicht die unsrigen sind.

Immer dann, wenn wir gewisse Situationen oder Umstände wie Krankheit, Geld- oder Zeitmangel akzeptieren, obwohl wir ganz genau wissen, dass es uns nicht dienlich ist.

Immer dann, wenn wir vergessen, dass jedweder Mangel eben nicht unser Normalzustand ist. Immer dann, wenn wir unser eigenes Licht dimmen, um in eine Welt zu passen, die so nicht unsere ist.

Immer dann, wenn wir uns mit weniger zufriedengeben.

Immer dann, wenn wir ohne zu hinterfragen an alten Gewohnheiten festhalten.

Immer dann, wenn wir unsern Ängsten Raum geben und uns von ihnen blockieren lassen.

Immer dann, wenn wir uns mit unserer gemütlichen Komfortzone arrangieren.

Immer dann, wenn wir den Coach oder Mentor in einem wichtigen Lebensbereich nicht als Abkürzung nutzen, weil wir es erst einmal alleine versuchen wollen.

Immer dann, wenn wir es gar nicht für möglich halten, dass wir es verdient haben, pure Liebe, Freude, Glückseligkeit, Leichtigkeit, Reichtum und Freiheit zu leben.

Immer dann, wenn wir nicht losgehen, um unseren aktuellen Status quo zu verbessern und mutig über uns hinauszuwachsen.

2. Durch eine Wenn-dann-Entscheidung

Die Entscheidung, die die meisten Menschen treffen, ist eine Wenn-dann-Entscheidung. Kennst du das? Wenn ich mehr Geld habe, dann buche ich das Coachingprogramm bei Wibke. Ist klar. Oberflächlich betrachtet klingt es logisch, verstößt allerdings gegen alle Erfolgsgesetze. Genau dieses Mindset führt dazu, dass wir dauerhaft die Erfahrung von Geldknappheit machen.

Ein Profisportler gewinnt übrigens auch nicht zuerst bei den Olympischen Spielen die Goldmedaille und entscheidet sich dann für den besten Coach an seiner Seite.

Weitere Selbstsabotageprogramme sind: Ich mache es, wenn die Umstände perfekt sind und mein Mann es auch gut findet. Und wenn mir gleichzeitig alles, was dafür nötig ist, meine Ziele zu erreichen, in den Schoß fällt. Und wenn ich meine Komfortzone nicht verlassen muss. Und wenn ich es mir easy aus der Portokasse leisten kann. Und wenn ich kein Risiko dafür eingehen muss. Und auch nur, wenn meine Transformation dazu einfach am besten schon morgen vom Himmel fällt und ich selber darüber hinaus nichts weiter machen muss. Im Übrigen habe ich schon alles versucht und weiß schon, dass das alles ohnehin nicht funktioniert.

Mir fallen noch viele weitere Wenns ein: Wenn ich das Geld hätte, dann … Wenn es nicht so teuer wäre, dann … Wenn ich endlich mal wieder Zeit hätte, dann … Wenn ich diese Ausbildung hätte, dann … Wenn meine Kunden mir mehr bezahlen würden, dann … Wenn …

3. Durch negative Grundannahmen

Im Juli 2020, kurz nach meinem Umzug nach Zypern, bot ich dort ein mini VIP-Event an. Eine Bekannte aus meiner alten Welt und aus meiner Zeit als Fotografin – ich war damals die Kindergartenfotografin ihres Sohnes gewesen – war interessiert und wollte ein kurzes Telefonat vorab. Sie hatte den Ruf für diesen Event sehr deutlich gespürt, und trotzdem oder gerade deshalb war ihr Kopf superlaut. Natürlich hatte sie mich all die Jahre beobachtet und nach anfänglicher Ablehnung nach dem Motto „Was bildet die sich denn ein?" fand sie meine Transformation von der Fotografin zu der Frau, die einfach mal so nach Zypern zieht, unverschämt reich ist und maximale Freiheit lebt, sehr inspirierend.

In erster Instanz ging es um den Preis. Sie fand es für eine alleinerziehende Mutter eine Zumutung, so „viel" Geld für ein fünftägiges 1:1-Coaching aufzurufen. In dieser Phase unseres Gesprächs ging es um eine Wenn-dann-Entscheidung, weil sie ja das Coaching gerne hätte buchen wollen, wenn der Preis etwas komfortabler gewesen wäre. Ein paar Minuten später, als wir die Preisdiskussion vom Tisch hatten, fiel ihr ein, dass es absolut unmöglich sei, in der Firma so spontan während eines Audits Urlaub zu bekommen. Eine klassische negative Grundannahme. Zudem war es nach ihrer Auffassung im August 2020 wegen der Pandemie verboten zu reisen, sodass das Unterfangen alleine deswegen schon zum Scheitern verurteilt war. Ich habe ihr dann versichert, dass das alles nicht die Wahrheit sei, und ihr vorgeschlagen, dass sie sich doch am nächsten Morgen einfach den Spaß machen solle, den Urlaub bei ihrem Chef anzufragen.

Keine halbe Stunde später hatte der Chef den Urlaub genehmigt. Schockiert schickte sie mir dazu eine WhatsApp. Nachdem ich ihr abermals versicherte, dass alles rund um den Flug und die Reise leicht gehen werde, hat sie sich daran gemacht, das das Geld dafür zu kreieren. Auch das ging auf einmal supereasy. Zu diesem Zeitpunkt hatte sie dann schon eine leise Ahnung davon, was ich meine, wenn ich von der Macht einer zu 100 % committeten Entscheidung spreche.

Das ganze Universum steht hinter uns und unterstützt uns, wenn wir es wirklich, wirklich ernst meinen. Faktisch machen wir viele Entscheidungen vom Geld-Haben oder Geld-nicht-Haben abhängig.

Das ist der krasseste Selbstbetrug. Logisch betrachtet, benötigst du das Geld erst, wenn du dich wirklich, wirklich entschieden hast. Ist das nicht magisch?

Ich habe es so häufig erlebt, bei mir persönlich und bei meinen Kunden. Selbst wenn das gerade für deinen Verstand schwer zu akzeptieren ist: Die Magie passiert, wenn du Entscheidungen unabhängig vom Geld triffst!

Ich meine natürlich nicht diese Larifari-Entscheidungen, bei denen es dir ohnehin egal ist, ob etwas daraus wird. An dieser Stelle geht es um die richtig kribbeligen *mindblowing* großen Entscheidungen, bei denen es dir fast ein bisschen schwindelig wird. Schiss in der Büx inklusive. Die Entscheidungen, die am Ende dein komplettes Leben verändern.

Noch einmal: Das ganze Universum steht hinter uns und unterstützt uns, wenn wir es wirklich, wirklich ernst meinen.

Für mich kann ich sagen: *Immer, wenn ich bereit war, alles zu verlieren, habe ich am Ende alles und noch viel mehr bekommen.*

Evelyn, eine meiner Lieblingskundinnen, hat sogar einmal 5.000 Euro in einer ihr unbekannten Box in ihrem eigenen Kleiderschrank gefunden, als ihr genau diese Summe gefehlt hatte, um das VIP-Event auf Zypern bei mir zu buchen.

Eine andere Kundin wollte meinen Finanzkurs buchen und hatte das Geld nicht. Sie wollte sich mit den Ratenzahlungsoptionen arrangieren. An dem Tag ihrer Entscheidung, den Kurs auch aus einer unkomfortablen finanziellen Situation heraus zu buchen, wurde ihr die benötigte Summe und sogar noch etwas mehr aufgrund einer viele Jahre zurückliegenden Begebenheit auf ihr Konto überwiesen.

Ich könnte dir noch von vielen weiteren Geschichten dieser Art berichten, von denen ich Zeugin wurde. Unsere Versorgung kommt von Gott, in dem Maße, wie wir bereit sind zu empfangen.

Wow! Was würde das in deinem Leben verändern, wenn du es dir erlauben würdest, es zuzulassen?

Voraussetzung ist eine zu 100 % committete Entscheidung unabhängig vom Preis!

Zurück zu den negativen Grundannahmen. Hier noch ein paar Beispiele:

Ich bekomme ohnehin kein Urlaub.

Mein Mann will das nicht.

Ich reise nicht nach Afrika. Das ist gefährlich.

Ich habe Höhenangst.

Ich habe kein Geld.

Was, wenn es eine falsche Entscheidung ist?

Mal unter uns: Negative Grundannahmen sind Gift für unsere großen Ziele. *Was wäre, wenn alles möglich wäre?* Auch für dich. Warum solltest du dir dein Leben mit negativen Grundannahmen unnötig schwer machen? Alles, was du denkst und fühlst, und wie du handelst, davon ziehst du mehr in dein Leben.

Lass also die Handbremse los und fang an, maximal an dich zu glauben.

Was würde es dir kreieren?

12

MEIN ERSTES MAL – AUSDEHNUNG 1.0

Meine erste Investition von über 1.000 Euro in ein Seminar – und wie ich mich lange nicht traute!

Im Januar 2015 hat mich im Internet ein Seminar gefunden. Es ging um Persönlichkeitsentwicklung. Allein schon die Seminarbeschreibung hat mich so sehr gerufen und gleichzeitig bei meinem kleinen Ich eine massive Angst vor dem Unbekannten erzeugt. Mein ganzes System war außer Kontrolle. Bis dahin hatte ich schon einige „sinnvolle" fachliche Seminare in der Bank und auch als Fotografin besucht. Ein Seminar, in dem es nur um mich und meine persönliche Entwicklung gehen sollte, schien geradezu unerhört verboten.

Ein Zitat von Henry Ford in der Seminarbeschreibung hatte eine besondere Wirkung auf mich: *„Ob du glaubst, du schaffst es, oder ob du glaubst, du schaffst es nicht. Du wirst auf jeden Fall recht behalten."*

Krass. Ja!

Mit meinem heutigen Bewusstsein kann ich sagen, dass da im Januar 2015 der *Universumskellner* mit dem *goldenen Silbertablett* vor meiner Haustür stand und ich mich als reine Vorsichtsmaßnahme zitternd unter der Couch versteckt habe.

Niemand zu Hause!

Moment!

War ich nicht die, die sich innerlich total leer und unerfüllt fühlte?

War ich es nicht, die Fragen an das Leben hatte, die ihr keiner in ihrem Umfeld beantworten konnte?

War ich es nicht, die nach dem tieferen Sinn ihres Lebens fragte?

War ich nicht die Frau, die immer wieder nachts weinend neben ihrem schlafenden Mann lag?

War ich nicht die Frau, die aus dem viel zu eng gewordenen goldenen Käfig ausbrechen wollte?

Wir können nicht nicht manifestieren. Das Universum liefert immer. Die Frage ist, ob wir bereit sind zu empfangen. Sind wir bereit, den Preis zu zahlen? Wobei „Preis" hier nicht zwangsläufig Geld bedeutet.

Der Preis der Veränderung liegt darin, in letzter Konsequenz tatsächlich etwas zu verändern. Es tatsächlich zu tun! Wirklich bereit zu sein, sich mit seinen unbewussten Limitierungen zu konfrontieren. Vollkontakt mit dem kleinen Ich.

In meiner Erinnerung hat das zweitägige Seminar damals 1.000 Euro gekostet. Ich wollte mich so gerne anmelden, und gleichzeitig wollte ich es *niemals nie*. Das „viele" Geld für ein Seminar, das augenscheinlich nichts mit meinem Business zu tun hatte. Es ging ja nur um mich.

Mein Selbstwert war 2015 so ziemlich im Keller. Viel zu lange hatte ich mich klein, falsch und unbedeutend gefühlt.

Ist es nicht so, dass wir Fehler allzu gerne erst einmal bei uns suchen? Ich war diese kleine Kugel, die ich in Kapitel 2 beschrieben habe, die ursprünglich als Seestern zur Welt gekommen ist. Ich hatte mich 43 Jahre lang angepasst an eine Scheinwelt, die so nicht meine tiefe Wahrheit war. In meinem Selbstbild war ich eine kleine graue Maus, die in dieser Welt keine Relevanz hat.

Ich hatte Angst. Aus Angst vor einer falschen Entscheidung treffen die meisten Menschen lieber keine Entscheidung – und genau das ist das Falsche. Ich brauchte bis Mitte des Jahres, um meinem Mann von diesem Seminar überhaupt nur zu erzählen. Aus Angst, dass er es sowieso nicht verstehen würde. Und genau so war es dann auch, als ich endlich den Mut gefasst hatte. Seine Reaktion war wie erwartet: Das ist zu teuer, und so etwas brauchst du doch nicht. Uns geht es doch gut.

Als hätte ich es geahnt. Eine klassische negative Grundannahme also. Damit war die Entscheidung erst einmal vom Tisch, und der *Universumskellner* musste noch ein paar Ehrenrunden um den Block drehen. Im Dezember war der Sog dann so stark, dass ich mir noch einmal die Seminarbeschreibung auf der Website durchlesen musste. Einfach weil.

Für den Termin im darauffolgenden Januar gab es noch genau einen freien Platz.

Ich kaufte den Kurs, ohne meinen Mann noch einmal zu fragen. Im Nachhinein war der Kurs einer der Dominosteine, der diese ganze Veränderung ins Rollen gebracht hat und in der Folge unser komplettes Leben als Familie verändert hat.

Warum ich dir das jetzt erzähle? Weil es ein Paradebeispiel für das Herumeiern ist, weit entfernt von einer committeten Entscheidung. Meine Seele wollte diesen Kurs, und ich habe mit meinem beschränkten Erbsenverstand fast ein ganzes Jahr Herumeiern gespielt.

Ich wollte indirekt die Erlaubnis meines Mannes, um für mich einzustehen und diese für damalige Verhältnisse „größere“ Summe Geld in mich zu investieren. Unbewusst brauchte ich jemanden, der an mich glaubt, während ich selber gerade meinen kleinen Zeh aus meiner kleinen gemütlichen Komfortzone hinausbewegte und mich in unbekanntes Terrain begab. Mein Mann war mit seinem damaligen Bewusstsein überhaupt nicht in der Lage, für mich diesen Raum zu halten, weil er selber gar nicht so weit war mit seiner Persönlichkeit. Er lebte in seiner eigenen kleinen, konditionierten Welt, in der Geld per se immer über die eigenen Wünsche gestellt wurde.

Merkst du was?

Viel zu oft suchen wir in der falschen Zielgruppe nach Anerkennung und Applaus. Menschen, die selber nicht das Leben führen, das wir so gerne leben wollen, können uns wohl kaum sinnvolle Ratschläge geben, wenn es darum geht, das scheinbar Unmögliche möglich zu machen. Diese Geschichte zeigt so sehr, wie wertvoll es ist, jemanden an unserer Seite zu haben, der diesen Weg schon gegangen ist, und der diese Veränderung, die wir uns so sehr wünschen, bereits selber verkörpert.

Für unseren Verstand gibt es immer viel mehr Gründe, etwas nicht zu tun, als uns zu committen und unseren Impulsen zu vertrauen. Wachstum und Ausdehnung findet nur außerhalb der kleinen, gemütlichen Komfortzone statt – im Unbekannten. Da, wo wir uns nicht auskennen und unser Verstand keine Referenzwerte hat.

Bei mir waren einige unbewusste Konditionierungen aktiv. Ich wollte, dass mein Mann dieses Seminar gut findet. Ich wollte, dass er es als Hauptverdiener und Familienoberhaupt gutheißt und mir „erlaubt“, es zu buchen. Das war so, weil ich selber es bis dahin nicht gelernt hatte, wie magisch, leicht und voller Wunder mein Leben sein kann, wenn ich mutig und mit

Hingabe in jeden meiner Impulse springe. Mir war auch noch nicht bewusst, wie wichtig Eigenverantwortung für das eigene Handeln und für die eigenen Entscheidungen ist.

Ich wollte mich endlich nicht mehr falsch fühlen wegen meiner Gefühle und Sehnsüchte. Ich wollte dazugehören und geliebt werden. Es ist wirklich krass, wie sehr wir unsere innere Wahrheit immer wieder verleugnen, nur um ein bisschen Liebe und Anerkennung von Menschen zu bekommen, die selber gar nicht das höhere Ziel dahinter sehen können. Jeder sieht die Welt durch seine eigenen unbewussten Filter.

Kommt dir diese Situation bekannt vor? Wie oft hältst du dich zurück? In welchen Situationen tust du es? Und warum? Denkst du manchmal, dass deine Gefühle nicht wichtig genug seien oder dass du verletzt werden könntest? Hast du Angst, jemanden zu verlieren oder vor den Kopf zu stoßen, wenn du deine Wahrheit sprichst?

Wenn dem so ist, fehlt dir die Klarheit. So wie bei mir in der obigen Geschichte. Eine echte 100 % Entscheidung bedeutet: DU MACHST ES! *NO MATTER WHAT!*

Dafür habe ich auch ein tolles Beispiel und erzähle es dir im nächsten Kapitel.

Was wäre, wenn du ab sofort immer in deine Impulse springen würdest?

Immer!

Kein Zögern, kein Kopfkino.

Einfach nur: Ich mache es!

Was würde sich verändern? Spoiler: ALLES!

Keine faulen Kompromisse mehr!

Dieses Seminar im Januar 2016 war übrigens für mich ein Portal in eine komplett neue Realität. Die fünfstündige Zugfahrt nach Hause fühlte sich an wie eine Rückführung in meine alte Welt, die mir nun erst recht zu klein geworden war. Ich war nicht mehr kompatibel. Ich hatte zum ersten Mal in meinem Leben eine leise Ahnung davon, dass ich höchst persönlich die Macht habe, alles zu verändern. Ich war ab diesem Moment kein Opferlämmchen mehr. Ich war die, die sich nimmt, was ihr zusteht, und stellte mir die Frage: *Wer will ich sein in dieser Welt, wenn ich zum ersten Mal selber entscheiden darf?* Da ist er wieder, der freie Wille.

Seit dieser ersten Erfahrung mit diesem Seminar investiere ich regelmäßig in mich, mittlerweile schon über eine Million Euro, um zu dieser Frau zu werden, die ich heute verkörpere. Ich habe nie damit aufgehört, in mich und meinen Wert zu investieren. Ich habe in den letzten Jahren so viel gelernt wie nie zuvor.

Hatte ich dieses Geld, als ich gestartet bin?

NEIN!

Geld fließt immer nur so viel in unser Leben, wie wir bereit sind zu empfangen. Reichtum ist ein Bewusstseinszustand. Wachstum hört nie auf. Es sei denn, wir setzen uns einen Deckel auf und limitieren uns selber.

Manchmal gibt es Menschen, die mich für meine Entwicklung bewerten und behaupten, ich hätte nur Glück gehabt oder es sei mir alles zufällig in den Schoß gefallen. Das Gegenteil ist der Fall.

Für mich ist mein heutiges Leben die Konsequenz aus kontinuierlichem Wachstum, Investitionen und konsequenter Bewusstseinserweiterung. Wie du bereits weißt, habe auch ich klein angefangen. Ich bin allerdings nicht klein geblieben.

Warum sind die meisten Menschen tendenziell nicht erfolgreich? Weil sie nicht bereit sind, ihre Komfortzone für eine ungewisse Zukunft zu verlassen. Ich bin selber sinnbildlich immer wieder gestorben, um als neues Ich wiedergeboren zu werden. Ich habe immer wieder meine gemütliche Komfortzone gecrasht. Und ich war immer wieder bereit, mich ganz und gar hineinzugeben. Scheitern ist in meiner Welt keine Option.

Ein gutes Mentoringprogramm ist das beste Investment, das du mit deinem Geld tätigen kannst. Und es ist das Investment mit der höchsten Rendite. Jede gut ausgewählte Investition in dich selbst macht dich wertvoller und erweitert dein Bewusstsein. Ein Spitzensportler würde *niemals nie* ohne einen Coach für Olympia trainieren. Dabei spielt natürlich die Wahl deines Coaches oder deiner Mentorin eine entscheidende Rolle.

Es gibt tatsächlich zahlreiche Money Coaches ohne *Money*, und daher gilt es, durchaus genauer hinzuschauen, von wem du lernen möchtest. Hat diese Person mit ihrem eigenen Lifestyle bewiesen, dass sie das jeweilige Thema selber für sich gelöst und verkörpert hat? Schau genau hin, es sei denn, du möchtest auf die weitverbreitete Spar-dich-reich-Nummer reinfallen oder dich in eine Fülle von neuen Limitierungen einkaufen.

Ich kenne beide Seiten – also als Coach und als Coachee – und die Branche insgesamt mittlerweile sehr gut. Und ich habe viele Male die großartige Erfahrung gemacht, welch riesiges Potenzial durch einen guten Coach oder einen erfahrenen Mentor freigesetzt werden kann. Gerade wenn du riesig große und unverschämte Ziele hast, ist diese Investition in dich ein absoluter Gamechanger und fast schon ein Muss. Ein Mentor an deiner Seite, der schon die eine Nasenspitze voraus ist und an dich glaubt, während du es selber noch nicht kannst, ist Gold wert. Ein guter Mentor kauft dir auch weder deine Ausreden noch dein Gejammer ab, wenn du dich mal wieder in deinem Drama suhlen möchtest. Sie ist diese eine Person, die dich nicht bewertet, sondern dir liebevoll immer wieder frischen Wind unter die verklebten Flügelchen pustet und dir deine blinden Flecken sichtbar macht. Ihr werdet gemeinsam ganz viele Samen der Veränderung sähen und deine kleinen und großen Erfolge miteinander feiern. Erlaube dir diese Erfahrung.

Gleichzeitig bedeutet ein gutes Mentoringprogramm nicht, dass dich jemand huckepack über das Ziel trägt. Es liegt nach wie vor in deiner Verantwortung, das Gelernte umzusetzen und in Aktion zu gehen. Der Personal Trainer im Sport wird auch nicht für dich die Sit-ups übernehmen.

Noch mal zurück zu meiner Geschichte: Als ich nach meinem Seminar wieder zu Hause landete, kam mein Mann mit meiner neuen Energie nicht wirklich zurecht. Aus mir sprudelten meine Erkenntnisse aus dem Seminar wie ein Wasserfall heraus, während er ausnahmslos alles mit ein paar fiesen, kritischen Ingenieursfragen abbügelte. Es fühlte sich an, als wolle er meine zarten Pflänzchen zertrampeln.

Autsch!

Er war nicht dabei gewesen. Er wusste es nicht besser und er hatte Angst. Seine kleine Welt schien sich aufzulösen.

13

100 % COMMITMENT – AUSDEHNUNG 2.0

Wenn du etwas wirklich, wirklich willst, unterstützt dich das ganze Universum, es zu erreichen!

Was es bedeutet, herumzueiern und keine echte Entscheidung zu treffen, habe ich dir in den vorigen Kapiteln anschaulich beschrieben. Bist du bereit für die Power einer wirklich committeten Entscheidung?

Also weiter mit meiner Geschichte: Spätestens seit dieser ersten Seminarerfahrung im Januar 2016 war ich süchtig, süchtig nach mehr. Ich hatte mittlerweile verstanden, dass ich Schöpfer meiner eigenen Lebenserfahrung bin. Ich bin diejenige, die entscheidet, was für mich möglich ist und was nicht. Ich konnte in rasantem Tempo beobachten, wie das Gesetz der Anziehung in Aktion funktioniert. Kaum war ich also bereit, meiner Persönlichkeit ein Upgrade nach dem anderen zu gönnen, ploppten immer mehr Möglichkeiten in Form von Seminaren vor meiner Nase auf. Viele davon habe ich alleine besucht, weil mein Mann noch ein wenig in seinem alten Mindset baden wollte. Bei manchen konnte ich ihn dazu bewegen, mich zu begleiten.

Sein erstes größeres Seminar hatte ich ihm kurzerhand zum Geburtstag geschenkt. Also konnte er gar nicht Nein sagen.

In der Tat war es spannend zu beobachten, dass sich alles zum richtigen Zeitpunkt ineinanderfügte in dem Maße, wie ich bereit war, meine Komfortzone immer weiter auszudehnen. Und magisch fühlte es sich an, dass sich auf wundersame Weise jedes Mal die entsprechende Summe an Geld auf unserem Konto manifestierte, sobald ich diesem inneren Sog nachgab und mich für ein neues Seminar entschied. Zu dieser Zeit war mir das zwar noch nicht vollumfänglich bewusst, es lässt sich aber in der Rückschau zweifelsfrei nachvollziehen.

Eine höhere Macht wollte, dass ich endlich aus meinem Dornröschenschlaf erwache, und so hatte jedes einzelne Seminar einen Anteil daran, dass dies passieren konnte. Selbst wenn es manchmal nur darum ging herauszufinden, wie ich es eben nicht haben möchte. Jeder einzelne Euro gehörte zur besten Investition meines Lebens.

Mittlerweile habe ich eine siebenstellige Summe in meine Reise zu mir selber investiert. In all den Jahren wurde ich immer spezifischer und habe erkannt, dass es eben nicht die bessere Unternehmensstrategie, der beste Positionierungssatz und scheinbar „ordentliches" Onlinemarketing sind, die uns unfassbar erfolgreich machen. Es geht auch nicht darum, eine besonders tolle Website zu haben. Tatsächlich hat meine aktuelle Firma ihre ersten zwei Millionen kreiert ohne Website und Visitenkarten. Nur mit einer *pupskleinen* Facebook-Gruppe. Weil es eben nie wirklich um das Außen geht.

Immer wieder: *Was wir im Inneren nicht verändern, müssen wir im Außen mehr und härter arbeiten.* All das angehäufte Wissen bringt dir gar nichts, wenn du es nur mit deinem Verstand begreifst und parallel ein fettes Selbstsabotageprogramm in deinem Unterbewusstsein abläuft. Der Schlüssel liegt in der Integration und Verkörperung. Du wirst zu dieser neuen Person und lebst dieses Leben mit jeder Zelle deines Körpers: Ich bin die, die Geld ganz tief verstanden hat. Auf einer Ebene, die mir Gott mit dem Satz „Ich kann dir nur geben, was du glaubst haben zu können" zugänglich gemacht hat. Tiefe Heilung unserer Geldthemen sowie die Erlaubnis, viel Geld leicht und ohne Arbeiten zu empfangen, wirken sich auf alle Lebensbereiche extrem positiv aus.

Bei mir fand ein nächster Beweis für meine innere Führung im Juni 2019 statt. Ich hatte im Netz eine Frau gefunden, die mich anfangs extrem triggerte. Mein kleines Ich fand alles an ihr megadoof. Sie sprach über Business, Geld und Mindset, und im Gegensatz zu vielen anderen, die sich zu diesen Themen äußern, war sie selbst extrem erfolgreich mit maximaler Leichtigkeit. Mein kleines Ich wollte sie nicht mögen; schließlich braucht es diesen ganzen Luxus ja wohl gar nicht. Und gleichzeitig war es genau das, was mich magisch angezogen hat.

Es war um mich geschehen. Ich wollte es so sehr – ihr neues Programm für 30.000 Euro. Das war für mich 2019 unfassbar viel Geld. Zu diesem Zeitpunkt hatte ich zwar insgesamt bereits eine viel höher Summe in mich investiert, jedoch immer in gemütlichen Beträgen zwischen 500 und 5.000 Euro.

Bei diesen „kleineren" Beträgen war es nach wie vor ruckelig gewesen, meinen Mann dazu zu bewegen, meine Entscheidung, ein weiteres Coaching zu buchen, gut zu finden. Er hatte mich zwar mittlerweile selber hier und da begleitet und fand es auch zunehmend interessant, er wäre aber nie freiwillig oder von selber auf die Idee gekommen, noch mehr Geld für Coachingprogramme auszugeben. Er war immer noch zufrieden mit unserem Status quo, während ich immer mutiger meiner Sehnsucht nach Freiheit folgte.

30.000 Euro also! Mir war schwindelig bei gleichzeitigem *universumsglitzerigem* Kribbeln. Tief in mir wusste ich: Es ist unser

Portal in die Freiheit. Auch wenn mir der Betrag eine Heidenangst gemacht hat, war in mir drin dieses tiefe Wissen, dass ich es buchen muss.

Wollte ich bei vorherigen Coachings unbewusst immer noch seine Erlaubnis, um für mich einzustehen, und sein Okay, um dieses Geld zu investieren, war ich diesmal fest entschlossen, dieses Coachingprogramm zu kaufen, obwohl wir das Geld definitiv nicht hatten. Es war ein riesiger Mindshift, diese Entscheidung zu treffen unabhängig davon, ob mein Mann es versteht oder gut findet. Und zum ersten Mal bei einer solchen Summe unabhängig vom Geld.

Ich wusste nicht, wie wir es bezahlen können. Ich wusste nur: Ja, ich will und werde es buchen! Meine *highest identity* hatte sich entschieden: Ich erlaube es mir! Dabei war es so verboten viel Geld. Ich war im Begriff, tausend alte Verbote und Bewertungen zu Geld aufzulösen, und ich wusste gleichzeitig, dass es unser komplettes Leben verändern wird.

Mit zitternden Knien und gleichzeitig fest entschlossen habe ich ihm dann abends von meinen Plänen erzählt: „Schatz, ich will das buchen!" Um die Dringlichkeit zu untermauern, hörte ich mich sagen, dass ich ab sofort bereit sei, wenn nötig nie nie wieder in Urlaub zu fahren.

Was? Hatte ich das jetzt echt gesagt?

Aber ich wollte doch Urlaub! Urlaub war zu dem Zeitpunkt für mich die schönste Zeit im Jahr. Er brachte einen Hauch von Freiheit – und natürlich das Meer. Ich wollte doch so sehr ein Haus am Meer. *Niemals nie* könnte ich auf Urlaub verzichten.

Spannend, dass wir seitdem tatsächlich, wie bereits erwähnt, nie wieder in den Urlaub gefahren sind. Warum auch? Wir leben absolute Freiheit. Wir haben keine Jobs im klassischen Sinne mehr und vor allem keinen Chef, der uns ein paar Tage Urlaub gewähren müsste. Wir sind in den letzten drei Jahren gereist wie nie zuvor und waren als Familie in über 17 Ländern. Davon

2022 alleine sechs Monate in Afrika und überall da, wo uns unsere Sehnsucht hingeführt hat. Während andere an diesen Orten nach ihren 10 bis 14 Tagen Urlaub wieder abgereist sind, haben wir verlängert und sind geblieben – in den schönsten Fünf-Sterne-Hotels und Strandvillen, teilweise sogar mit eigenem Butler.

Aber noch mal zurück: Ich verkündete meinem Mann also an jenem Abend, dass ich dieses Seminar unbedingt buchen will, und seine Antwort war: „Ich werde dafür meine Lebensversicherung auflösen." Ich bekomme heute noch Gänsehaut. So ein heiliger Moment.

Das ist die Macht einer wirklich committeten Entscheidung! Kannst du es fühlen? *Wenn wir etwas wirklich, wirklich wollen, steht das ganze Universum hinter uns und eröffnet uns Möglichkeiten, die zuvor hinter dicken Mauern verborgen waren.*

Es war meine Energie, meine Erlaubnis aus meiner höchsten Identität heraus.

Diese Megapower durfte ich seitdem viele Male erfahren. Immer dann, wenn ich aus dieser höchsten Identität agiere, passieren die krassesten Wunder. Diese Superpower ist in uns und war schon immer da, verborgen hinter ganz vielen konditionierten Lügenkonstrukten, die wir im Laufe unseres Lebens von anderen Menschen übernommen haben und mit denen wir unseren kleinen schwarzen Punkt genährt haben. Subtil und gleichzeitig die perfekte Illusion. Du kannst noch heute neu wählen!

An dieser Stelle ich es wichtig zu verstehen, dass ich diese Entscheidung, das Seminar für 30.000 Euro zu buchen, unabhängig vom Preis und den Befindlichkeiten meines Mannes getroffen habe. Das Geld war augenscheinlich nicht da. Ich hatte keine

Ahnung, wie wir diesen Betrag aufbringen würden. Ich wusste nur: Ich werde es buchen!

Jetzt!

Nicht irgendwann, falls sie es vielleicht noch einmal in ein paar Monaten anbietet.

Jetzt!

Genau diese Magie beobachte ich immer wieder auch bei meinen Klientinnen, wenn auf wundersame Weise quasi aus dem Nichts eine Geldquelle auftaucht, die zuvor nicht sichtbar war. Klar, die Lebensversicherung meines Mannes war schon die ganze Zeit vorhanden gewesen, und dennoch hat sie sich als Geldquelle erst im perfekten Moment ins Spiel gebracht, als ich komplett in meiner höchsten Schöpferenergie war. *Unsere Versorgung kommt von Gott.*

Wow, vielleicht kannst du bereits jetzt diese Multidimensionalität erkennen? Wenn sich das gesamte Universum für uns ausrichtet, weil wir unserer Seelenführung folgen und mutig in unsere Impulse springen.

Nun kommt vielleicht dein kleines Ich um die Ecke und möchte dir erzählen, dass das alles bei dir nicht funktionieren würde, weil dein Mann keine Lebensversicherung hat oder diese *niemals nie* für dich auflösen würde oder es nicht möglich wäre, den Vertrag aufzulösen. Bla, bla, bla. Ich hatte schon Kunden, bei denen waren es die Goldvorräte, der Schmuck, eine Eigentumswohnung, ein Auto, das ohnehin nicht genutzt wurde, alte Waffen, die sie irgendwann einmal geerbt hatten und seitdem zum Glück ungenutzt im Waffenschrank auf ihren letzten Einsatz warteten. All diese Werte haben gemeinsam, dass sie zwar schon immer da waren, sich allerdings erst im perfekten kosmischen Moment gezeigt haben.

Bei mir ging es dann so weiter, dass ich zwei Wochen später an einem Wochenendseminar teilnahm. An dem Sonntag dieses

Wochenendes war mein 47. Geburtstag, und ich habe mir selber das Geschenk gemacht, diesen Tag ohne die üblichen freiwilligen „Verpflichtungen“ zu verbringen. Mein Mann wollte nicht mit.

Das Event war *mindblowing* für mich. Es brachte das nächste noch fehlende Puzzleteil. Natürlich gab es auch ein sehr verlockendes Angebot, mit diesen tollen Coaches weiterzugehen. Ich kannte diese Energie von „Ich will das“ in mir da ja bereits sehr gut. Also rief ich in der Pause aufgeregt meinen Mann an. Nun ging es um weitere 40.000 Euro für eine dreimonatige Begleitung, und er antwortete: „Buch das doch. Wir schaffen das schon.“ So war es dann auch.

Meine Eltern hatten uns bis dahin immer gerne ausgeholfen, wenn es um finanzielle Belange ging. Kurzfristig größere Beträge für das Haus oder ein neues Auto zu leihen war immer selbstverständlich gewesen. Die Rückzahlungen erfolgten immer zuverlässig und schnell.

40.000 Euro für ein Coaching, das unser ganzes Leben verändern sollte, passte nicht in das Weltbild meines Papas.

Letztendlich wurde es ein Kredit bei einer Onlinebank. Ich hatte dafür eine ziemlich geniale Idee, wie wir diesen Ratenkredit aufsetzen konnten. Und ich wusste tief in mir: Diese beiden Begleitungen verändern unser komplettes Leben! Ich war mir zu 100 % sicher, dass wir den Kredit sehr schnell zurückzahlen können, war zu 1.000 % committet und bereit, *all-in* zu gehen.

Zweifel oder Scheitern kam in meiner Heldenstory nicht vor. Ich beantragte den Kredit so clever, dass wir im ersten Jahr keine monatlichen Raten zahlen mussten, weil ich die Raten für das erste Jahr zusätzlich auf die Kreditsumme aufgeschlagen hatte. Gleichzeitig konnten wir flexibel jederzeit tilgen. So hat uns der

Ratenkredit finanziell monatlich nicht belastet bei maximaler Flexibilität in der Rückzahlung.

Zwei Monate später war die komplette Summe getilgt. Denn ich hatte mit meinem neu gestarteten Business „Businesscoaching für Frauen" innerhalb der ersten zwei Monate ganz organisch, ohne Community und ohne alles, was dir ein klassischer Businesscoach beibringen würde, 150.000 Euro Umsatz kreiert. Die ersten Samen der letzten Jahre gingen auf.

Und es war erst der Anfang.

Ein weiteres Beispiel für die Perfektion des Universums. *Wir bekommen, was wir glauben, haben zu können.* Ich war bereit, meinen Seelenimpulsen zu folgen. Ich war bereit zu vertrauen, dass alles einer perfekten Ordnung folgt. Ich wurde immer mehr zu der Person, die dieses Leben führt, das ich mir so sehr wünschte. Ich habe nicht einmal einen Hauch von Zweifel zugelassen. Ich war zu 100 % committet. Große Ziele zu definieren heißt nicht, auf halber Strecke auszusteigen. Ich hatte ein Jahr zuvor, am 8. August 2018, bei Jack Canfield keine „Es wäre schön, wenn"-Ziele aufgeschrieben. Ich wollte es! Und: *Ich war bereit, den Preis zu zahlen.*

Der „Preis" ist übrigens nicht zwangsläufig Geld. In meinem Fall war es diese *no matter what*-Energie. Ich hatte mich entschieden und war bereit, alles dafür zu tun, um diese Person zu werden, die dieses Wunschleben lebt. Warum auch nicht? Schließlich ging es ja darum, meine Träume in die Realität zu holen. Scheitern war keine Option, denn dann wäre ja alles beim Alten geblieben und mein Leben wäre weiterhin dieser langweiligen „Passt schon"-Agenda gefolgt.

Wenn wir mutig vorangehen, selbst wenn sich augenscheinlich noch nichts im Außen verändert hat, und wir immer mehr so handeln, als sei alles schon da, passieren wahre Wunder.

Je konkreterer wir uns auf unsere Ziele ausrichten, desto offensichtlicher schickt uns das Universum die passenden Zeichen, Menschen und Möglichkeiten. In meinem Fall waren es für diesen Moment diese beiden Coachingangebote, die mich so sehr gerufen haben.

Hätte ich mich da mit Blick auf unseren Kontostand dagegen entschieden, hätte ich einige wesentliche Erfolgsgesetze missachtet. Die waren mir damals allerdings noch nicht vollumfänglich bewusst.

Wir können nicht nicht manifestieren. Das Universum liefert immer. Ich habe so sehr nach einer Lösung gefragt, dass der *Universumskellner* gleich zwei Mal kurz hintereinander mit dem *goldenen Silbertablett* vor der Tür stand.

Erfolg liebt Geschwindigkeit. Es ist dabei so wichtig, sich mit den richtigen Menschen mit dem besten Erfolgsmindset zu umgeben.

Und gleichzeitig wäre es in meinem Fall so einfach gewesen, das Geld oder die Befindlichkeiten meines Mannes oder der Ablehnung meines lieben Papas bezüglich der benötigten 40k über meine Entscheidung zu stellen. Was wäre wohl passiert, wenn ich dem *Universumskellner* nicht die Tür aufgemacht hätte? Ich will es gar nicht wissen. Aufschieben kreiert immer Drama und Mangel.

Das krasseste Erfolgsgesetz ist, in deinen Impuls zu springen, auch wenn es niemand außer dir (auch nicht dein Verstand) versteht.

Erfolg bedeutet immer Umsetzen: Ich mache es sofort! Nicht irgendwann oder wenn die Umstände komfortabler sind oder erst wenn ich noch drei Jahre darauf gespart habe. Abtauchen ins Nirvana ist keine Veränderung, es ist die Fortsetzung des Dramaspiels. „Es geht nicht, weil …“ ist ein fieses Selbstsabotageprogramm, das um Ausreden nicht verlegen ist.

Wir dürfen jetzt schon so denken, fühlen und handeln wie die Person, die unsere Ziele schon lebt.

Das Universum würde uns *niemals nie* Optionen anbieten, die für uns nicht möglich sind. Das Universum ist nicht kaputt. Selbst wenn etwas augenscheinlich nicht möglich zu sein scheint, gibt es diesen einen einzigen Weg, der easy funktioniert. Immer. Leben aus der Seele ist immer leicht.

Als ich diese Superpower des 100 %-Commitments verstanden hatte, malte ich mir als Anker regelmäßig mit dickem Edding ein riesiges „100 %" auf meinen Unterarm, ähnlich einem Tattoo.

Warum hat mein Mann 2015, als ich ihn mit meinem ersten Seminar für 1.000 Euro konfrontierte, so ablehnend reagiert? Und warum war er Mitte 2019 bei den größeren Beträgen von 30k und 40k so entspannt und hat sogar von sich aus seine Lebensversicherung für mich aufgelöst und einem Kredit zugestimmt? Ahnst du es bereits?

Es war meine Energie. 2015 war ich selber noch sehr unentschlossen. Schließlich hatte ich mehrere Monate gebraucht, um ihm überhaupt von dem Seminar zu erzählen, und dann noch weitere Monate, um es final zu buchen. Ich war hin- und hergerissen, schaute mir immer wieder die Seminarbeschreibung an und eierte extrem herum. Ich war selber noch nicht committet, hatte Schiss in der Büx und wollte die Zustimmung und Erlaubnis meines Mannes dafür, das Seminar zu buchen. Ich wollte unterschwellig, dass er mir die finale Entscheidung abnimmt. Meine Worte und alle verzweifelten Erklärungen, warum ich das Seminar buchen wollte, waren noch nicht kongruent mit meiner Energie.

Komplett anders war es im Juni 2019. Ich wollte dieses 30k-Programm. Ich hatte mich bereits entschieden. Und als ich ihn mit dem Programm konfrontierte, hatte ich die Entscheidung bereits getroffen: Ich mache es! Das verändert alles.

PUNKT.

Es ging nicht mehr um das Ob, es ging nur noch um das WIE! Meine Energie war ab diesem historischen Moment eine komplett andere.

Liebe Leserin, was würde das für dein Leben bedeuten, 100 % committet in die Veränderung zu gehen?

Dieses berühmte WIE finden wir übrigens nicht über unseren konditionierten Verstand. Unser Verstand ist ein mieser Verräter, wenn es um diese WIE-Frage geht, weil er natürlich sofort die langweiligen Gründe, warum es nicht geht und wir es auch gar nicht erst probieren sollten, aus dem Hut zaubert. Das WIE ist das Potenzial dessen, was wir bis gestern aus unterschiedlichen Gründen noch nicht bereit waren zu tun. Also quasi der Moment, wo der berühmte *Universumskellner* vor unserer Türe steht. Zeichen und Impulse unserer Seele können auch über Liedtexte, Bilder oder Schriftzüge in einer Zeitschrift, ein zufällig geführtes Gespräch am Nachbartisch oder natürlich dieses Buch übermittelt werden.

In meinen Programmen erkläre ich die committete 100 %-Entscheidung anhand der folgenden Zeichnung.

Die 100 % stehen für meine committete Entscheidung. Sobald ich auch nur ein klitzekleines bisschen, also etwa 1 %, Unsicherheit in mir trage, eiere ich rum. 1 % Unsicherheit bedeutet herumzueiern. Dabei ist der genaue Prozentsatz unerheblich. 1 % Unsicherheit wirken wie 50 %. Herumeiern ist Herumeiern, auch wenn wir meinen, wir täten es nur ein bisschen.

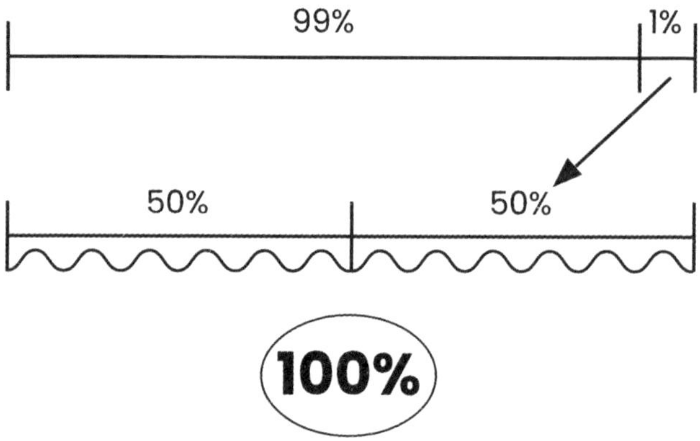

Wenn wir uns nicht entscheiden, bedeutet das, dass wir gerade in unserem kleinen Ich „Hätte hätte Fahrradkette“ spielen. Wir behindern uns selbst mit Gedanken wie „Es wäre schön, wenn …“, „Ich versuche es mal, wenn …“, „Wenn die Umstände perfekt sind, dann mache ich es“, „Ich frag mal meinen Mann, ob ich darf“. Oder wir sagen uns gleich „Es ist ohnehin nicht so wichtig“, „Es hat nicht sollen sein“ und „Vielleicht gibt es ja irgendwann eine neue Möglichkeit“.

Das ist der Moment, in dem der *Universumskellner* die gebratene Leber mit Bratkartoffeln statt des leckeren Rucolasalats mit sonnengereiften Tomaten, Mozzarella und dem weltbesten Dressing bringt.

Gebratene Leber?

Verstehst du nicht?

Die Erklärung wartet im nächsten Kapitel auf dich.

14

BESTELLUNGEN BEIM UNIVERSUM – GLAUBEN UND ZWEIFEL BEIM MANIFESTIEREN

Wie viel konkreter kannst du bestellen, was du haben möchtest?

Sobald wir grundlegend verstanden haben, dass wir Schöpfer unserer Erfahrungen sind, ist der nächste logische Schritt, uns zu überlegen, wie wir diese Erkenntnis für uns nutzen können.

Stell dir vor, du hast Lust auf einen schönen, leckeren Rucolasalat mit sonnengereiften Tomaten, Mozzarella und dem weltbesten Dressing und entscheidest, dieses hübsche, neue italienische Restaurant auszuprobieren. Du bekommst den schönsten Tisch mit der besten Aussicht. Ohne auf die Karte zu schauen, sagst du dem netten Kellner: „Ich habe Hunger!"

Freundlich nickend geht er Richtung Küche, um deine Bestellung aufzugeben. Deine Vorfreude ist riesig. 20 Minuten später bringt dir der freundliche Kellner einen Teller mit gebratener

Leber, Bratkartoffeln und einem kleinen Beilagensalat. Für mich als Vegetarierin wäre das denkbar schlecht gelaufen.

Am nächsten Tag entscheidest du dich, dem Restaurant eine zweite Chance zu geben. Dein Lieblingstisch ist frei, und du wirfst dieses Mal einen Blick in die Karte, bevor du deinen Salat bestellst. Der Salat „alla Casa", ein bunter Salat mit knackiger Paprika, Möhren, Tomaten, Gurke, Fetawürfeln, roten Zwiebeln, unterschiedlichen Blattsalaten und kross gebratener Hühnchenbrust, weckt dein Interesse. Du kannst entweder das Hausdressing wählen oder klassisch Essig und Öl.

Du entscheidest dich für die Essig-Öl-Variante und für die vegetarische Version ohne Hühnchenbrust und bestellst noch Bruschetta als Vorspeise hinzu.

Kaum ist der Kellner in der Küche verschwunden, bist du unschlüssig, ob du nicht doch besser das Hausdressing gewählt hättest. Als der Kellner dir dein Getränk bringt, bestellst du das Dressing um.

Während du die schöne Aussicht genießt, fällt dir ein, dass du gar nicht so viel essen wolltest, weil du später noch mit einer Freundin verabredet bist und sie wahrscheinlich wieder diese leckeren Törtchen gebacken hat. Du winkst dem Kellner und bestellst die Bruschetta wieder ab. Gleichzeitig kommen dir Zweifel bezüglich des Hausdressings, und du bittest darum, das Dressing separat und nicht auf dem Salat zu servieren.

Puh! Fällt dir was auf?

So oder so ähnlich bestellen die meisten Menschen täglich beim Universum und wundern sich, dass sie ihre PS nicht auf die Straße bekommen. *Herumeiern kreiert Herumeiern.*

Das bedeutet: Fehlende Klarheit, Ängste und Selbstzweifel werden dir dein Traumleben nicht kreieren.

Wie triffst du Entscheidungen?

Wie sehr machst du Dinge noch an scheinbaren Fakten fest und nährst damit deine alten Überzeugungen? Wie sehr hältst du dich noch zurück, weil du glaubst, so einfach könne es doch nicht sein? Und selbst wenn es schon so richtig gut ist. Was geht da noch?

Was glaubst du, welchen Raum ich geöffnet habe, als ich 2019 mein 30k und 40k Investitionen getätigt habe und mich jeden Tag für meine Ziele entschieden habe? Ich habe mir eine Situation geschaffen, in der ich nicht mehr ausweichen konnte. Ängste und Selbstzweifel konnten mich nicht mehr aufhalten. Ich habe mich maximal auf das Neue eingelassen. Scheitern war keine Option.

Erfolg liebt Geschwindigkeit. Erfolg bedeutet immer Umsetzen. Es bedeutet auch maximale Konfrontation mit meinen Ängsten. Ich gehe durch meine Ängste hindurch und erkenne die Lüge dahinter. Die Lüge wird sichtbar, und die neue Erfahrung offenbart das genaue Gegenteil. Angst ist mein Freund. Hinter der Angst verbirgt sich krasses Potenzial, das ich bisher nicht gelebt habe. Hinter der Angst warten meine Sehnsüchte und Träume.

Selbstreflexion:

Wohin geht meine tägliche Ausrichtung?
Bin ich klar und konkret in Bezug auf meine Ziele?
Wo nähre ich noch das lineare Denken?
Wo halte ich noch an alten Mangelprogrammen fest?
Welche Entscheidung schiebe ich schon länger vor mir her?
Wo fokussiere ich mich noch auf Mangel und Drama?
Wo habe ich negative Vorannahmen?

Deine aktuelle Version von dir hat genau dieses Leben und dein momentanes Einkommen angezogen. Wenn du jetzt neu entscheidest und zu der neuen Person wirst, noch bevor das Geld im Außen sichtbar ist, wird es sich in deiner Erfahrung manifestieren. Dein Leben ist die Summe deiner Gedanken, Gefühle und Handlungen, die du gewohnheitsmäßig auf Autopilot jeden Tag nährst.

Wo denkst du noch im praktischen, angepassten Modus, um bloß nicht anzuecken?

Wie viel Geld ziehst du mit dem Angepasstsein in dein Leben?

Bist du bereit, dein Vorstellungsvermögen in Bezug darauf, was alles für dich möglich ist, zu verändern? Du darfst zuerst zu dieser Frau werden, bevor du sie tatsächlich bist.

Wie viel Energie blockierst du, wenn du weiterhin diese Unterdrückung akzeptierst?

Meiner Erfahrung nach sind es oft die kleinen Dinge, denen wir kaum Beachtung schenken, die uns daran hindern, ein neues Level zu erreichen. In unserem Beispiel oben ist etwa die Bestellung „Ich habe Hunger" dermaßen ungenau formuliert, dass wir uns nicht wundern dürfen, wenn der Kellner das falsche Gericht liefert. Logisch! Gleichzeitig beobachte ich immer wieder, wie schlampig viele Menschen ihre Ziele definieren.

Manche wünschen sich zum Beispiel „mehr Geld". Wenn sie dann einen Cent auf dem Parkplatz finden, hat das Universum prompt geliefert und kann sagen: Voilà, ein ganzer Cent mehr Geld. Dein Wunsch ist mir Befehl.

Oder die Bestellung „Ich hätte so gerne mehr Zeit für mich" könnte dazu führen, dass du deinen Job verlierst oder durch eine Krankheit mehrere Wochen mit Schmerzen im Bett liegen darfst.

Ähnlich ist es, wenn wir uns permanent neu entscheiden. Das ganze Universum setzt sich für dich in Bewegung, sobald du einen entsprechenden Wunsch äußerst.

Wenn der *Universumskellner* allerdings permanent in der Küche neue Anweisungen erteilt, könnte am Ende ein komplett verwirrter Koch mit deiner Bestellung überfordert sein. Die

Zubereitung würde deutlich mehr Zeit in Anspruch nehmen oder zu einem völlig anderen Ergebnis führen.

Selbstreflexion:

Kenne ich meine Ziele?

Kann ich sie konkret, positiv und eindeutig formulieren?

Ist mein Ziel überhaupt messbar?

Woran erkenne ich, ob ich ein Ziel erreicht habe? „Ich möchte endlich glücklich sein“ ist sehr unspezifisch und lässt sich nur schwer messen.

15

WIE DU DEINE ZIELE DEFINIERST

Unsere Wünsche und Ziele sind der Turbo für schnelles Wachstum!

Wie also definierst du überhaupt deine größenwahnsinnigen Ziele? *Ein gutes Ziel erkennst du daran, dass du jetzt noch keine Ahnung hast, wie du es erreichen kannst.*

Wenn du meinem Weg in die absolute Freiheit folgen willst, dann darfst du deinen Verstand jetzt mal zum Schaukeln schicken. Lineares Denken hat in meiner Welt keine Daseinsberechtigung mehr. Mit normaler Logik, Strategie oder harter Arbeit wäre es möglich, 10.000 oder auch 50.000 Euro im Monat zu verdienen. Das ist allerdings nicht meine Expertise. Um in absoluter Leichtigkeit konstant 100.000 Euro und mehr zu kreieren, braucht es vor allem deine tiefe Erlaubnis. Du darfst deine bewusste und unbewusste Aversion gegen Geld heilen. Spätestens dann ist sogar eine Million in einem Monat oder 200k am Tag möglich – ohne zu arbeiten, ohne Job oder Business. Ich bin der beste Beweis.

Wooohoooo!

Was du im Inneren nicht veränderst, musst du im Außen mehr und härter arbeiten. Ich liebe diesen Satz.

Größenwahnsinnige Ziele kann dein Verstand nicht denken. Was würdest du denn haben wollen, wenn alles möglich wäre? Hast du dir jemals erlaubt, das mal zu fühlen?

Viele Frauen sind mit dieser Frage total überfordert, weil ja bereits absolut verboten ist, so groß zu denken. Die inneren Programme sind oft so dominant, dass alles, was außerhalb des Realistischen liegt, bereits undenkbar erscheint.

Vor ein paar Tagen hat mich jemand gefragt: „Wibke, glaubst du etwa an Wunder?" Meine Antwort: „Ja natürlich!"

Du Liebe, was wäre, wenn das Leben doch Wunschkonzert und Ponyhof gleichzeitig wäre? Was sind deine verborgenen, fast verblassten Wünsche und Träume? Erinnerst du dich noch an das kleine Mädchen in dir, das so sehr versunken war in seine Traumwelt, dass Zeit und Raum nicht mehr existierten? In deiner Fantasie war alles möglich. Und zwar alles gleichzeitig! *Unsere Gedanken erschaffen unsere Realität.*

Lass uns spielen: Was würdest du dir wünschen, wenn alles möglich wäre? Erlaube dir den Gedanken und lass es fließen. Die Träume sind in dir.

Trau dich.

Du darfst es dir erlauben.

Für den Moment.

Jetzt!

Finde mindestens fünf Situationen, die wunderschön verboten kribbeln, wenn du daran denkst. Tauche ein in das unendliche Potenzial des Universums. Alles ist möglich. Erlaube es dir für diesen Moment. Schließ die Augen und dreh die Farben auf bunt. Fühle es, rieche es. Es ist da. Du bist mittendrin in deinem neuen Leben. Geh tiefer. Alles ist bereits Realität. Wo bist du?

Wie fühlst du dich? Wer ist bei dir? Wie siehst du aus? Was hast du an? Schau dich um und genieße.

Liebes, wann hast du damit aufgehört, alles für möglich zu halten? Wahrscheinlich irgendwann im zarten Alter von drei Jahren? Du musst nicht weiter diese Lüge leben. Du kannst alles haben – Geld, Fülle, Luxus – und Freiheit leben. Du kannst jetzt in eine Transformation gehen und musst nie wieder zurück. Du kannst es in deinen Gedanken erschaffen. Du kannst zu dieser Person werden, die all das bereits lebt. Du kannst diese Frau werden, die sich all das ganz tief erlaubt.

Wirkliches Leben ist nicht Kontrolle. *Wirkliches Leben beginnt im Unbekannten.* Da, wo du alles neu erschaffen kannst, also jenseits von Kontrolle und Leistungsdruck. Da, wo du noch nie warst, warten deine Träume auf dich. Das Unbekannte ist neu und wunderschön. Es bringt neue Möglichkeiten, Wunder, Magie, Leichtigkeit. Es existiert. Du weißt nicht, wie es passiert. Es passiert einfach.

Willst du Ja sagen?

Zu dir?

Bist du bereit, neu zu kreieren?

Bist du bereit, es dir noch viel tiefer zu erlauben?

Ab sofort darfst du JA sagen zu allem Neuen. Fühl die Energie, wenn alles schon da ist.

Nimm es dir.

Du dachtest, du müsstest ganz viel tun und optimieren, um dein Business oder deinen Job besser zu machen. Tun, tun, tun. Doch du musst nicht weiter diese Lüge leben. Was kreierst du dir jeden Tag, wenn du die Lüge nährst? Deine Seele flüstert dir leise zu, das Leben gibt dir neue Möglichkeiten und das alte Programm fährt die Barrieren hoch – Verbote, Bewertungen und Verzicht.

Das Programm sagt: „NEIN! Jetzt nicht. Das darfst du nicht. Es ist nicht für dich."

Fühlst du die Schwere in diesem Programm? Irgendwann tut es weh und manifestiert sich im Körper. Schmerzen. Es wird unerträglich. Das Leben wird schwer und kompliziert. Du lenkst dich ab und hältst dich beschäftigt. Willst du darauf warten? Wenn du das Programm nährst, wird es immer mächtiger. Irgendwann dominiert es dich.

Willst du jetzt zu dieser neuen Person werden? Geld fließt, dein ganzes Leben beschenkt dich mit den krassesten Wundern und neuen Möglichkeiten. Du sagst Ja und schaust nie mehr zurück.

Also los: Definiere fünf größenwahnsinnige Ziele für dich. Zur Erinnerung: Die krassen Wunder passieren nicht, wenn du deine Ziele zu klein definierst. Für kleine, realistische Ziele bin ich persönlich nicht angetreten. Das sind Konstrukte des Programms. „Bloß nicht zu viel wollen" gehört zu der alten Limitierung, die wir ab sofort nicht mehr nähren wollen.

Dein Verstand soll deine Ziele nicht bequem finden. Schließlich befindet sich dein neues Leben ja weit außerhalb deiner aktuellen Komfortzone. Kribbelig und *universumsglitzerig* sollen sie sein. Sobald dein Verstand keine Ahnung hat, wie du diese Ziele jemals erreichen sollst, befinden wir uns im Unbekannten. Und genau da wollen wir hin.

Bei finanziellen Zielen ist es wichtig, nicht nur eine riesig hohe Summe zu definieren, sondern möglichst konkret (denke an die Bestellung im Restaurant) zu beschreiben, was dir dieses Geld Wundervolles kreieren wird. Wie fühlst du dich, wenn alles bereits da ist?

Wenn du aktuell gerade so über die Runden kommst, wäre ein finanzielles Ziel von zehn Millionen im Monat möglicherweise etwas zu weit weg. Es ist viel leichter, dir in deiner Fantasie dein Leben vorzustellen, wenn Zeit und Geld nicht mehr die limitierenden Faktoren wären. Wenn du dich dabei aufmerksam beobachtest, zeigen sich bei dieser Übung als Nebeneffekt ein paar limitierende Denkmuster. Du kannst beobachten, wie dein Verstand reingrätscht und dir Geschichten erzählen wird. Das „Bloß nicht zu viel wollen"-Programm wird sich auf jeden Fall melden, wenn du diese Übung ernst nimmst. Oder auch die Frage, ob du es wirklich verdienst, unendlich reich zu sein. Vielleicht kommt sogar die eine oder andere nicht dienliche Bewertung über Reichtum, Luxus und reiche Menschen um die Ecke, wenn du dir erlaubst, ganz groß zu denken.

Das ist großartig, wenn sich die Programme auf diese Weise offenbaren. Schließlich kann dir ein limitierender Glaubenssatz nur schaden, wenn er sich unerkannt in deinem System immer tiefer nährt. Sobald wir das Licht anknipsen, werden wir uns bewusst, dass wir vor der Dunkelheit keine Angst haben müssen.

In meinem Mentoringprogramm BEYOND beginnen wir mit einem viertägigen Starterevent. Ich mache immer wieder die Erfahrung, dass dieses gemeinsame Ankommen und Erleben in der Gruppe eine viel schnellere Transformation möglich macht. Es ist die Abkürzung zu einem neuen Leben. Ich öffne in den folgenden drei Monaten nach und nach die verschiedensten Räume und schaffe eine Umgebung des Wachstums und des Großdenkens. Dabei ist die Gruppe an sich schon sehr nährend, weil es ein ganz besonders liebevoller Raum ist, um sich persönlich den eigenen Prozessen hinzugeben. Und ich es vermag für alles, was sich zeigt, liebevoll den Raum zu halten. Einen Raum voller Wunder und Magie. Ein Muss für jeden, der sich komplett neu erfinden möchte.

Die Teilnehmer können ihre Unterkunft für das Starterevent frei wählen. Zur Auswahl stehen Unterkünfte in allen Preissegmenten. Die exklusivste Möglichkeit ist ein Fünf-Sterne-Hotel bei uns im Resort. Natürlich empfehle ich diese Unterkunft, weil sie den perfekten Rahmen für diese besondere Reise der tiefen Erlaubnis bietet. Es ist faszinierend zu beobachten, was sich alleine bei der Auswahl der Unterkunft für Limitierungen zeigen.

Vielleicht kennst du das „Ich schlafe da doch nur"-Phänomen? Es taucht spätestens dann auf, wenn es um die nächste Urlaubslocation geht. Eine sehr spannende, limitierende Massenkonditionierung. Da das Universum uns immer nur Dinge möglich macht, die wir glauben haben zu können, ist das Fünf-Sterne-Hotel eben nicht die erste Wahl für die breite Masse. Bevor dein Verstand jetzt zu sehr in die Ablehnung geht und dir erzählt, dass es Fünf-Sterne-Hotels ja wohl kaum braucht und ein Campingurlaub ja viel näher an der Natur ist, möchte ich dir eine Anekdote aus meinem eigenen Leben erzählen.

Als unsere beiden Töchter zwischen drei und zehn Jahre alt waren, haben wir es praktisch und schön gefunden, unseren Sommerurlaub in den Niederlanden zu verbringen. Ich liebe dieses Land noch heute. Wir mochten es, in diesen kleinen süßen „Strandhuisjes" direkt am Strand zu wohnen. Leider war die wöchentliche Miete während der Sommerferien besonders „teuer", und so haben wir, um maximal viel Urlaubszeit am Meer verbringen zu können, weitere zwei Wochen in der Jugendherberge verbracht. Es war immer wunderschön.

Ein Familienurlaub in einem Fünf-Sterne-Resort hätten wir uns mit unserem damaligen Mindset in Bezug auf Geld *niemals nie* erlauben können. Und jetzt kommts: Wenn Zeit und/oder Geld das Limit ist, wird dir dein Verstand immer deine aktuellen finanziellen Optionen schönreden und alles außerhalb des augenscheinlich Möglichen negativ bewerten. Wir schrumpfen dadurch höchst persönlich unbewusst unsere eigene Bubble. Irgendwann ist dieses Denkmuster, dass es diesen ganzen Luxus ja gar nicht braucht und es viel schöner ist, in einfachen, günstigen Unterkünften Urlaub zu machen, so tief in unseren Zellen angekommen, dass wir uns dieser unbewussten Konditionierung nicht mehr bewusst sind. Doch am Ende des Tages ist es einfach nur eine limitierende Bewertung unseres kleinen Ichs.

Wenn Zeit und Geld keine limitierende Rolle spielen würden, wären die Auswahlmöglichkeiten sehr viel größer. Womit wir wieder beim freien Willen angekommen sind. Nur, wenn wir eine echte Auswahl haben, können wir wirklich frei entscheiden. Ich hatte damals augenscheinlich nur die Wahl zwischen einer Urlaubsverlängerung in der Jugendherberge oder der Option, vorzeitig nach Hause zu fahren.

Wenn du wie ich aus der Zeit- und Geldlimitierung ausgestiegen bist, dann gibt es so viel mehr Optionen, aus denen du wählen kannst. Und nur dann ist die Entscheidung, dass es Fünf-Sterne-Hotels ja wohl kaum braucht und ein Campingurlaub viel näher an der Natur ist, wirklich eine freie Wahl. In Wahrheit gibt es kein Entweder-oder. Ich darf heute puren Luxus in einem Strandhaus am Meer mit eigenem Butler und Privatkoch erfahren und mich morgen für eine einsame Berghütte entscheiden.

Fühlt sich das nicht gleich viel leichter an? Was würde es dir kreieren, ab sofort nur noch unbekannte Früchte auf dem Buffet zu kosten?

Zurück zu deinen größenwahnsinnigen Zielen: Achte auf deine Formulierungen. Oft schleichen sich hier schon wieder die Mangelprogramme ein. Wenn du zum Beispiel sagst „Ich möchte nie wieder Geldsorgen haben“ oder „Ich möchte nie wieder auf das Preisetikett schauen müssen, wenn ich etwas kaufen möchte“, fühlt sich das leicht an? Sicher nicht.

Versuch es mal damit: *„Ich bin jetzt so froh und dankbar, weil Geld in immer größer werdenden Summen aus mehreren Einnahmequellen auf kontinuierliche Weise auf meine Konten fließt und ich in absoluter Fülle und Freiheit lebe."*

Wie fühlt sich das an? Großartig, oder?

16

UNSERE VERSORGUNG KOMMT VON GOTT

Nix müssen und so viel mehr können.

Bist du schon so weit, dass wir tiefer darüber sprechen können? Fahre gerne für dieses Kapitel alle Barrieren in dir runter und öffne dein Herz. Es geht hier um die wohl grundlegendste Beobachtung, die ich in den letzten Jahren machen durfte.

Was, wenn dieses Leben schon immer als Schöpfungsprozess gedacht war? Und es nie darum ging, Fleißkärtchen zu sammeln? Es sei denn, wir *wollen* Fleißkärtchen sammeln. Unser freier Wille hat zum Glück immer Priorität.

Es ging auch nie darum, unseren Wert durch besondere Leistung zu rechtfertigen. Unabhängig davon, wo wir uns gerade bewusstseinsmäßig in unserem Leben aufhalten, bekommen wir immer genau das, was wir glauben haben zu können. Glaube ich also, das Leben sei schwer und ein Kampf, bekomme ich genau das. Glaube ich, dass Geld nur über Arbeit und viel Geld über viel Arbeit erwirtschaftet wird, bekomme ich genau diese Erfahrung. Glaube ich, dass mein Mann zwischen mir und meinem geilsten Traumleben steht, weil er sich augenscheinlich immer wieder negativ zu meinen verrückten Lebensplänen äußert, wird er genau diese Rolle als bester Nebendarsteller in meinem Lebensfilm spielen.

Wenn unsere Versorgung von Gott kommt, dann wurde das Gehalt meines Mannes als Ingenieur nicht von seinem Chef bezahlt, sondern ist durch seinen Chef auf unser Konto gelangt. Das ist ein haarfeiner Unterschied.

Es gibt so viele Möglichkeiten, wie Geld ganz leicht fließen kann. Bei den meisten Menschen ist in ihrer Vorstellung, bzw. mit dem winzig kleinen schwarzen Punkt auf dem Arm, allerdings nur Platz für einen Nine-to-five-Job, ein Business und dieses Zeit-gegen-Geld-tauschen-Spiel.

Doch was wäre, wenn ...?

Meine Erfahrung ist, dass Gottes Plan für uns so viel größer ist, als wir es uns selbst erlauben. Es gibt so viele Beispiele aus meinem eigenen Leben und den Erfahrungen meiner Kunden, die genau das beweisen.

Als wir 2004 unser Eigenheim in Deutschland geplant haben, waren mein Mann und ich drauf und dran, den Keller wegzulassen. Ca. 30.000 Euro nicht auszugeben schien uns damals eine gute Option, um unsere Ausgaben zu reduzieren. Meine Eltern empfanden es als keine gute Idee und haben uns kurzerhand den Keller geschenkt. Schließlich lässt sich ein Keller schwerlich nachrüsten, und man weiß ja nie. Ein Jahr später habe ich mich als Fotografin selbstständig gemacht und mir in unserem Keller mein Fotostudio mit separatem Kundeneingang eingerichtet.

Als wir ein paar Jahre später einen Wintergarten an unser Haus anbauen wollten, um mir nachträglich ein Büro einzurichten, hat mein Mann auf wundersame Weise gerade im perfekten Moment von einer entfernten Tante einen entsprechenden Betrag geerbt.

Erinnerst du dich an Evelyn, aus Kapitel 11, die 5.000 Euro in ihrem Kleiderschrank gefunden hat und sich damit mein begehrtes VIP-Event auf Zypern ermöglichen konnte? Für sie war es der Anfang einer noch viel größeren Bewusstseinsreise, und es gab genau diese *Zeitlinie* in ihrem Leben, die dafür vorgesehen war. Sie ist eine der Frauen, die seitdem immer weiter in meiner BEYOND-Rakete sitzen geblieben ist. Geld war seitdem immer mehr als genug da, auch wenn die Preise meiner Premium Mentoringprogramme deutlich höher sind. Heute erlaubt sie sich mit ihrem Partner Business-Class-Flüge, *einfach weil,* und hat sich vor Kurzem als Zweitwohnsitz eine Villa am Meer gegönnt.

Eine weitere Klientin hatte, kurz nachdem sie meinen Finanzkurs absolviert hatte, den Wunsch, ihre Wohnung zu verkaufen. Trotz Maklerin, bestem Zustand und sehr guter Lage, schien diese Wohnung unverkäuflich. Ratlos wandte sie sich an mich. Ich wusste sofort, dass die Unverkäuflichkeit dieser Wohnung mit unbewussten Glaubenssätzen zu Geld, Reichtum, reichen Menschen und Luxus zu tun hatte, und empfahl ihr, mein VIP-Event auf Zypern zu buchen. Über mehrere Wochen empfand sie es als unerhört und frech, ihr auf diese Weise meine Programme verkaufen zu wollen. Ich war mir jedoch sehr sicher, dass wir bei diesem Event ihre unbewussten Geldthemen auflösen könnten, und blieb bei meiner Empfehlung. Schließlich buchte sie ihren Platz, ihr Mindset bekam ein riesiges Upgrade und sie füllte auf dem Event einen Scheck mit ihrem Wunschbetrag für die Wohnung aus. Wenige Wochen später wurde diese Wohnung dann auf wundersame Weise für genau diesen Betrag verkauft. Heute, zwei Jahre später, hat sie nicht nur ihre Wohnung verkauft. Sie hat nach über 19 Jahren ihre Praxis geschlossen, reist sehr viel und lebt in ihrem Traumhaus im Grünen. *Nix müssen und so viel mehr können ist auch zu ihrer Realität geworden.*

Was, wenn alles einer göttlichen Ordnung folgt und wir diese wunderbare Führung nur wahrnehmen, wenn wir unser Bewusstsein irgendwann dafür öffnen? Der unbewusste Geist würde diese Perfektion des Universums per se als glückliche Zufälle abtun. Ich nicht!

Ich hatte nach mehr und *easy peasy* gefragt und ich habe empfangen. Und zwar, weil ich mir erlaubt habe, es wert zu sein zu empfangen. Immer mehr und mehr.

Wir sind überall von Zeichen umgeben. Zeichen am Wegesrand, die wir nur wahrnehmen können, wenn wir eben nicht mit Scheuklappen durch unser Leben hasten. Zeichen, die wir gleichzeitig nur annehmen können, wenn wir uns dem Leben und unserer seelischen Führung hingeben, statt alles mit dem begrenzten Verstand unter Kontrolle halten zu wollen.

Warum fällt das vielen Menschen so schwer? Weil wir gelernt haben, dass es in diesem Leben nicht um uns und unsere Bedürfnisse geht und es stattdessen dazu gehört, den Regeln der anderen zu folgen.

Wir wollen nicht anecken. Wir wollen nicht zu viel wollen oder zu viel Raum einnehmen. Kontrolle ist omnipräsent – im Kleinen bei uns selbst, in unserem näheren Umfeld und im Großen vonseiten unserer Regierungen. Wir kontrollieren alles und haben gleichzeitig Angst vor Kontrollverlust. Uns fehlt das Vertrauen in uns und das Urvertrauen an unsere seelische Anbindung. *Die Superpower der vollkommenen Hingabe!*

Wenn wir jedoch nie gelernt haben uns und unserer inneren Führung zu vertrauen, halten wir uns krampfhaft an alten Emotionen, Gewohnheiten und unbewussten Glaubensmustern fest und trennen uns von allem ab, was wir nur durch komplettes Loslassen alter Mangelkonstrukte erfahren könnten. Das nährt diese Illusion, dass wir etwas verlieren könnten und unser Leben unwiederbringlich schlimmer würde, wenn wir es uns erlaubten, uns mutig auf das Unbekannte einzulassen.

Urvertrauen ist ein seelischer Zustand, der tief in uns verborgen ist. Wir haben dieses Urvertrauen erfolgreich verdrängt als Grundvoraussetzung, damit wir in der Dualität diese vielschichtigen multidimensionalen Erfahrungen machen können. Als Wesen mit erwachendem Bewusstsein dürfen wir uns erinnern, wer wir in Wahrheit sind und wie wir alles in unsere Erfahrung holen können, was wir wollen.

Wir sind definitiv weder Opferlämmchen noch die Pechmarie! Opfer zu sein würde bedeuten, keine freie Wahl zu haben. Wie viel konkreter und feiner möchtest du ab jetzt wählen?

Also noch mal: Was, wenn das ganze Leben für uns passiert?

Was, wenn wir geliebt sind und uns nur erinnern müssen, wie machtvoll wir in Wahrheit sind?

Was, wenn alles möglich wäre?

Was, wenn wir unseren freien Willen dazu nutzen können, uns für absolute finanzielle Fülle, Leichtigkeit und Gesundheit zu entscheiden?

Was, wenn uns Gott all das gibt, was wir glauben haben zu können?

Wie kann es jetzt noch besser werden?

Wenn wir uns erlauben können, dass unsere Versorgung von Gott kommt und durch andere Menschen und Umstände zu uns fließt. Wenn wir in dem Maß empfangen, wie wir es uns erlauben und uns öffnen für Möglichkeiten, die wir bis gestern noch nicht kannten oder nicht für möglich hielten. Und wenn wir ab sofort keine faulen Kompromisse mehr akzeptieren, uns selbst endlich mal aus dem Weg gehen und uns für pure Fülle öffnen, dann …

Dann verändert sich alles.

Echt?

JA!

17

ALLES IST IN PERFEKTER ORDNUNG

Nimm an, was ist und lass endlich die Handbremse los!

Ich höre dich jetzt sagen: „Aber Wibke, das ist alles gut und schön. Ich verstehe, was du mir sagen möchtest, aber bei mir ist das gerade alles nicht so einfach. Wenn du wüsstest, was ich alles schon gemacht habe. Es kann doch nicht wirklich so einfach sein …"

Ich kenne diese Einwände aus meinen zahlreichen Coachingformaten. Spätestens an dieser Stelle offenbart sich gerne das *Selbstsabotageprogramm.* Bevor wir eine derart neue Denkweise zulassen können, gehen zunächst einmal all unsere Systeme auf Ablehnung und vermelden: Es ist nicht möglich. Niemals! Für alle anderen vielleicht, aber nicht für mich!

Und wenn doch?

Beobachte doch mal die Energie in dir. Spricht da gerade dein kleines Ich oder dein höchstes Selbst? Dein kleines Ich wird die Ergebnisse nicht kreieren! Vielmehr nährt es das Drama. Es hat immer eine Ausrede, warum etwas gerade nicht möglich ist. Du darfst dich maximal einlassen auf das Neue.

Wenn du dieses Buch mit dem Kopf verstehen möchtest, dann wird das nicht funktionieren. Unser Verstand ist nicht in der Lage dazu. Er wird immer ein Hintertürchen finden, um in Ablehnung zu gehen. Du darfst meine Worte fühlen. In Resonanz gehen. Die tiefe Wahrheit dahinter fühlen. Du bist der geilste Ferrari und fährst immer noch im ersten Gang mit angezogener Handbremse.

Mein Weg zu den Multimillionen ist voller Leichtigkeit, Erlaubnis und Hingabe. Das kann dein Verstand ohnehin nicht denken.

Vertraue deiner Seele. Sie hat dir dieses Buch zugänglich gemacht, um die krasseste Veränderung in kürzester Zeit zu erreichen. Welchen Sinn hätte es, deiner Seele nicht zu vertrauen? Es gibt keine Zufälle. Das Universum macht keine Fehler. Du liest das hier, weil ich es für dich geschrieben habe. Wir können nicht nicht manifestieren. Du sollst das hier lesen.

Im perfekten Moment.

Wie schon erwähnt, glaube ich fest daran, dass wir alle für dieses Leben eine Sollbruchstelle eingebaut haben. Du hast auf einer anderen Ebene danach gefragt.

Wie viel mehr Magie kannst du dir erlauben, damit sich dein komplettes Leben verändert?

Zeitsprung: Los Angeles im August 24.

Während ich dieses Buch nach der Überarbeitung meiner Lektorin lese, bekomme ich eine Email. Die Dame findet sehr schöne Worte für die oben beschriebene Situation. Ich möchte diese Zeilen hier mit dir teilen: „Ich habe in letzter Zeit immer wieder gefragt, welche Investitionen mir den höchsten Ertrag bringen. Vor Kurzem habe ich dich entdeckt, und heute ist mir klar geworden, dass das meine Antwort ist.“

18
DAS SPIEL MIT DER ANGST

Welchen Vorteil hat es noch für dich, zu glauben, dass du kein Geld hast?

Paradoxerweise hält unser Unterbewusstsein manchmal an einem Glaubenssatz fest, der uns offensichtlich nicht mehr dienlich ist. Hast du das schon einmal bei dir beobachtet? Bleiben wir doch mal beim Geld. Warum behaupten so viele Menschen: „Ich habe kein Geld", obwohl sie eigentlich mehr Geld bräuchten, um sich ihre Wünsche zu erfüllen?

Warum ist das so?

Da ist zum Beispiel dieses Coachingprogramm, an dem du gerne teilnehmen möchtest, und es kribbelt in dir wie nie zuvor. Du möchtest so gerne buchen, weil du weißt, dass es genau für dich ist. Nur leider fehlen dir ein paar Tausend Euro. Du gehst in die Frage „Wie bitte kann es gehen?", und es passiert einfach nix. Dabei machst du gefühlt doch schon alles, oder?

Ich öffne mit der folgenden Frage für dich nun mal einen neuen Raum: *Welchen Vorteil hat es für dich, an dem offensichtlich limitierenden Glaubensmuster „Ich habe kein Geld" festzuhalten?*

Vielleicht denkst du jetzt: „Aber Wibke, was sollte es denn für einen Vorteil haben? Es blockiert mich doch. Ich will es doch so sehr, aber ich habe doch nun mal kein Geld. Wo soll es denn bitte herkommen?"

Bist du bereit hinzuschauen? *Wer wärest du ohne diese Limitierung?*

Ab hier wird es schon wieder so multidimensional. Was wäre, wenn? Was wäre denn, wenn diese Erfahrung von „Ich habe das Geld nicht" einfach nicht mehr wahr wäre? Dann müsstest du komplett die alten Verstrickungen loslassen und damit auch deine alte Definition davon, wer du bist.

Wer bist du, wenn du nicht mehr dein limitiertes Ich von gestern bist? Die Begrenzung dessen, was für dich möglich wäre und was nicht, würde dann nicht mehr gelten. Du wärst in dem Moment in einem Raum mit unendlichem Potenzial. Im Unbekannten. Unser ganzes System hat Angst davor, denn es würde ja bedeuten, dass wir jetzt etwas tun müssten, was außerhalb unserer bisherigen gemütlichen Komfortzone liegt. Wir verlieren dann mit einem Mal unseren kompletten Begrenzungsrahmen. Das kann ganz schön unkomfortabel sein.

Wer bist du, wenn Geld nicht mehr das Limit ist und du ab jetzt alles machen kannst, was bis gestern noch unerhört und verboten war? Was würden dein Mann, deine Eltern, dein Umfeld denken? Würden sie dich noch mögen? Würdest du noch dazugehören?

Zum Glück bist du weit entfernt von den strengen Erziehungsmaßnahmen aus deiner Kindheit, wie „Du gehst jetzt sofort und ohne Abendbrot auf dein Zimmer", obwohl genau dieses Programm gerade noch in dir abläuft. Da meldet sich die unbewusste Angst, genau den Konflikt auszulösen, der dich von der Gruppe trennt. Damit würdest du riskieren, nicht mehr dazuzugehören und scheinbar nicht mehr gemocht zu werden.

Würdest du vielleicht sogar riskieren, bewertet zu werden für dein neues Ich? Würdest du das aushalten wollen? Wir haben in Wahrheit keine Angst vor unserer Größe, auch wenn uns das oft suggeriert wird. Wir haben Angst vor Ablehnung, Versagen, wieder mal nix auf die Kette bekommen, alleine dastehen, wenn alles den Bach runtergeht.

Gibt es, von dieser Warte aus betrachtet, vielleicht sogar viel mehr Vorteile dafür, alles beim Alten zu lassen, als dich für diese ungewisse Zukunft zu entscheiden? Selbst, wenn du dich dann weiterhin immer wieder selber limitierst?

Das Unbekannte macht uns immer kribbelige Gefühle die wir Angst nennen. Und Angst haben wir irgendwann als eine negative Emotion abgespeichert. Darf ich dir eine neue Perspektive zeigen?

Was wäre, wenn hinter der Angst in Wahrheit unser nicht genutztes Potenzial versteckt ist? All das, was wir uns so sehr wünschen? *Gott hat alles was du schon immer wolltest hinter deine größte Angst platziert.*

Was wäre, wenn wir den Umgang mit der Angst nur falsch gelernt haben und in Wahrheit alles nur kribbelig aufregend ist, weil wir nicht wissen, welche Wunder und Möglichkeiten hinter der Angst auf uns warten?

Mich persönlich interessiert es nicht mehr, was andere Menschen über mich denken. Oder welche Bewertung sie in Bezug auf mich haben. Menschen lieben es, über andere Menschen zu urteilen und zu reden. Dabei geht es im Wesentlichen gar nicht um mich persönlich. Ich bin ohnehin nur Projektionsfläche für ihr nicht gelebtes Potenzial. Tatsächlich hat mich noch nie jemand negativ bewertet, der erfolgreicher ist als ich.

Fällt dir was auf? Sobald du dich für dich entscheidest, kann es sich möglicherweise zeigen, dass dein Umfeld nicht bereit ist zu wachsen. Die Menschen um dich herum werden mit ihren eigenen Ängsten konfrontiert, weil du bereit bist, etwas zu tun, was ihnen Angst macht. Genau so, wie dein eigenes Wachstum auch für dich noch ungewohnt ist.

Angst ist ein riesiger Erfolgsverhinderer, wenn es um Veränderung geht. Obwohl, wie bereits gesagt, die Angst eigentlich nur falsch interpretiert wird. Aus eigener Erfahrung kann ich dir versichern, dass Angst eine riesengroße Illusion ist. Hinter der Angst wartet das schönste Leben auf uns. Diese Angst nicht mehr als Grund zu akzeptieren, in der aktuellen Situation zu verharren, auch wenn sie noch so unbequem ist, wird dein Leben auf ein komplett neues Level heben. Es bedeutet ein riesengroßes JA zu dir selber.

Vielleicht geht es im Leben oft einfach nur darum, die Augen zu schließen, wahrzunehmen und den Widerstand rauszunehmen. Der jetzige Moment ist perfekt. Es ist dein Leben, und du wolltest es hier nicht einfach so absitzen. Dafür bist du nicht angetreten.

Erinnerst du dich? Die eigenen Ängste als Potenzial zu sehen und sich mutig auf den Weg zu machen, unterscheidet am Ende des Tages über Erfolg oder Stagnation. Genau das ist der Grund, warum sich mein Leben in den letzten Jahren so massiv verändert hat. Ich war immer wieder bereit, meine alte, gemütliche Komfortzone zu crashen und mich dem unendlichen Potenzial des Unbekannten hinzugeben. Natürlich immer mit der Ausrichtung auf Wachstum und dass Scheitern keine Option ist.

Wenn du mit deinem Ferrari die Poleposition innehast, dann haben das Sich-klein-Machen, Zweifel und negative Grundannahmen keine Existenzberechtigung. Und genau das macht den gravierenden Unterschied aus: ein riesiges Ziel und eine *no matter what*-Mentalität.

Zweifler siegen nicht, und Sieger zweifeln nicht. Das ist auch der Grund, warum Leader vorausgehen und andere eben nicht.

Krasses Wachstum kommt in der Komfortzone nicht vor. *Krasses Wachstum findet ausschließlich im Unbekannten statt.*

Möchtest du mir an dieser Stelle glauben, dass es in Wahrheit so viel leichter ist, als es sich jetzt gerade vielleicht für dich anhört?

Echt?

JA!

Wenn wir etwas wirklich, wirklich wollen, wird das ganze Universum uns dabei unterstützen, es auch zu erreichen. Wir sind geführt, und unsere Seele liebt diese Quantensprünge. Es ist so viel leichter, uns dem Unbekannten hinzugeben, als du jetzt vielleicht glaubst. Unser Verstand liebt Kontrolle und nährt das Klein-klein-Spiel. Er wird uns immer wieder mit alten Geschichten aus der Vergangenheit langweilen und uns die alten Ängste vorgaukeln. Wenn wir es erfolgreich schaffen, den Verstand nicht mehr als unseren Berater zu akzeptieren, dann schöpfen wir aus dem unendlichen Potenzial des Unbekannten. Wunder und Magie sind hier unser Normal. Es existiert dann kein Zuviel-Wollen und kein Nicht-gut-genug-Sein. Schnelligkeit, Klarheit, große Ziele und in Bewegung zu sein bedeutet, nicht zu kämpfen. Es bedeutet auch nicht, besonders hart zu arbeiten oder viel tun zu müssen. Es bedeutet, zu 100 % committet zu sein und das Gaspedal durchzutreten. Es bedeutet, wahrhaftig hinzuschauen und den Fokus auf Wachstum und Entwicklung zu richten. Bist du bereit, alles zu empfangen, was du dir in deinen verrücktesten Träumen auch nur annähernd vorstellen kannst? Bist du bereit, den Preis zu zahlen?

Ok, dann schnall dich an!

19

MEIN IDENTITÄTS-UPGRADE

Das Alte muss sterben, damit das Neue werden kann! Bist du bereit, alles zu verlieren, um alles zu bekommen?

Im Dezember 2019 war ich für einen dreitägigen Workshop auf Zypern. Das war zumindest der offizielle Buchungsgrund für meinen Verstand. Ein Workshop. Natürlich hatte ich mir nach dem Workshop noch drei Tage im Hotel für die Integration eingeplant. Es war herrlichstes T-Shirt-Wetter und es war gerade Erdbeerzeit. Mitten im Winter. Am Morgen nach dem Workshop saß ich beim Frühstück im Hotel mit einer weiteren Teilnehmerin.

Wir plauderten über Ziele und Visionen, und ich hörte mich selber reden: „Bla, bla, bla … perspektivisch wollen wir ein Haus am Meer. Ich würde gerne meinen Mann freikaufen aus seinem Karrieretunnel, weil ich es einfach satthabe, dass er so viel arbeitet und uns diese lächerlichen 30 Tage Urlaub so einschränken, und weil ich so gerne viel mehr reisen möchte, um meinen beiden Töchtern die Welt zu zeigen. Bla, bla, bla … Aber das ist ja auch schwierig, weil sie ja noch zur Schule gehen und wir ja auch auf das Gehalt meines Mannes angewiesen sind. Bla, bla, bla … Und dann ist da noch unser Haus. Da steckt so viel Liebe drin …“

STOPP!!!!

In dieser Sekunde hatte ich den krassesten Impuls meines Lebens. Mein Körper zitterte. Tränen liefen über meine Wangen.

Ich wusste, es wird nicht passieren!

Wenn ich weiterhin so leidenschaftlich begründe, warum ich zwar große Ziele definiert habe und es auch perspektivisch schön wäre, diese tatsächlich zu leben, es aber aus diversen Gründen aktuell nicht der richtige Moment ist, dann wird es nicht passieren.

OMG!

Es war wie ein schlechter Film, der in Millisekunden vor meinem inneren Auge ablief. Es wird nicht passieren!

Diese Bedingungen, die ich unbewusst an meine Ziele geknüpft hatte, wären *niemals nie* eingetreten. Denn diesen perfekten Moment, in dem alle Bedürfnisse und Herausforderungen zum exakt gleichen Zeitpunkt erfüllt werden, gibt es nicht. Das wurde mir während dieses Gesprächs in einer Intensität klar, die ich noch nie zuvor so deutlich gefühlt hatte, und ab da wusste ich: Ich würde nie dieses Leben meiner Träume leben, es sei denn, ich treffe genau JETZT eine Entscheidung.

Der Rest ist Geschichte. Zwei Tage später flog ich mit den Schlüsseln für unser erstes Haus auf Zypern im Gepäck nach Hause. Ich hatte mir mit einem wirklich smarten Makler vier Häuser angeschaut und das Schönste davon genommen. Mir war schwindelig von meiner eigenen Klarheit.

Impulse sind nicht logisch! Weil genau dann, wenn es logisch, bequem, komfortabel und vernünftig zugehen würde, wäre es ein Konstrukt aus unserem Verstand.

In einem Telefonat mit meinem Mann erklärte ich ihm die Situation und setzte ihn davon in Kenntnis, dass ich im Begriff war, dieses Haus am Meer zu mieten. Unsere Kinder waren sofort Feuer und Flamme. Die Aussicht, nicht mehr zur Schule gehen zu müssen, war für sie Grund genug, meine Entscheidung zu unterstützen. Es ging alles so schnell, dass weder mein Verstand noch mein Mann Zeit hatten, ein Veto einzulegen.

Zum Glück!

Ich hatte das Gefühl, im Einklang mit dem Universum zu tanzen, auch wenn ich mir zu dem Zeitpunkt noch nicht vollständig darüber bewusst war, wie vollkommen alles ist. Es ist wirklich inspirierend für mich, diese Zeilen zu schreiben, zurückzuschauen und zu erkennen, wie einige wenige Momente unser Leben völlig verändern können.

Und diese Entscheidung hat in der Tat unser komplettes Leben verändert und war rückblickend der perfekte kosmische Moment, der alles was jetzt folgt ins Rollen gebracht hat.

Diese Geschichte ist der perfekte Beweis, dass das Leben immer für uns ist und sich alles auf vollkommene Weise fügt, wenn wir unserer Seele vertrauen. Welchen vernünftigen Grund könnten wir haben, unserer Seele nicht zu vertrauen? Aus dem Verstand heraus hätten wir als Familie diese Entscheidung *niemals nie* treffen können. Dafür war mein Mann viel zu kopflastig und sicherheitsorientiert geprägt. Wäre ich nicht sofort in den Impuls gesprungen und hätte Nägel mit Köpfen gemacht, dann wären wir wahrscheinlich bis heute nicht ans Meer gezogen. Der Verstand hätte eingefordert, das Ganze erst einmal finanziell genau durchzuplanen.

Oder gemeinsam irgendwann nach Zypern zu fliegen, um erst einmal die Insel kennenzulernen und vor Ort Zahlen, Daten und Fakten zu sammeln, ob wir wirklich nach Zypern auswandern wollen.

Bis dahin war in meinen Gedanken immer Mallorca das Ziel meiner Träume gewesen. Wir hatten in den letzten Jahren öfters in den Sommerferien den Urlaub auf Mallorca verbracht und kannten die Insel schon recht gut. Unser Verstand liebt bekanntlich die Gewohnheit und Sicherheit.

Zypern hatten wir tatsächlich noch nicht einmal als Urlaubsland auf dem Schirm. Dieses Zypern hat sich im perfekten Moment ins Spiel gebracht und war rückblickend das größte Geschenk. Wir lieben diese Insel und den Lifestyle, den sie uns bietet.

Die anstehenden Weihnachtsferien haben wir dann kurz entschlossen – oder sollte ich sagen notgedrungen – im neuen Haus verbracht. Es war schrecklich kalt und dunkel, als wir abends mit unseren Koffern in unserem neuen Leben auf Probe ankamen. Die Heizung war nicht funktionsfähig, weil der Tank leer war. Bettdecken hatten wir keine, und so durften wir uns in der ersten Nacht mit Handtüchern und unseren Jacken zudecken. Die Stimmung war mehr als eisig. Am nächsten Tag bei herrlicher Sonne, nach einer ausgiebigen Shoppingtour und einer Lieferung Kerosin für die Heizung ging es uns schon etwas besser.

Das Universum durfte allerdings ein weiteres Wunder vollbringen, um die neue Situation in die richtigen Bahnen zu lenken. Dieses Haus auf Zypern war im Vergleich zu unserem wirklich schönen, sehr hochwertig ausgestatteten Haus in Deutschland mit parkähnlichem Garten eine Katastrophe. Es war viel kleiner, und bei näherem Hinsehen gab es eine riesige Liste an Nachteilen. Einzig die Palmen, der Pool im Garten, sowie die direkte Nähe zu einem wunderschönen, fast schon privaten Strandabschnitt sprachen dafür. Während ich mich auf die wenigen Vorteile fokussierte und entschieden hatte, es im neuen Zuhause viel schöner zu finden als in unserem Haus in Deutschland, sammelte mein Mann Argumente, um das Vorhaben für gescheitert zu erklären. Kurz gesagt: Es war schrecklich.

Über eine „zufällige" Bekannte in Deutschland hatte ich einen Kontakt zu einer deutschen Familie mit drei Kindern bekommen, die auf Zypern lebten. Uns fehlte allen die Lust, uns mit dieser Familie zu treffen, weil wir genug mit uns und unseren Befindlichkeiten zu tun hatten. Zwei von drei Wochen waren bereits um, als mich die Bekannte aus Deutschland per WhatsApp aufforderte, mich endlich bei der besagten Familie zu melden. Sie hatten sich bereits auf uns eingestellt und wollten uns zu Kuchen und Tee einladen. Höflich haben wir noch am gleichen Tag zugesagt.

Es war genau die perfekte *Zeitlinie*, die wir beinahe verpasst hätten.

Diese Familie hatte ein paar Jahre zuvor ihr Haus in Deutschland verkauft. Der Mann arbeitete in seinem Onlinebusiness und erwirtschaftete den Lebensunterhalt, während die Frau ursprünglich eher die Rolle meines Mannes eingenommen hatte und dem ganzen Projekt immer noch leicht skeptisch gegenüber stand.

Mein Mann hatte in ihm ein Rolemodel gefunden, und wir haben uns in der verbleibenden Woche noch mehrfach getroffen. Wie magisch, dass diese Personen genau dann auftauchen, wenn sie am dringendsten gebraucht werden.

Kurz vor der Abreise geschah das nächste Wunder. Mein Mann fragte mich: „Mal angenommen, wir würden unser Haus verkaufen, wärest du dann in der Lage, unser Geld so anzulegen, dass wir davon dauerhaft hier leben können?"

Mit blieb für einen Wimpernschlag das Herz stehen. Hatte er das jetzt wirklich gerade gefragt? Mein Mann?

Meine spontane Antwort war: „JA!"

Ich war doch nicht so weit gekommen und sah meine Träume zum Greifen nah, um jetzt bei dieser Frage herumzueiern.

Logisch konnte ich das!

Wieder in Deutschland wollten wir unsere Entscheidung in die Tat umsetzen. Unsere jüngste Tochter sollte noch das Schuljahr beenden. Ein halbes Jahr schien ein guter Zeitraum zu sein, um entspannt alles loszulassen und das Haus zu verkaufen. Kurz darauf war die Welt wegen der Pandemie auf Pause.

Wir wollten unser Haus so schnell wie möglich verkaufen. Ein Makler kam für uns nicht infrage, weil alleine die Vertragsgestaltung mich schon langweilte. Ich fragte mich: Wie kann es sein, dass uns diese Maklerin mit ihrer angeblich riesigen Liste an Interessenten (die zufällig alle genau unser Haus suchten) lockt und gleichzeitig einen Sechsmonatsvertrag abschließen möchte? Nicht mein Mindset. Zudem spielte sie das Spiel mit der Angst, indem sie uns alle möglichen Probleme, die ein Hausverkauf mit sich bringen könnte, unterjubeln wollte, um uns zu einer Vertragsunterzeichnung mit ihr als „Profi" zu bewegen. Und sie wollte uns erzählen, dass ein Hausverkauf mitten in der Corona-Zeit besonders schwierig sei oder zumindest mit erheblichen Verzögerungen und Problemen verbunden sein würde. Kannst du die Schwere fühlen?

Ich bin überzeugt, dass diese Argumente bei den meisten Menschen die gewünschte FOMO (*fear of missing out* – Angst, etwas zu verpassen) auslösen. Bei mir erzeugt diese Energie von „Es ist schwer und dauert lange" fast schon körperliche Symptome. Es ist nicht meine Wahrheit.

Ich wollte es leicht und schnell und wollte mich nicht in dieses Dramaspiel einkaufen. Um dem Ganzen noch ein Krönchen aufzusetzen, riet sie uns noch dazu, unseren Wunschpreis deutlich nach unten zu korrigieren. Mir war zwar bewusst, dass mein Wunschpreis eher in den Bereichen Fantasy, Magie und Wunder angesiedelt war, da die Preisfindung eher aus einem tiefen inneren Wissen kam als aus einer genauen Berechnung mit den üblichen Zahlen, Daten, Fakten. Gleichzeitig war unser Haus zu dem Zeitpunkt weit und breit mit Abstand das schönste auf dem Markt.

Kurz zum Hintergrund: Ein Makler verdient durch die Maklercourtage zwar prozentual am Verkaufspreis mit und müsste dadurch ein Interesse daran haben, einen möglichst hohen Preis zu erzielen. Wohnungen und Häuser lassen sich allerdings deutlich schneller verkaufen, wenn der Preis niedriger ist, zumal für den Käufer die Maklercourtage noch obendrauf kommt und das die Kaufnebenkosten nach oben treibt. Viele Verkäufe zu günstigen Preisen mit einer etwas kleineren Marge bringen dem Makler somit unterm Strich mehr Geld. Für mich als Verkäufer ist das jedoch ein schlechter Deal. Dazu später mehr.

Deutlicher konnte uns das Universum nicht zeigen, dass der Verkauf unseres Hauses Chefsache sein sollte und ich es mir sehr gut vorstellen konnte, mich selbst darum zu kümmern. Ich war fest entschlossen, mich von einem augenscheinlichen Corona-Virus nicht aufhalten zu lassen, meine Träume zu leben. Ich hatte zwar noch nie ein Haus verkauft und erst recht keines, das mit so vielen Emotionen verknüpft war, gleichzeitig wusste ich, dass ich mich *niemals nie* auf dieses langweilige Maklerspiel einlassen würde.

In meiner Vision wollte ich schon sehr bald nach Zypern fliegen, dort mein neues Leben beginnen und vorher alles erledigt wissen. Ich habe mich für *easy peasy* entschieden, und so sollte es auch sein.

Am 19. Juni 2020 war es endlich so weit. Unsere Anzeige war online mit meinen eigenen Fotos und Texten. Mein Handy klingelte erfreulich oft, und ich machte Termin um Termin. Am folgenden Wochenende hatten wir im Stundentakt Besichtigungen. Ich war an beiden Tagen in meinem Element und hatte eine große Freude dabei, immer mehr begeisterte Interessenten auf meine Käuferliste zu schreiben. Mein Mann feierte meine Fähigkeit, mich auf die unterschiedlichsten Menschen einzulassen, unser Haus mit so viel Liebe und schönen Worten zu präsentieren und auf alle Fragen die perfekten Antworten parat zu haben. Es war, als hätte ich nie etwas anderes gemacht. Sonntagabend hatten wir vier feste Zusagen. Nach kurzen Nachverhandlungen und mit einem noch etwas höheren Preis haben wir am Dienstag einer netten Familie mit zwei kleinen Kindern den Zuschlag gegeben. Dabei kam eine schöne sechsstellige Summe mehr heraus, als wir durch die Preisempfehlung der Maklerin erzielt hätten!

Die Käufer hatten in Rekordzeit ihre Finanzierungszusage und waren genau wie wir an einer schnellen Abwicklung interessiert. Alle Probleme, die uns die Maklerin in den dunkelsten Farben ausgemalt hatte, kamen bei uns nicht vor. Easy, schnell und mit ganz viel Freude und Spaß konnten wir unser Haus an die perfekten Käufer abgeben. Es war beeindruckend zu sehen, wie präzise uns das Universum unterstützt hat.

Ich hatte meinen One-Way-Flug nach Zypern für den 11. Juli 2020 gebucht. Exakt zwei Tage vorher durften wir beim Notar den Verkaufsvertrag unterzeichnen und somit unsere komplette alte Existenz loslassen.

Wir mussten sinnbildlich unser altes Leben sterben lassen, um endlich das neue zu leben. Indem wir unser komplettes, augenscheinlich perfektes, vorbestimmtes Mittelklasse-Leben aufgegeben haben, konnte uns das Universum mit einer wahren Neugeburt beschenken. Zu diesem Zeitpunkt war uns das wahre Ausmaß dieser Entscheidung noch nicht annähernd bewusst. Kann es wirklich noch besser werden?

JA!

Wir machten alles neu!

Die Kinder folgten mir am 1. August, und mein Mann reiste nach der Hausübergabe und seinem letzten Arbeitstag als Ingenieur am 19. September 2020, einen Tag vor dem 15. Geburtstag unserer Tochter, in sein neues Leben.

Kurz vor der Anreise meines Mannes hatten wir *Girls* uns bereits in ein neues, sehr hübsches Haus auf Zypern verliebt und dieses auch sofort gemietet. Wieder die perfekte Führung, da dieses neu gebaute Haus mit riesigen Fenstern und modernen neuen Möbeln nun auch wirklich ein perfektes Ankommen und Wohlfühlen als Familie im neuen Leben bedeutete. Wir hatten dort im Obergeschoß drei Schlafzimmer mit Bädern en suite, einen eigenen Pool, einen hübschen Garten und einen großzügigen Wohnbereich mit offener Küche. Mein persönliches Highlight war der Meerblick, auch wenn das Meer ein paar Minuten mit dem Auto entfernt war.

Während das erste Haus dem einzigen Zweck gedient hatte, mir im Dezember 2019 den Sprung in meinen Impuls zu ermöglichen, waren wir jetzt alle superglücklich mit unserem Haus am Meer.

Wir haben die Zeit in diesem Haus namens „Villa Harmony" sehr genossen. Mehrmals in der Woche gingen wir an einem besonderen, wunderschönen Küstenabschnitt spazieren. Als wir diese Stelle zum ersten Mal entdeckten, sind wir über eine große Baustelle runter zum Meer gelaufen. Das Areal war abgesperrt, und so haben wir am nächsten Tag eine Möglichkeit gefunden, etwas außerhalb zu parken, um an dem ganzen Küstenabschnitt entlanglaufen zu können. So konnten wir über Monate den kompletten Bau einiger neuer Luxusvillen in diesem Fünf-Sterne-Resort beobachten. Einige dieser Villen haben wir im

Rohbau immer mal wieder besucht und von dort aus den krassen 180-Grad-Blick auf das Meer bewundert. Wir fragten uns regelmäßig: Wie muss es sich wohl anfühlen, mit diesem Blick jeden Morgen aufzuwachen? Was sind das wohl für Menschen, die in diesen Villen wohnen werden?

Anderthalb Jahre später hatte ich wieder diese Sehnsucht nach mehr. Ich wollte noch näher am Meer wohnen und nicht mehr jeden Tag die paar Minuten mit dem Auto dorthin fahren müssen. Es hat ein Weilchen gedauert, bis wir endlich realisieren konnten, was im letzten Jahr genau vor unseren Augen für uns entstanden ist.

Am 15.April 2022 sind wir umgezogen, in unsere aktuelle, riesige Millionenvilla mit fünf Schlafzimmern, Bädern en suite, Gärtnern, Pool Boy und Concierge-Service in genau diesem Fünf-Sterne-Resort direkt am Meer. Neubau Erstbezug, modern, mit schönen Möbeln, raumhohen riesigen Fenstern und diesem traumhaften Blick, den wir bereits im Rohbau immer wieder genossen hatten.

Diese Villa wurde die ganze Zeit direkt vor unseren Augen erbaut, damit wir uns im perfekten Moment für unser neues nächstes Level committen konnten.

Ich war angekommen in meinem eigenen Visionboard.

Halleluja!

Während ich diese Zeilen schreibe und an diese vielen schlaflosen, tränenreichen Nächte in einem gefühlt früheren Leben zurückdenke, dann hätte ich mir im Juni 2019, als mein Mann für mich seine Lebensversicherung aufgelöst hat, *niemals nie* vorstellen können, dass wir jemals in so einer riesigen Villa leben werden. Und die damit einhergehende sechsstellige jährliche Mietzahlung quasi aus der Portokasse zahlen.

Liebe Leserin, ich schreibe diese Zahlen nicht, um anzugeben. Ich erlaube mir lediglich, frei über Geld zu sprechen, und öffne damit Räume für Menschen, die selber kurz davor sind, ihre größenwahnsinnigen Ziele in die Realität zu holen.

Wenn wir erfolgreich darin sind, den limitierten Verstand nicht mehr als unseren Berater zu akzeptieren, dann schöpfen wir aus dem unendlichen Potenzial des Unbekannten. Wunder und Magie sind hier unser Normal. Es existiert kein Zu-viel-Wollen, kein Richtig oder Falsch und auch keine Bewertung. Es ist einfach, weil wir es wählen, all unsere alten Limitierungen hinter uns lassen und es uns erlauben. *Geld ist nicht das Problem.* Gott liebt es, unsere Wünsche zu erfüllen, und es wird uns in dem Maße gegeben, wie wir bereit sind zu empfangen.

Die Frage, die das Universum an mich stellte, war: „Bist du bereit, alles zu verlieren, um alles zu bekommen?" So könnte man es wohl rückwirkend betrachten. Unser komplettes Leben der letzten Jahre war ein Akt der vollkommenen Hingabe an das Leben selbst. Wir haben die Erfahrung gemacht, dass die richtigen Chancen, Menschen und Möglichkeiten immer im perfekten Moment auftauchten. Ich vertraute regelrecht auf diese Perfektion, und es ist wirklich erstaunlich, wie sie sich immer wieder manifestierte.

Wir als Familie haben gelernt, die Zeichen des Universums zu lesen und immer wieder zu vertrauen. Wir haben gelernt, welchen liebevollen Support uns das gesamte Universum gibt, wenn wir mutig in unsere Impulse springen, auch wenn diese für den Verstand und andere Menschen augenscheinlich keinen Sinn machen oder sogar komplett verrückt zu sein scheinen. Wir haben allerdings auch nie über ein etwaiges Scheitern nachgedacht. Wir haben uns ausschließlich dem Flow hingegeben, der aus unserer eigenen Öffnung möglich wurde.

Wir haben 2020 mutig unsere komplette Existenz inklusive unseres geliebten Hauses und dem gut bezahlten Ingenieursjob meines Mannes losgelassen. Ohne Plan B, ohne Garantie, ohne uns irgendwelche Optionen und Hintertürchen offenzuhalten. In mir war diese Sehnsucht und das tiefe Wissen, dass das Universum etwas viel Besseres mit uns vorhat, wenn ich bereit bin, es zu empfangen.

Die meisten Menschen sind erst bereit, etwas zu verändern, wenn das, wo sie hinwollen, bereits in trockenen Tüchern ist. Sie trennen sich erst, wenn der neue Partner bereits gefunden ist. Sie kündigen ihren Job, wenn bereits ein neuer Vertrag unterschrieben wurde. Wirklich große Veränderungen finden allerdings niemals in der Komfortzone und mit voller Zustimmung unseres kleinen Ichs statt. Wir dürfen unsere kleine gemütliche Bubble schon ein wenig ausdehnen.

Zu taktieren und sich Hintertürchen offenzuhalten kreiert uns Erfahrungen, die genau daraus resultieren und sehr wahrscheinlich in faulen Kompromissen enden. Riesengroße Quantensprünge kreieren wir nur außerhalb dessen, was wir bis gestern für möglich gehalten haben.

Wir waren als Familie bereit, aus dem unendlichen Potenzial des Unbekannten zu schöpfen und ein Leben zu empfangen, das mit normaler Logik, Strategie oder harter Arbeit so *niemals nie* möglich geworden wäre.

Es gab von Anfang an den Plan, dass das Geld aus dem Hausverkauf der Grundstein für unseren Wohlstand sein würde. Schließlich war mit dem Verkauf unsere gesamte Existenz als Guthaben auf unserem Konto.

Wir wollten zu keinem Zeitpunkt den Gürtel enger schnallen oder durch Sparen und Verzicht über die Runden kommen. Lineares Denken, das Geld abzuleben und zuzuschauen, wie es immer weniger wird, und irgendwann ohne alles dazustehen, kam in meinem Mindset definitiv nicht vor. Scheitern war keine Option!

Niemals nie!

Nicht meine Liga!

Viel Geld zu halten und es nachhaltig zu vermehren ist eine hohe Kunst. Mein bisheriges Leben hatte mich perfekt genau auf diesen Moment vorbereitet. Ich habe in den letzten Jahren erfolgreich bewiesen, was es bedeutet, das Geldspiel zu spielen. Habe im Gut-schlafen-Modus und mit Leichtigkeit nachhaltig Geld vermehrt, bis uns fast schon schwindelig wurde.

Mein Fazit: Bewusstsein, finanzielle Bildung und der Mut größenwahnsinnige Träume in die Realität zu holen sind die Grundlage für ein Leben in Freiheit.

Wooohooo!

20

WER BIST DU OHNE DEINEN JOB?

Fühl Wahrheit!

Ohne dies bewusst zu entscheiden, haben mein Mann und ich mit unserem Umzug nach Zypern die Rollen gewechselt. Mein Mann war ab diesem Moment nicht mehr der gut verdienende Ingenieur, der mit seiner Firma verheiratet ist.

In den ersten Monaten ist es uns gar nicht aufgefallen. Alles fühlte sich nach Urlaub an. Der Herbst auf Zypern ist wunderschön und angenehm warm. Wir lebten uns ein und genossen unser neues Leben. Sonne, Strand, Meer, gutes Essen. Die Obst- und Gemüsevielfalt hier auf Zypern ist gigantisch. Gerade für uns als Vegetarier ein Paradies. Mein Mann hat schon immer gerne gekocht und liebte seinen neuen Lifestyle. Wir durften als Familie alles neugierig zum ersten Mal erleben, weil es keine eingefahrenen Routinen und erst recht keinen Autopiloten gab. Haus mieten, Auto kaufen, der erste Friseurbesuch in einem Land, wo wir weder die Sprache verstehen konnten, noch die geschriebene Schrift für uns lesbar war. Die Zyprioten sprechen sehr gutes Englisch, und tatsächlich sind immer die richtigen Menschen zum perfekten Zeitpunkt in unser Leben gekommen, um uns den Start denkbar einfach zu gestalten. Es war geradezu magisch, das Leben mit dieser neuen Leichtigkeit leben zu dürfen. Keiner von uns hätte vermutet, dass sich schon bald, im April 2021, wieder einmal alles ändern sollte.

Gottes Plan für uns war noch so viel größer. Meine Seele wollte sich offensichtlich noch weiter ausdehnen und ein neues Business in unser Leben integrieren. (Das 2019 erfolgreich gestartete Businesscoaching für Frauen hatte ich 2020 auslaufen lassen und mich stattdessen zu 100 % um den Umzug und Hausverkauf gekümmert.)

Im März hatte ich mich einem starken Impuls folgend für ein viertägiges Online-Business-Retreat für 25.000 Euro angemeldet. Im Vorfeld durften wir einen Fragebogen zu unseren finanziellen Verhältnissen ausfüllen. An Tag 3 des Retreats war es dann so weit: Jede der 20 Teilnehmerinnen wurde gebeten, den Positionierungssatz für ihr Business zu nennen, um entsprechendes Feedback zu erhalten. In dem Moment wurde mir bewusst, dass ich ein Businesscoaching gebucht hatte, ohne überhaupt ein Business zu haben, geschweige denn eins starten zu wollen. Offensichtlich hatte ich das Wort „Business“ im Namen des Retreats überlesen.

Mein kleines Ich war total überfordert mit der Frage, und in mir lief das alte Programm: „Ich muss artig eine gescheite Antwort geben, wenn ich gefragt werde. Wie stehe ich denn sonst da?“ Dabei konnte ich mich kaum an meinen alten Positionierungssatz aus meinem früheren Business erinnern. In Wahrheit hatte ich ihn noch nie gefühlt. Als ich an der Reihe war, stammelte ich irgendetwas von „Ich helfe Frauen …“. Dann musste ich lachen.

Meine Mentorin fragte mich jetzt nachdenklich, ob ich denn ein Business hätte, denn im Fragebogen hatte ich dazu ja nichts angegeben. Natürlich nein! Die Situation war mehr als lächerlich.

Ich antwortete schließlich: „Nein, ich habe kein Business. Wir lassen unser Geld für uns arbeiten." Zumindest das stand ja im Fragebogen.

„Ok, magst du uns verraten, was du damit monatlich verdienst?", fragte sie mich. Dabei wusste sie es genau.

„So 50.000 bis 100.000 Euro", lautete meine Antwort.

Stille! Alle übrigen Teilnehmerinnen waren sichtlich beeindruckt. Hat kein Business und kreiert über 50k im Monat?! Niemand, mit Ausnahme der Gastgeberin, verdiente auch nur annähernd 50k im Monat, und sie alle hatten ein Business.

„Warum gibst du nicht einen Finanzkurs?", fragte sie mit einem Lächeln.

Was? Ich? Nein!

Das war so ziemlich das Letzte, was ich wollte. Zu viel männliche Energie. Zu viel Strategie, die ich da erklären müsste. Viel zu langweilig.

Niemals!

Sie ließ nicht locker: „Dann mach doch einen weiblichen Kurs für Frauen."

Ich entgegnete, dass ich dieses ewige Blabla aus dem Mangel über Rentenlücke und Unabhängigkeit vom Mann etc. mehr als langweilig finde.

Da lachte sie und meinte: „Das bist du doch nicht. Mach doch einen Kurs aus der Fülle für Frauen, die Fülle leben. Du bist die Luxusmarke Hermès unter den Finanzkursen!"

Weil ich darauf nicht sofort mit einem Luftsprung reagierte, befragte sie nun die übrigen Teilnehmerinnen: „Wer von euch würde Wibkes Finanzkurs buchen?" Gefühlt gingen alle Hände nach oben. Mir war übel. Was war das denn jetzt? Bis gerade eben hatte ich das Retreat wirklich großartig gefunden. Warum ließ sie mich nicht einfach in Ruhe?

Ich war mitten in meinem Sabotageprogramm. Noch bevor ich diese neue Businessidee zulassen konnte, gingen alle Systeme auf Ablehnung.

Niemals! Nie!

Mein kleines Ich quatsche energisch auf mich ein: *Niemals nie* machen wir einen Finanzkurs. Warum bitte sollten wir das tun? Überleg doch mal, was du dir da antust. Und erst recht schon mal gar nicht, nur weil diese Frauen buchen wollen würden. Unser Leben ist perfekt, so wie es ist. Auch ohne Business.

Mein kleines Ich wollte unter keinen Umständen diesen Kurs.

Mein höchstes Selbst blieb ganz ruhig und meldete sich nach einiger Zeit ganz in der neuen Hermès-Identität zu Wort: Und was, wenn doch?

Mein Finanzkurs „easy peasy HAPPY MONEY Krypto Investing“ ging im April 2021 an den Start und kreierte gleich im ersten Monat 52.000 Euro Umsatz. Der zweite Monat war sechsstellig und nach sieben Monaten hatte ich die erste Million. Nahezu alle mir bekannten Coaches, Frauen und Paare, die endlich verstehen wollten, wie das Geldspiel wirklich und gleichzeitig *easy peasy* funktioniert, waren nach und nach in meinen Kursen. Bis heute hat dieses Business über drei Millionen in unter drei Jahren kreiert, während ich mit absoluter Leichtigkeit und Einfachheit die wohl beste Chance unserer Zeit in die Welt bringe und damit schon Hunderte Familien in ihre finanzielle Freiheit begleitet habe. Der Kurs öffnete riesige Räume für ein komplett neues Bewusstsein, um endlich volle Eigenverantwortung für die eigenen Finanzen zu übernehmen.

Was für ein Geschenk! Ein Kurs aus der Fülle. Ich lebe genau das. Ich nehme Menschen mit in meine Welt, ganz egal in welchem Format. Auch in meinen Gratis-Angeboten. Ich halte nichts zurück.

Viele Menschen haben mich seitdem gefragt, warum bei mir einfach jedes Business mit Leichtigkeit durch die Decke geht und meine Programme immer ausgebucht sind. Was wäre, wenn es genau das ist? Meine Entscheidung, Freiheit zu leben, meine innere Grundhaltung zu Erfolg, sowie meine Leichtigkeit in Beziehung zu Geld. Du weißt jetzt, wie das alles entstanden ist. Ich sitze nicht da und überlege krampfhaft, was ich denn mal anbieten könnte, um möglichst viel Kohle zu machen. Alleine das Wort „Kohle" im Zusammenhang mit Geld würde ich persönlich nie verwenden, und gleichzeitig höre ich es regelmäßig. Ist ein glühendes Stück Kohle nicht etwas, was wir schnell wieder aus der Hand geben wollen? Wie viel liebevoller dürfen wir über Geld denken und reden?

„Wibke spricht über Geld, als würde es um die tiefste und innigste Liebesbeziehung gehen", schrieb einmal eine Teilnehmerin meines Finanzkurses in meiner Facebook-Gruppe.

Fühl den Unterschied.

Meine Programme entstehen nicht aus dem Verstand oder um Geld zu verdienen. Ich folge der Führung meiner Seele und habe gelernt, mich dem Leben und meinem eigenen Wachstum hinzugeben. Geld ist nicht mein Antrieb. Ich bin nicht bedürftig! Es ist die Freiheit, die es mir ermöglicht.

Ich habe einen Positionierungssatz für mein Leben definiert und nicht nur für den Lebensbereich Arbeit/Business. Ich liebe Geld und bin empfangsbereit, es über unterschiedliche Wege zu empfangen. Das ist die logische Konsequenz aus der Energiefrequenz, auf der ich mich befinde. Und ich erlaube mir, Geld eben nicht über mich und meine Wünsche zu stellen. Ich bin immer wieder selber bereit, in mich und mein eigenes inneres Wachstum zu investieren, weil es die beste Rendite kreiert. *Was wir im Inneren nicht verändern, müssen wir im Außen mehr und härter arbeiten.*

Ich liebe es, Geld zu nutzen, um Dinge zu tun, die mir maximal Freude machen. Ich liebe es auch, viel Geld für unsere Reisen zu investieren.

Geben ist Nehmen. Ich habe viel zu geben. Ich kenne meinen Wert und gleichzeitig brauche ich das Geld meiner Kunden nicht, weil ich auch ohne Business bereits genügend Geld als Investorin kreiere. Kannst du den Unterschied fühlen? Es geht ums Geld und gleichzeitig auch nicht. In Wahrheit geht es nie ums Geld. *Geld gibt mir die Kontrolle über meine Lebenszeit zurück. Nichts müssen und so viel mehr können.*

Fühl das mal.

Nie wieder Geld über mich und meine Bedürfnisse stellen. Mein gottgegebener freier Wille setzt voraus, dass Geld mir dienen möchte und mir in dem Maße zur Verfügung steht, wie ich bereit bin, es zu empfangen. Reich sein bedeutet übrigens nicht, sich mit wenig zufriedenzugeben. Reichtum ist die Grundvoraussetzung für ein freies, erfülltes und abwechslungsreiches Leben und für eine vollständige Entfaltung in allen Lebensbereichen. Geld ist im Überfluss vorhanden. Entgegen der allgemeinen Konditionierung kann ich niemandem etwas wegnehmen, wenn ich Geld für mich beanspruche und nutze. Ich habe meine eigenen Geldthemen bis auf das Level, wo ich aktuell stehe, geheilt und bringe Heilung in die Welt, indem ich mir Geld erlaube. Fühl Wahrheit in meinen Worten.

Mit dem Finanzkurs bekam unser Rollentausch schlagartig eine neue Qualität. Acht Monate nach seiner Ankunft auf Zypern stellte mein Mann sich genau diese Frage: *Wer bin ich ohne meinen Job?*

Stopp!

Liebe Leserin, mach doch gleich mal mit: Wer bist du ohne deinen Job?

Wer bist du ohne deinen Partner?

Wer bist du ohne deine Kinder?

Wer wärest du, wenn weder Zeit noch Geld das Limit wären?

Wer bist du, wenn du deinen Wert nicht über Leistung und Fleiß definierst?

Bei uns war das echt heftig. Mein Mann, der sich über Jahre immer gerne gedrückt hatte, wenn es um seine persönliche Entwicklung und entsprechende Seminare ging, durfte sich nun mit den grundlegendsten Themen seiner menschlichen Existenz beschäftigen: Wer bin ich? Bin ich überhaupt noch Ingenieur, wenn ich nicht mehr als Ingenieur arbeite?

Welchen Sinn gebe ich meinem Leben, wenn ich mich nicht mehr als Hauptverdiener erfahren kann? Wer bin ich, wenn ich keinen Job habe und somit kein Geld verdiene? Wie kann ich meinen Wert definieren, wenn ich kein Geld verdiene? Wer bin ich, wenn meine Frau mit vier bis sechs Zoom-Calls im Monat mehr verdient als ich all die Jahre mit meiner 40-bis-60-Stunden-Woche als studierter Diplomingenieur im ganzen Jahr?

Auch interessant ist dabei, dass er sich nun mit der Sinnfrage konfrontieren durfte, für die er ein paar Jahre zuvor kein offenes Ohr gehabt hatte, als ich mir genau diese Fragen gestellt hatte: Was ist der Sinn meines Lebens? Warum bin ich hier?

Damals war er zu beschäftigt gewesen in seinem Karrieretunnel und hatte das gerne als Ausrede genutzt, um sich nicht mit unbequemen Dingen beschäftigen zu müssen.

Jetzt hatte er Zeit.

Viel Zeit!

21

RAUS AUS DER PFLICHTERFÜLLUNG

Du musst gar nix! Funktionieren und Erwartungen erfüllen war gestern. Hör auf deine Seelenstimme und wachse über dich hinaus.

Rückblickend beschreibt mein Mann sein damaliges Leben wie das Gefühl, mit Höchstgeschwindigkeit über eine sechsspurige Autobahn zu brettern. Immer Vollgas. Immer Überholspur. Immer getrieben.

Ist es nicht so, dass wir ohne es zu hinterfragen in dieses Konstrukt aus Pflichterfüllung, Funktionieren-Müssen, Erwartungen und gesellschaftlichen Normen einsteigen? Wir nehmen Platz am Steuer in unserem eigenen Lebensbus und treten, ohne es zu hinterfragen, das Gaspedal durch.

Von Geburt an Vollgas. Das erste Mal das Köpfchen heben, die ersten Schritte, der erste Zahn. Es kann alles gar nicht schnell genug gehen. Sobald wir ein paar Tage hinter den Werten der allgemeinen Statistik zurückbleiben, gelten wir als entwicklungsverzögert und therapiebedürftig. Im Kindergarten können wir es kaum abwarten, endlich alt genug für die Schule zu sein.

Der nächste Geburtstag, die nächsten Schulferien, das nächste Weihnachten, der Schulabschluss, der erste Job, das erste eigene Geld, der Lebenspartner, Hochzeit, Karriere, Kinder, Haus, Rente. Aber auch der nächste Geldeingang, die Beförderung, das nächste Wochenende, der nächste Urlaub.

Wir leben überall, nur nicht im jetzigen Moment.

Bleiben wir mal auf der Autobahn. Vollgas. Obwohl uns das Dilemma durchaus irgendwann bewusst wird, gelingt es nur wenigen, den Fuß vom Gas zu nehmen. Selbst wenn sich bereits einige dunkle Wolken am Horizont abzeichnen, scheint es einfacher, weiter in die falsche Richtung zu brettern, als die nächste Ausfahrt zu nehmen.

Dabei ist es ja genau die Summe unserer Gewohnheiten, die uns dieses Leben kreiert. Der kleine schwarze Punkt auf deinem Arm (aus Kapitel 3. Du erinnerst dich?) nährt sich selbst. Bei meinem Mann hatten sich bereits körperliche Symptome und Schmerzen manifestiert, und trotzdem war er nicht bereit, die Abwärtsspirale zu hinterfragen. Es ist unkomfortabel, der Wahrheit ins Gesicht zu sehen.

Es ist ja nicht so, als würden wir nicht immer wieder vom Leben liebevoll mit der Nase drauf gestupst. Körperlich und auch finanziell ist es oft mehr als deutlich sichtbar. Wie viele halten an ihrem Job fest, obwohl es finanziell nicht reicht oder ihre Gesundheit ruiniert? Wie viele verzichten auf Urlaub oder reden sich ein, dass Balkonien der schönste Ort sei, um auszuspannen? Hast du dich mal in deinem Umfeld dahingehend umgeschaut? Oder reicht schon der Blick in den Spiegel? Wir bekommen, was wir bereit sind zu akzeptieren.

Die gute Nachricht: Wir können noch heute entscheiden, die nächste Ausfahrt zu nehmen. Selbst, wenn der Gedanke noch so verrückt erscheint. Selbst, wenn dein ganzes Umfeld mit offenem Mund dein Bremsmanöver beobachtet und verständnislos mit dem Kopf schüttelt.

Ich persönlich bin lieber in den Augen mancher verrückt geworden, als angepasst und pflichterfüllt kurz vorm Burn-out zu stehen. Schließlich ist es mein Leben, und ich bin definitiv nicht hier, um es allen recht zu machen und mich selbst dabei total zu vergessen.

Nur, weil es alle so machen, ist es nicht automatisch die beste Option. Schau dir doch die „alle" mal an. Lebt der Großteil der Gesellschaft wirklich ein sinnerfülltes, freies Leben im Einklang mit den eigenen Werten?

Was wäre, wenn ...?

Du nimmst die nächste Ausfahrt, und da ist ...

nichts!

Keine Straße, kein Weg, kein Trampelpfad.

Kein Richtig oder Falsch. Keine Erwartungen.

Keine Pflichterfüllung.

Keine Gesellschaftsnormen.

Keine Fleißkärtchen, die du einsammeln musst.

Du befindest dich mitten im Nirgendwo. Da, wo du noch nie warst.

Wundervoll!

Genau hier beginnt die größte Heldenreise deines Lebens. Im Unbekannten, außerhalb deiner üblichen Gewohnheiten. Hier kannst du aus dem unendlichen Potenzial des Universums schöpfen.

Meinen Mentees erzähle ich gerne vom „Geschenk der Amnesie“. Stell dir vor, du wachst morgens auf und kannst dich an nichts erinnern. Du weißt nicht, wer du bis gestern glaubtest zu sein. Wenn man dir von deinem alten Leben erzählt, hast du keinerlei Erinnerungen. Man wird dir erzählen, was deine Vorlieben waren, wie du deinen Tag verbracht hast, was dein Beruf war und was du in deiner Freizeit gemacht hast. Da du dich an nichts erinnern kannst, wirst du neugierig wie ein Kind alles erforschen und ausprobieren. Manche Dinge wirst du lieben, andere aussortieren, weil du sie nicht magst. Ohne die alten Konditionierungen und Programme wirst du wahrscheinlich ein völlig neues Leben führen.

Ähnlich verhält es sich, wenn du dir erlaubst, die nächste Ausfahrt zu nehmen. Du landest im Nichts. Da, wo dein ungelebtes Potenzial schon immer auf dich gewartet hat. Unendliche Möglichkeiten, die du bei Vollgas gar nicht wahrnimmst, während dein Leben an dir vorbeirauscht.

Wer bist du, wenn alles möglich ist und du komplett neu wählen würdest?

Den meisten Menschen fällt an der Stelle nichts ein. Wir sind schon so trainiert darin, die eigene Verbesserung unseres Lebens nicht für möglich zu halten, dass dann oft sogar eher die eigene Abwärtsspirale verteidigt wird.

Erinnere dich an mein krasses Erwachen nach dem Workshop auf Zypern, von dem ich in Kapitel 19 erzählt habe. Ich hatte viele Ziele definiert, die meine Augen zum Leuchten brachten. Aber in dem Moment, als ich dieser Frau am Morgen nach dem Workshop davon erzählte, hatte ich gleich zu jedem Ziel die passende Begründung dazu geliefert, warum es gerade nicht möglich ist.

Das ist komplett verrückt!

Zum Glück hat mich genau in dem Moment meine Seele mit der Wahrheit konfrontiert. Zum Glück war ich in dem Moment committet genug, die nächste Ausfahrt zu nehmen und mich dem Unbekannten hinzugeben. So groß hätte ich damals ohnehin nicht denken können.

Noch mal zur Erinnerung: Alles, was wir uns wünschen, ist auf der anderen Seite der Angst. Wir haben die Bedeutung der Angst als Kind falsch abgespeichert. In Wahrheit ist die Angst unser bester Freund, weil sie uns unser nicht gelebtes Potenzial sichtbar macht.

Wie kann es jetzt noch besser werden?

22

ERFOLG UND GELD SIND WEIBLICH

Der Moment, wo ich in meinem eigenen Visionboard aufgewacht bin.

Erinnerst du dich an meine bei Jack Canfield in Arizona definierten Ziele? Hier ist noch mal die Liste:

1. Ich will ein Haus am Meer. ✓
2. Ich will meinen Mann freikaufen aus seinem Karrieretunnel. ✓
3. Ich will unseren beiden Töchtern die Welt zeigen.
4. Ich will unser Jahreseinkommen zum Monatseinkommen machen. ✓
5. Ich will meinen 50. Geburtstag auf einer riesigen Yacht feiern.

Im August 2018 bei Jack schienen es noch total verrückte, größenwahnsinnige Ziele zu sein, die weit außerhalb dessen lagen, was mein Verstand für möglich hielt. Geschweige denn wusste, wie ich sie jemals erreichen sollte. Im Mai 2021, keine drei Jahre später, durfte ich nun bereits den dritten Haken setzen, indem ich mein erstes sechsstelliges Monatseinkommen mit meinem neuen Business manifestiert hatte. Mittlerweile hatten wir auch schon unsere erste Reise im März 2021 angetreten. Dubai.

Es wird dich sicher nicht überraschen, dass mein Mann nie nach Dubai wollte, während es mich bereits schon länger gerufen hatte. Auch hier war es wieder ein Coaching, das mir den nächsten Raum öffnete. Es war eine dreimonatige 1:1-Begleitung mit zweitägigem Retreat in Dubai. Natürlich habe ich es sofort gebucht. Es war mein Ticket nach Dubai.

Wow, ja!

Vielleicht denkst du jetzt: Oh Mann, Wibke, das hättest du doch viel billiger haben können, wenn du einfach alleine nach Dubai geflogen wärst. Warum buchst du ein zusätzliches 30k Coaching nur um nach Dubai zu fliegen?

In meinem Leben ging es schon lange nicht mehr um Logik. Ich hatte gelernt, in meine Impulse zu springen und es zu tun. Unabhängig davon, ob mein Verstand oder irgendjemand es okay oder sinnhaft findet oder ob eine Reise ohne Coaching und Retreat günstiger wäre.

2021 sollte – ohne dass ich darauf besonderen Fokus gegeben habe – mein nächstes krasses Wachstumsjahr werden. Ich war zu 100 % committet, in meine Impulse zu springen. Schließlich hatte uns diese Hingabe an das Leben bereits diese neue Realität auf Zypern geschenkt und meinen Mann und uns als Familie befreit. Aus dieser kribbeligen Energie heraus hatte ich mich für diese zwei Begleitungen entschieden, das besagte Online-Business-Retreat sowie die dreimonatige 1:1-Begleitung mit der Reise nach Dubai.

Ein paar Tage vor dem Online-Business-Retreat hatte ich den Impuls, meine erste Rolex zu kaufen. *Einfach weil.* Es gab keinen offensichtlichen Grund. Ich hatte schon seit der Geburt unserer ersten Tochter keine Uhr mehr getragen, und nun war ich kurz nach dem Aufwachen dem Impuls gefolgt, auf der Rolex-Website eine Uhr zu konfigurieren. Ich hatte mich sofort in eine „Lady-Datejust“ in Edelstahl und Weißgold mit einer mit Diamanten besetzten Lünette verliebt. Spontan sind wir dann noch am selben Tag nach Limassol in die nächste Rolex-Boutique gefahren. Es gab dort genau fünf Uhren in der Ausstellung, die normalerweise nicht verkäuflich sind. Eine davon war exakt meine zuvor konfigurierte Uhr. Ich war sofort so verliebt in diese Uhr, dass die Geschäftsführerin mir die Uhr – Unverkäuflichkeit hin oder her – einfach verkauft hat. Ich glaube schon lange nicht mehr an Zufälle. Die perfekte Synchronizität – vom Impuls bis zur Uhr in gerade mal einem Tag, während andere gerne mal Monate oder Jahre auf ihre bestellte Rolex warten.

Wir Menschen wurden konditioniert, uns selber zu limitieren, indem wir Geld über uns und unsere Wünsche stellen. Selbst wenn genug Geld da ist! Geld wirklich easy fließen zu lassen wie das Atmen ist oft eine sehr große Herausforderung. Es fühlt sich zunächst äußerst unkomfortabel an und kollidiert sofort mit unseren Limitierungen. Luxusgegenstände zu kaufen *einfach weil* war für mich mein nächstes Level. Niemand braucht in Wahrheit eine Rolex. Es geht ab einem gewissen Level nicht mehr um das Brauchen, sondern darum, es sich mit Leichtigkeit zu erlauben, Geld für sein persönliches Vergnügen zu nutzen. Warum auch nicht?

Die Rolex war eine schöne Übung. Unsere Versorgung kommt von Gott in dem Maße, wie wir bereit sind zu empfangen. Reichtum ist gottgewollt. Wir dürfen alles wählen und haben, was uns Freude macht.

Kurz nach dem Online-Retreat ging es dann also für mich nach Dubai. Der Preis für das Fünf-Sterne-Eventhotel hatte mich kurz nach Luft schnappen lassen: Die vier Nächte mit Meerblick kosteten umgerechnet 2.500 Euro ohne Frühstück. Natürlich hätten für das zweitägige Event ein oder zwei Übernachtungen gereicht, dann hätte ich allerdings darauf verzichten müssen, meine neue Identität zu leben. Und natürlich blieb ich auch diesmal ein paar Tage länger und suchte mir zusätzlich noch ein Hotel für die Zeit vor dem Event und eines für danach aus.

Ich entscheide mich bei meinen Reisen und der Auswahl der Unterkünfte gerne über die Fotos und das Gefühl , das sie bei mir auslösen. Mit dieser Erlaubnis habe ich mir in Dubai das erste Mal in meinem Leben eine Suite in einem Fünf-Sterne-Hotel gegönnt. Sie war riesig und bot einen herrlichen Blick auf den Burj Khalifa, das aktuell höchste Gebäude der Welt. Den Preis hatte ich erfolgreich ausgeblendet und bis dahin auch noch nie so viel Geld für ein Hotel bezahlt. Durchaus stolz auf meine neue Ausdehnung wollte ich von meiner Coachin etwas Liebe und Anerkennung einsammeln und erzählte ihr von meinen Hotelbuchungen. Sie sagte nur: „Du wirst es lieben! Schließlich beginnt die Reise ja schon mit deinem ersten Business-Class-Flug."

Ups!

Die Flugbuchung hatte wohl mein kleines Ich durchgeführt. Natürlich hatte ich kurz den Preis für die Business-Class gecheckt und mir dann schöngeredet, dass die vier Stunden Flug von Larnaca nach Dubai bei Emirates auch in der Economy-Class fein sind.

Erwischt!

Ich buche ein 30k Coaching, nur weil es mit zweitägigem Dubai-Event geliefert wird. Ich erlaube mir elf Übernachtungen in den schönsten Fünf-Sterne-Hotels in Dubai und fliege aber, aus dem alten Mangelbewusstsein heraus, in der Economy-Class.

Irre!

Zehn Minuten später hatte ich meinen Flug auf Business upgegradet. (Jetzt etwas teurer, als wenn ich sofort Business-Class gebucht hätte.)

Vielleicht kannst du bereits erahnen, was diese Reise mit mir gemacht hat? Ich habe mir auf einer neuen Frequenz erlaubt, Geld nicht über mich und meine Wünsche zu stellen. Die erste Rolex, der erste Business-Class-Flug, Fünf-Sterne-Hotels, die erste Luxus-Suite und kurz hintereinander zwei Coachingprogramme für jeweils 25k und 30k. Ich habe mir erlaubt, radikal meine Standards zu erhöhen, und habe mir damit ein komplett neues Normal erschaffen. Ich bin damit feierlich in meine Hermès-Identität geschlüpft.

Was bringt das ganze Geld, wenn ich mir nicht erlaube, es zu nutzen? *Geld will fließen. Geld möchte, dass ich es ohne Furcht in mich investiere und mir alles erlaube.* Unsere Versorgung kommt von Gott. In dem Maße, wie ich es mir erlaube, wird es in mein Leben fließen. Ich lebe Fülle und krasse Erlaubnis. Ich bin der beste Beweis: Geld und Erfolg sind weiblich.

Wie du bereits weißt, sind dann durch mein neues Business in den nächsten sieben Monaten über eine Million Euro zu mir zurückgeflossen und bis zum heutigen Tag sogar mehrere Millionen.

Es ist kein Zufall!

Es sind die universellen Gesetze, wie wir als Schöpferwesen Materie erschaffen. Sein – Tun – Haben in der höchsten Verkörperung.

Aus elf Nächten Dubai wurden dann übrigens 17! Der Business-Class-Flug und das Ankommen am späten Abend in Dubai waren wirklich besonders. Ich hatte zuvor noch nie so eine Ankunft in einem Hotel erlebt: der freundliche Hotelpage, der mir, als ich mit dem Taxi vorgefahren kam, galant die Autotür öffnete, die Art und Weise, wie mein Gepäck in meine Suite gebracht wurde, und die namentliche Begrüßung an der Rezeption. Der nette Herr an der Rezeption erklärte mir die Vorzüge der von mir gebuchten Suite und bot mir an, diese und zwei weitere vorab zu besichtigen, damit ich meine Wahl treffen konnte.

Wow, sehr aufmerksam. Ja, das wollte ich.

Die Suite war noch schöner als auf den Bildern. Mit wurde sogar angeboten, meinen Koffer auspacken zu lassen und meine Kleidung in den begehbaren Kleiderschrank einzuräumen. Auch das Frühstück war ein Erlebnis, weil der Kellner sich nicht nur meinen Namen, sondern auch meine Vorlieben merkte und an den folgenden Tagen entsprechende Vorschläge machte. Im Poolbereich mit perfekter Aussicht wurde mir meine Wunschliege nicht nur in meine bevorzugte Blickrichtung ausgerichtet, sondern auch meine Präferenz bezüglich Sonne und Beschattung erfragt. Im Tagesverlauf hat dann der Pool Boy aufmerksam immer wieder den Schirm nachjustiert, damit mein Körper weiterhin perfekt beschattet wurde. Auch brachte er immer wieder zur Erfrischung gekühlte Tücher und Getränke.

Mein erstes Mal Chanel!

Mein Hotel war nur einen Kilometer von der Dubai-Mall entfernt. Da ich mich grundsätzlich gerne bewege, entschied ich mich für den kurzen Fußweg zur Mall. Es war definitiv keine Preisentscheidung, weil das Taxifahren in Dubai wirklich extrem günstig ist. Allerdings hatte ich die Dimensionen der Mall völlig unterschätzt. Anfängerfehler. Obwohl ich nur wenige ausgewählte Läden besuchte, bin ich am Ende des Tages 17 Kilometer gelaufen. Um die Mittagszeit musste ich mir ein Paar bequeme Turnschuhe kaufen, für die ich allerdings gefühlt zusätzliche drei Kilometer laufen musste, um den passenden Laden zu finden. Im Wesentlichen wollte ich in der Mall zu Chanel, um mir Ohrringe zu kaufen. Meine Hermès-Identität hat sich auch bei Chanel sehr willkommen gefühlt. Als ich meine Ohrringe ausgewählt hatte und kurz warten durfte, während mein Berater meinen Einkauf hübsch verpackte, wurde mir ein neuer Raum gezeigt: mehrere einheimische Frauen, die sich die neuen Taschenmodelle zeigen ließen und dann nach kurzem Überlegen einfach alle genommen haben. Gleichzeitig war da noch ein Mann, der offensichtlich am Telefon per Videochat seiner Frau die aktuelle Taschenkollektion zeigte und wenig später mit fünf oder sechs großen Chanel-Tüten die Boutique verließ.

Gott hat es mir noch einmal ganz offensichtlich gezeigt. Es geht nicht ums Brauchen. *Niemals nie.* Wie viel mehr können wir uns erlauben, aus der Freude zu wählen. *Einfach weil.*

Auf dem Rückweg zum Hotel habe ich dann ein Taxi gewählt. Wobei der Weg zum Taxiausgang der Mall sicher auch nicht viel kürzer war als der Fußweg zurück zum Hotel. Alles in allem ein extrem raumöffnender Tag, der allerdings noch mit einer Kirsche auf der Sahne enden sollte. Es wartete noch eine kleine Prüfung auf mich.

Zurück im Hotel öffnete mir der freundliche Hotelpage wie bereits bei meiner ersten Ankunft die Autotür. Alleine das ist schon pure Erlaubnis, weil es durchaus schneller ginge, einfach selber die Tür zu öffnen. Nun hatte ich natürlich keine Reisekoffer dabei und war bereits kurz davor, das Hotel zu betreten, als mir der Hotelpage seine weitere Unterstützung anbot. Er wollte doch allen Ernstes jemanden für mich herbeirufen, um mir meine Einkäufe in die Suite zu bringen.

Fassen wir mal kurz zusammen: Ich hatte neben meiner Handtasche eine kleine Chanel-Tüte mit meinen Ohrringen, eine Tüte mit meinen Sandalen und eine Tasche der Galeries Lafayette mit zwei neuen Standkleidern. Mein kleines Ich wollte sofort mit den Worten „Nein danke“ aus der unbequemen Situation flüchten, während ich meine Hermès-Identität sagen hörte: „Sehr gerne.“

So begleitete mich also ein freundlicher Page in meine Suite, um meine Einkäufe im Wohnzimmer auf der Couch zu drapieren, während ich mit meiner Handtasche voranging.

Für mich war Dubai einfach nur größenwahnsinnig schön. Die Alles-ist-möglich-Energie war überall fühlbar. Gleichzeitig ist es in Dubai so normal, *Geld zu haben und zu nutzen.* Viel Geld. Ich wurde überall freundlich und als Frau sehr zuvorkommend behandelt. Meine Hermès-Identität war in ihrem Element. Während ich in meinem alten Umfeld von vielen als verrückt und größenwahnsinnig bewertet wurde, wurde mir in Dubai liebevoll gezeigt, dass noch ganz viel Luft nach oben ist.

Obwohl wir es ursprünglich nicht geplant hatten, habe ich dann nach dem zweitägigen Event spontan meine Familie einfliegen lassen. Die *Girls* waren sofort Feuer und Flamme, und selbst mein Mann war mittlerweile neugierig auf dieses Dubai, das er eigentlich für sich als Reiseziel abgewählt hatte. Als besondere Erfahrung hatte ich für mich und meinen Mann für die ersten Nächte erneut meine Suite mit dem herrlichen Blick auf den Burj Khalifa gebucht.

Und für die Mädchen ein einfaches Doppelzimmer. Nein, natürlich nicht! Ich wollte für sie, dass sie die gleiche atemberaubende Erfahrung machen konnten, wie ich sie anderthalb Wochen zuvor hatte erleben dürfen. Für meine Töchter hatte ich also eine Suite in der gleichen Kategorie gebucht. Wow, ja, es ging nicht ums Geld. Ich wollte ihnen diese Erfahrung schenken, zum ersten Mal in so einer riesigen, luxuriösen Suite zu wohnen, weil es in mir ein paar Tage zuvor so viel geöffnet hatte.

Beim erneuten Einchecken wurde ich wie eine Stammkundin begrüßt: „Welcome back Frau Sommer, ich habe für Sie Ihre Lieblingssuite richten lassen. Ist es Ihnen recht, wenn ich Ihre Töchter umbuche auf die Suite direkt nebenan? Die von Ihnen gebuchte zweite Suite wäre in einem anderen Stockwerk." Sehr gerne.

Die Woche mit meiner Familie stellte erneut meine neue Identität auf die Probe. Wir hatten geplant, nach der Hälfte unserer Familienzeit in die Dubai Marina, einen anderen Stadtteil von Dubai, umzuziehen. Die *Girls* wollten zum ersten Mal Fallschirmspringen, und wir lieben es, auf Reisen immer wieder wochenweise die Location zu wechseln. Ich hatte also ein schönes Fünf-Sterne-Hotel mit einer Familiensuite direkt in der Marina gefunden, und wir freuten uns schon sehr auf die neue Umgebung.

Beim Einchecken wurde bereits der Unterschied mehr als sichtbar. Fünf Sterne bedeuten nicht überall das Gleiche. In der Familiensuite angekommen wusste ich sofort, dass ich keine einzige Nacht bleiben würde. „Wir ziehen noch heute um", hörte ich mich sagen, wohlwissend, dass ich diese Familiensuite für mehrere Tausend Euro auf einem Onlineportal zu einer nicht stornierbaren Rate gebucht hatte. Während mein Mann zur Rezeption ging, um unsere Abreise anzukündigen und zwei Taxen zu bestellen, buchte ich ein neues, noch teureres Hotel ein paar Fahrminuten entfernt.

Ich wiederhole an dieser Stelle noch mal kurz die Fakten, weil diese Situation so schön zeigt, wie perfekt das Universum funktioniert: Ich hatte diese Familiensuite zu einer nicht stornierbaren Rate für mehrere Tausend Euro gebucht, und wir waren gerade im Begriff, sofort wieder abzureisen, weil mir die Suite im Vergleich zu meinen bisherigen Suite-Erfahrungen nicht gefiel. Es war eine komische Energie. Ich wollte keine einzige Nacht bleiben, weil meine Hermès-Identität sich nie wieder downgraden wollte.

Keine faulen Kompromisse mehr. Nie wieder Geld über mich und meine Bedürfnisse stellen.

Wir waren im Begriff, mehrere Tausend Euro zu „verlieren“ und außerdem für die noch verbleibenden Nächte ein weiteres Mal in einem anderen Hotel zu bezahlen. Es würde noch teurer werden, denn die Preise waren wegen der Osterfeiertage sehr sportlich gestiegen. Viele Hotels waren darüber hinaus ausgebucht. In dieser Situation war es mehr als verlockend, einen faulen Kompromiss einzugehen und einfach zu bleiben. Es war genau in diesem Moment die beste Prüfung, die mir das Universum schicken konnte. Wie sehr bin ich bereit, mir selber und dem Leben zu vertrauen? Wie sehr will ich es wirklich? Bin ich bereit, mein eigenes Commitment zu erfüllen?

Als mein Mann mit dem Pagen zurückkehrte, war das neue Hotel gebucht. Die Taxen standen bereit. Freudig verkündete mein Mann, dass die nette Dame am Empfang unsere Suite storniert habe und wir den kompletten Betrag erstattet bekämen.

OMG!

Das Universum liebt das große Spiel.

Dubai war die erste gemeinsame Reise in unserem neuen Leben. Es folgten in den vergangenen drei Jahren viele weitere Reisen als Familie im Luxussegment – Tansania, zwei Mal Sansibar, Kairo, Santorin, Simbabwe, Botswana, Namibia, Südafrika, Mosambik, noch mal nach Ägypten, dann Jordanien, London, Mailand, Wien, Sambia und ganz bald Costa Rica und weitere sechs Wochen Kalifornien. Demzufolge kann ich meinem ursprünglichen Ziel, unseren beiden Töchtern die Welt zu zeigen, durchaus feierlich ein Häkchen ✓ geben. Wir waren in den letzten Jahren deutlich länger in der Welt unterwegs als auf Zypern.

Während die Welt auf Pause war, haben wir unsere eigene Realität nach unseren Regeln kreiert. Für Afrika habe ich schon immer eine riesige Sehnsucht empfunden. Unglaublich schöne, fröhliche, hilfsbereite und freundliche Menschen, die „Big Five“ in ihrem natürlichen Lebensraum und atemberaubende Natur. In jedem Land wurden wir mit offenen Armen empfangen, und wir durften immer wieder die Erfahrung machen, wie sehr das Reisen den eigenen Horizont erweitert.

Wir leben 24/7 Quality Time als Familie, die wir gemeinsam in den letzten vier Jahren an den schönsten Seelenorten verbringen durften. Ein schöneres Geschenk konnten wir uns nicht machen, als gemeinsam diesen Weg in die Freiheit zu gehen.

An dieser Stelle werden wir immer wieder gefragt, wie wir die Schulthematik gelöst haben. Ich persönlich halte nicht sonderlich viel von unserem Schulsystem, da es uns nicht auf ein Leben in Freiheit vorbereitet, sondern auf ein vorbestimmtes Leben im Angestelltendasein. Daran ist per se nichts falsch. Es gibt sicher viele erfüllende Nine-to-five-Jobs. Für mich hat es sich jedoch nie stimmig angefühlt, mich selber in diese Abhängigkeit zu begeben und mein Leben lang für die Ziele anderer Menschen zu arbeiten. Erinnere dich an den Steuerzahlergedenktag, der schonungslos aufzeigt, dass wir im ersten Halbjahr des Jahres nicht in unsere eigene Tasche wirtschaften.

Da ich schon in meiner Schulzeit für die Wochenenden und Ferien gelebt habe, war es für mich mit Tag eins meiner Bankausbildung ein schlechter Deal, meine individuelle Freiheit auf 30 Tage Urlaub im Jahr zu reduzieren. Ich habe es nur schwer ertragen, dass jemand anderes, und sei es später der Chef meines Mannes, darüber bestimmt, wann und wie lange wir in den Urlaub fahren dürfen.

Gleichzeitig hatte ich ja auch die Erfahrung der Selbstständigkeit gemacht und mit meinem damaligen Business nebenher an einem Wochenende mehr verdient als in einem ganzen Monat als Bankkauffrau. So habe ich mir schon damals gewisse finanzielle Möglichkeiten aufgebaut und war auch schon immer bereit, die Extrameile zu gehen, um mich meiner Sehnsucht nach Reisen und Freiheit hinzugeben.

Kurzum, alle Fähigkeiten, die uns heute als Familie dieses freie Leben ermöglichen, habe ich definitiv nicht in der Schule gelernt. Das Bewusstsein, wie machtvoll wir als Schöpfer unseres Lebens in Wahrheit sind, Unternehmertum, das Geldspiel, die Fähigkeit, schlau und nachhaltig zu investieren und mein Geld für mich arbeiten zu lassen, mein Erfolgsmindset, Manifestation und die tiefe Erlaubnis, aus der Seele zu leben, lernen meine Kunden in verschiedenen Formaten im *Wibkeversum.* Ich persönlich habe dafür mittlerweile über eine Million Euro in mich investiert, um in diesen Disziplinen die Meisterschaft zu erlangen. Jeder Euro hat sich so sehr gelohnt und mir ein Vielfaches davon kreiert. Das beste Investment mit der höchsten Rendite ist übrigens immer die Investition in dich selbst.

Um auf die Ursprungsfrage zurückzukommen: Wir haben es 2020 unseren Töchtern überlassen zu entscheiden, ob sie in einer Online-Schule weiterhin zur Schule gehen wollen und die klassischen Abschlüsse bis hin zum Abitur anstreben oder ob sie unsere eigene größenwahnsinnige *School of Life* besuchen wollen. Beide konnten es kaum erwarten, das Schulsystem zu verlassen.

Die Erfahrungen der letzten Jahre haben uns bewiesen, dass Reisen den persönlichen Horizont weit mehr erweitert, als Schule es je könnte. Die beiden haben sich zu selbstbewussten jungen Frauen entwickelt, die wissen, was sie wollen. Zudem haben sie freiwillig an meinen zahlreichen Mentoringformaten teilgenommen, enorm ihr Bewusstsein erweitert und Fähigkeiten erlernt, die ihnen in ihrem Leben sehr nützlich sein werden. Sie durften sich komplett neu erfinden und sich und ihre Interessen unabhängig vom Geldverdienen ausprobieren. Gleichzeitig ist uns immer wieder aufgefallen, dass die Schulzeit, trotz Montessori-Privatschule, viele Limitierungen hinterlassen hat, gerade in Bezug darauf, nicht gut genug zu sein, sich von anderen bewerten zu lassen, sich selber zu bewerten, sich mit anderen zu vergleichen, sich an Systeme anzupassen, ohne selber die Möglichkeit zu haben, Nein zu sagen, und auch in Bezug auf eigenständiges Denken und die Fähigkeit, eigene Entscheidungen zu treffen.

Wow, ja, unsere Schule des Lebens bestand im Wesentlichen darin, wie bei einer Zwiebel die nicht dienlichen Konditionierungen abzuschälen. Sie durften sich erinnern, dass sie nicht Kugeln, sondern wundervolle Seesterne sind und wieder sein dürfen. Die Leichtigkeit, mit der sie sich ihr Leben in Freiheit manifestiert haben und jeden Tag dazu beitragen, dass wir als Familie ein Leben voller Wunder und Magie leben dürfen, ist absolut *mindblowing*.

Schließlich haben auch sie sich ihre Herkunftsfamilie ausgesucht, um genau diese Erfahrung zu machen.

23

VERGISS ALLES, WAS DU BISHER GEGLAUBT HAST

Ask. Believe. Receive! Wie du größenwahnsinnige Ziele erschaffst.

Ist dir schon mal aufgefallen, dass wir das Erreichen unserer größeren Ziele tendenziell weit in die Zukunft schieben? Besonders wenn sie außerhalb dessen liegen, was wir für uns aktuell für möglich halten? Schließlich ist das Erreichen größenwahnsinniger Ziele ja fast schon verboten, und wir glauben, es sei außerdem extrem schwer und brauche seeehr viel Zeit.

In den letzten Jahren habe ich bereits mehrfach die Erfahrung gemacht, dass es sogar viel einfacher ist, große Ziele zu erreichen als *pupskleine*.

Bei Tageslicht betrachtet ist es auch logisch. Riesige Ziele, weit außerhalb unseres aktuellen Begrenzungsrahmens zu erreichen bedeutet vor allem eins: Unser begrenzter Verstand kann sich nicht im Entferntesten erklären, wie es gehen soll, und wird es gemäß seiner Natur ablehnen. Wir haben es schließlich noch nie gemacht.

Der Verstand nimmt als Referenz grundsätzlich Ereignisse, Erfahrungen und Hörensagen aus der Vergangenheit und projiziert diese in unsere Zukunft. So nehmen wir die alten Erfahrungen in Bezug auf Geld, Erfolg, Gesundheit etc. immer wieder als Filter für die vorhersehbare Zukunft.

Meist sind es noch nicht einmal unsere eigenen Erfahrungen, die uns als Referenz dienen, sondern die Erfahrungen unserer Eltern, Großeltern, anderer Respektspersonen oder sogar das, was uns die Gesellschaft vorlebt.

Sind wir in diesem Loop gefangen, ist es fast unmöglich, signifikant andere, bessere Ergebnisse zu kreieren. Wir fühlen uns nicht gut genug, sind auf der Suche nach der vermeintlich besseren Strategie und sind gefangen in dem alten limitierenden Programm. Wir wollen Materie mit Materie verändern. Oder wir gehen gar nicht erst los, weil es aussichtslos erscheint, dass sich gewisse Dinge jemals ändern. „Es hat nicht sollen sein" ist der Moment, wenn wieder ein großer Traum geplatzt ist.

Hast du dir jemals bewusst gemacht, wie langweilig das ist? Ich meine, … es ist unser Leben! In diesem Körper haben wir nur dieses eine Leben. Worauf warten wir also? Die Umstände werden nie besser sein als genau jetzt. Warum geben sich Menschen so schnell mit weniger zufrieden, als per göttlichem Recht für uns möglich ist?

Was, wenn wir gemeinsam liebevoll eine Verschwörung gegen zu kleine Ziele starten und uns ab sofort nur noch für die kribbeligen großen Ziele entscheiden? Machst du mit?

Große Ziele mit Leichtigkeit zu erreichen, solche Ziele, die sich viele noch nicht einmal vorstellen können, bedeutet, dass wir Logik und bekannte Strategien hinter uns lassen, weil sie auf dem Level nicht mehr funktionieren. Gut gemeinte Ratschläge von Menschen, die selber nicht da sind, wo wir hinwollen, bringen uns auch eher eine weitere Limitierung als den leichten Weg zum Ziel. Einfach ein bisschen mehr tun von dem, was bis gestern schon keine besonders herausragenden Ergebnisse gebracht hat, wird auch nicht funktionieren – es sei denn, du möchtest irgendwann im Burn-out enden.

Wir müssen uns auf eine komplett neue Frequenz begeben. Es geht ab diesem Moment nicht mehr darum, das Gewohnte immer wieder zu tun. Mit all dem, was wir bis zum jetzigen Zeitpunkt getan haben, sind wir in unserem Leben exakt bis hierhin gekommen. Alles, was unser aktuelles Leben ausmacht, ist das Resultat aus unseren Gedanken, Gefühlen, Entscheidungen und Handlungen der Vergangenheit.

Wenn wir uns für große Alles-ist-möglich-Ziele entscheiden, werden wir komplett neue Gedanken zulassen müssen. Alles, was wir bisher für uns für möglich hielten, oder eben nicht, hat im Unbekannten keine Gültigkeit mehr. Unser eigener Begrenzungsrahmen muss maximal ausgedehnt werden. Wir müssen etwas für uns für möglich halten, was wir noch nie erreicht haben. Und wahrscheinlich auch noch niemand in unserem näheren Umfeld.

Hört sich schwer an?

Ist es nicht – und gleichzeitig doch.

Die Kunst liegt darin, komplett aus dem alten Denken auszusteigen und jeden limitierenden Gedanken als Lüge zu enttarnen. Stattdessen lassen wir Gedanken zu wie: *Ich habe es noch nie gemacht, also weiß ich, dass ich es kann.* Wenn wir bereit sind, diese *Zeitlinie* zu wählen, in der alles möglich ist, dann wirken wir jenseits des alten Begrenzungsrahmens unseres Verstandes. Wir betreten Neuland.

Ab hier hat unser Verstand keine Ahnung, wie es jetzt weitergeht, und genau das ist der Moment, an dem eine höhere Macht übernimmt. Es ist der Moment, wenn du bereit bist, die Kontrolle loszulassen. Die tiefe Erlaubnis, dir einzugestehen, dass du in Wahrheit nichts weißt, bedeutet, du bist offen dafür, Neues überhaupt zuzulassen.

Deine Seele wartet schon so lange darauf, dass du endlich mutig in die Impulse springst, die sie dir schon immer liebevoll geschickt hat. Du kannst nichts verlieren, was zu dir gehört, aber du kannst so viel mehr gewinnen.

Du wunderschöne Leserin, vielleicht plappert gerade dein kleines Ich munter drauf los: „Was hat sie da jetzt geschrieben? Ich weiß nix? Das geht jetzt wirklich zu weit. Ich habe doch nicht x Jahre die Schule besucht, einen Beruf erlernt, mehrere weitere Ausbildungen gemacht, an zahlreichen Seminaren und Coachings teilgenommen und immer wieder viel Geld investiert, um mir jetzt sagen zu lassen, dass ich in Wahrheit nix weiß. Das ist lächerlich."

Auf der anderen Seite hat sich das ganze Universum den süßen Popo aufgerissen, um dir dieses Buch unterzujubeln. Denn ich habe es genau für dich geschrieben.

Vergiss alles, was du bisher geglaubt hast darüber, wie Geld, Erfolg, Business, Gesundheit für dich funktionieren und wie nicht. Unser Unterbewusstsein ist geprägt von limitierenden Gedanken. Vertraue deiner Seele, sie hat dich hierhergeführt, um die krasseste Lebensveränderung in kürzester Zeit zu erreichen. Was hätte es für einen Sinn, deiner Seele nicht zu vertrauen?

Ich war schon für so viele Menschen vor dir die letzte Instanz ihrer Wachstumsreise, weil es in meinen Räumen endlich und ausschließlich um inneres Wachstum geht, gewürzt mit feinstem Finanzwissen und riesigem Erfolgsmindset. Es sind nicht die bessere Strategie und all das angelernte Wissen, die deine tiefen Sehnsüchte befriedigen. Denn dann würdest du ja bereits dein volles Potenzial leben – finanzielle Fülle, Leichtigkeit, pure Lebensfreude, Wunder und Magie. Du wärst dir vollumfänglich bewusst, wer du in Wahrheit bist, und hättest dieses Lebensspiel durchschaut. Wenn es darum ginge, noch mehr und härter für Geld zu arbeiten, dann wären so viel mehr Menschen wohlhabend. Schau dir die Gesellschaft doch mal an. Arbeiten für Geld ist definitiv nicht der Weg in die Freiheit. Der Kontostand lügt nicht.

Bist du bereit, alles zu verlieren, was dich schon lange nicht mehr erfüllt, um das Leben zu kreieren, das sich so unerhört kribbelig anfühlt, wenn du nur darüber nachdenkst? Bist du bereit, deinen Impulsen zu folgen, egal wie krass du die Hosen voll hast? Egal wie verrückt es augenscheinlich auf dein Umfeld und sogar auf deine Freunde und Familie wirkt.

Ich, Wibke, investiere. Ich gebe Geld voller Vertrauen aus. Nicht, wie es für mein heutiges Ich bequem ist, sondern wie es meine Identität von morgen entscheiden würde. Wie sehr vertraust du dir wirklich? Und ich meine da nicht dieses, „Ich glaub dran und bin bedingungslos glücklich, wenn das Ergebnis endlich sichtbar ist." Deine wahre Schöpferkraft zu nutzen bedeutet, dass du daran glauben musst, bevor es ist. Du musst wissen, dass es passiert, weil du es so entschieden hast. Es ist so einfach, und wir machen es immer wieder kompliziert.

Ask. believe. receive. Machst du eh schon? Wenn da nicht dieser „*Believe*"-Part wäre, dann würde es bestimmt noch besser klappen, oder? Das ist der Moment, in dem du furchtlos in deinen Impuls springst. Und ich meine, in den *ersten* Impuls springen. Immer. Sofort.

Es ist der erste Impuls, weil du in deiner höchsten Energie bleibst und nicht wieder deinen alten Ängsten den Vortritt lässt. Der Verstand hat immer drei Trillionen Einwände, und wenn du darauf einsteigst, wird es mühsam.

Das Universum ist nicht kaputt. Du ziehst an, was du bist. Wir können nichts beschönigen, denn die Ergebnisse sind dann doch sehr real sichtbar. Das Universum merkt, wenn du dann doch den vorsichtigen, berechenbaren Weg wählst und dann doch wieder das Geld über deine Entscheidung stellst. Wie viel Erwartung darf da noch gehen? Wie viel Verantwortung gibst du dann doch manchmal wieder an andere ab? Dein Mann will es nicht? Oder ist da doch wieder die Bewertung wegen des Preises?

Ich habe in den letzten Jahren weit über eine Million in mich investiert und bin jedem einzelnen meiner Coaches dankbar, dass sie ihren Wert kennen und mir immer die Möglichkeit gegeben haben, an mich zu glauben.

Heute rede ich nicht nur über Geld. Ich habe Geld. Ich nutze Geld. Ich verkörpere Geld. Und wie schon beschrieben: Von null gestartet hatte ich nach nur sieben Monaten die erste Million im Business und über drei Millionen in unter drei Jahren. Seit über drei Jahren verdiene ich Monat für Monat eine sechsstellige Summe. Vor Kurzem habe ich eine Million in nur einem Monat kreiert, ohne zu arbeiten. Einfach so.

Verdienen kommt übrigens von dienen.

Zufall? Glück? Nein!

Das ist das Gesetz.

Ich war und bin immer bereit, mehr zu geben, als meine Angebote gekostet haben. Meine Kunden wissen, dass der Nutzen meiner Programme immer deutlich höher ist als ihr Preis. *Overdeliver* ist meine Grundhaltung.

24 BEDINGUNGSLOSE SELBSTLIEBE

Was bist du wert?

Wie oft hältst du dich zurück? Wie oft hast du das Gefühl, dass du nicht wichtig genug bist? Dass deine Meinung nicht zählt? Weil du immer sofort belächelt wirst, wenn du deine Wünsche thematisierst. Weil es scheinbar nie um dich und deine Bedürfnisse geht.

Dann lächelst du, obwohl es dich innerlich verletzt, dich immer wieder zurückzunehmen. War es nicht schon immer so, dass du dich lieber zurückgenommen hast, als schon wieder anzuecken?

Wo hast du immer wieder dein wahres Ich unterdrückt, um dich nicht konfrontieren zu müssen mit den Meinungen anderer? *Irgendwann als kleines Mädchen hast du dich eingekauft in „Ich habe hier eh nix zu sagen".*

Ist dir schon aufgefallen, wie viel Energie du verbrauchst, um dich zu verstecken und krampfhaft zu versuchen, normal zu sein? Da bleibt kaum Energie übrig, um mehr Magie in deinem Leben zu erschaffen. Du hältst dich beschäftigt mit Dingen, die dir schon lange nicht mehr dienlich sind.

Liebes, du schneidest dich selber von Geld, Leichtigkeit und deiner maximalen Erfüllung ab.

Was wäre, wenn alles möglich wäre?

Für dich!

Wie groß würdest du träumen, wenn du wüsstest, dass du nicht scheitern kannst?

Was würdest du ab heute nicht mehr akzeptieren?

Wo wärest du nicht mehr bereit, faule Kompromisse zu akzeptieren?

Was wäre, wenn du deine Träume endlich leben würdest, *pupsegal*, wie andere Menschen darauf reagieren?

Was wäre, wenn genau du in dieses Leben gekommen bist, um zu zeigen, was möglich ist, weil es gar nicht darum geht, brav zu funktionieren und den Ball flach zu halten?

Was wäre, wenn es nichts weiter bräuchte, als endlich DU zu sein und mit diesem Funkeln in deinen Augen endlich zu leben, wer du in Wahrheit bist?

Liebes, das angepasste *Good Girl* war gestern! Halte dich nicht zurück mit dem, wonach du fragst und was du empfangen möchtest. Trau dich endlich, nach mehr zu fragen. Äußeres Wachstum folgt deinem inneren Wachstum.

Es geht um DICH!

Schon immer.

Ich liebe es, Räume und Möglichkeiten für die zu schaffen, die auch diese tiefe Sehnsucht nach mehr spüren. Das ganze Leben ist eine total verrückte Bewusstseinsreise, und wir dürfen aus dem Vollen schöpfen. Unser Körper und unser Verstand verkörpern unser Tun, während unsere Seele für das Sein steht. Wobei das Sein hier nicht bedeutet, dass wir, wenn wir aus der Seele leben, nichts tun.

Leben aus der Seele bedeutet, wir folgen unseren Impulsen. Je bedingungsloser wir das tun, desto leichter und magischer wird unser Leben. Etwas aus dem Verstand zu tun ist immer etwas in die Zukunft Gerichtetes, da unser Verstand die Ereignisse der Vergangenheit als Referenz nimmt und daraus eine vorhersehbare Zukunft erschafft. Schön brav zu sein bedeutet, wir bekommen nach dem Mittagessen ein Eis. Fleißig in der Schule zu lernen ist die augenscheinliche Voraussetzung für den besseren Job und das gute Geld, was wir dann hoffentlich irgendwann in der Zukunft verdienen.

Wunder und Magie werden aus dem Verstand wohl eher nicht kreiert. Schließlich ist das Leben ja kein Wunschkonzert.

Was, wenn doch?

Wie viel mehr Selbstliebe ist da noch möglich, um diese faulen Kompromisse *niemals nie* mehr zu akzeptieren? Es ist dein Leben! Wir haben einen freien Willen, um diesen auch zu nutzen.

Halte dich nicht zurück mit dem, wonach du fragst und was du empfängst. Trau dich, nach viel mehr zu fragen, und mach dich gleichzeitig unabhängig vom Ergebnis. Etwas zu erzwingen wäre schon wieder die Energie von Nicht-Haben.

Es ist eine ganz andere Ebene der Selbstliebe, wenn du alles – Fülle, Freude, Spaß, Reichtum und noch viel mehr – hast und sogar mehr zu „verlieren" hast, als du es dir jemals hättest vorstellen können. Eines meiner Lieblingszitate aus dem Film *Matrix Resurrections* fällt mir dazu ein: *„Ihr sehnt euch still nach dem, was ihr nicht habt. Und was ihr habt, fürchtet ihr zu verlieren. Für 99,9 % eurer Art ist das die Definition von Realität. Sehnsucht und Furcht, Baby.*" Du kannst diejenige werden, die es haben kann, die es halten kann. Ohne es festzuhalten. Ohne Angst. Der Schlüssel liegt nicht im krampfhaften Festhalten. Es ist vielmehr ein Sich-Erlauben und Geschehen-Lassen, Fließen-Lassen.

Aus dem Verstand zu handeln bedeutet lineares Denken und Kontrolle. Ich muss nur auf meine Emotionen schauen, um herauszufinden, ob mein Tun dem Verstand oder dem Sein entspricht. Handele ich aus Leidenschaft oder aus Angst?

Warum arbeiten so viele Menschen für Geld in einem Job, der sie weder erfüllt noch ihnen genügend Geld für einen gehobenen Lifestyle kreiert?

Warum landen so viele Menschen früher oder später im Burnout?

Warum sind so viele Menschen bereit, immer wieder den Gürtel enger zu schnallen?

Warum halten Menschen an Situationen fest, die offensichtlich nicht dazu führen, dass sich perspektivisch ihr Leben verbessert?

Ich glaube, die meisten Menschen sind einfach zu beschäftigt mit ihrem Leben, um sich weitergehende Fragen zu stellen. Oder sie haben bereits jeden Glauben an sich verloren, haben resigniert.

Mangelndes Bewusstsein für die eigene Schöpferkraft bedeutet, wir kommen uns immer klein und unbedeutend vor und wenden uns auf Dauer gegen uns selbst. Dauerhaft die eigenen Bedürfnisse auf ein Minimum herunterzudimmen macht uns in letzter Instanz krank.

Wenn du dich für Freiheit entscheidest, kannst du nicht dauerhaft deine Eigenverantwortung abgeben und die Befindlichkeiten anderer Menschen über die deinen stellen. Du darfst aufhören, dich nicht gut genug, nicht bereit, zu viel, nicht zugehörig oder leer zu fühlen. Entscheide dich, an deine Superpower zu glauben, und höre auf, dich mit dem kleinen schwarzen Punkt auf deinem Arm zu identifizieren. Du bist so viel mehr! Öffne dich dafür. Entscheide dich dafür, dass es ab sofort nur noch um dich und deine Gefühle geht.

Keine Kompromisse mehr!

Wir müssen uns auf das Unbekannte einlassen und komplett neue Dinge tun, die uns unsere innere Führung zuflüstert. Das ist die krasseste Erlaubnis, um gegen den Verstand und die vermeintliche Sicherheit zu agieren. Seelenimpulse sind für den Verstand alles andere als logisch. Oft machen sie augenscheinlich keinen Sinn, und doch wird dich das ganze Universum unterstützen, wenn du bereit bist, es trotzdem *oder gerade weil* zu tun.

Wooohoooo!

Klingt spannend?

Ist es auch, wenn wir uns nicht selber immer wieder im Weg stehen würden. Fang an, bevor du dich bereit fühlst. In Wahrheit wirst du nie bereit sein, weil dein kleines Ich immer genügend Ausreden finden wird, warum es gerade jetzt nicht passt.

Gottes Plan für dich ist so viel größer. Ich werde nicht müde, es immer wieder und wieder auszusprechen, damit du irgendwann in einem perfekten Moment meine Worte auf einer anderen Frequenz hören kannst.

Deine brave, angepasste, höfliche Identität wird dir immer wieder erzählen, dass es mehr einfach nicht braucht und dass es genug ist. Sie sagt dir, du solltest dich endlich zufriedengeben mit wenig, dich glücklich schätzen, dass du es überhaupt so weit gebracht hast. Schon vergleichst du dich mit anderen, die weniger haben als du, und du fühlst dich fast ein bisschen schlecht, weil es dir besser geht als den meisten. Ab dem Moment hoffst du nur noch, dass es so bleibt und du den Status quo halten kannst.

Liebes, dich für Freiheit zu entscheiden bedeutet, dich bedingungslos deiner Seele hinzugeben. Dir Millionen in absoluter Leichtigkeit zu erlauben bedeutet, nicht mehr in dein kleines Ich hineinzupassen. Die Begrenzung und Schwere zu erkennen und bereit zu sein, diese leere, unerfüllte Hülle sterben zu lassen. Wie eine Raupe ihren engen, starren Kokon aufbricht, alle Kontrollmechanismen aufgibt und erkennt, wie wundervoll leicht und bunt das wahre Leben ist.

Die Göttin in dir darf erwachen und ihren Platz einnehmen, um bedingungslose Selbstliebe und tiefe Erlaubnis zu empfangen.

Vorher darfst du aufräumen und darfst den Nährboden bereiten, altes, nicht dienliches Unkraut jäten, um neue Samen zu pflanzen. Du wirst lieb gewonnene Überzeugungen und Ansichten loslassen darüber, wie das Leben zu sein hat, wer du bist und wer du nicht bist, was für dich möglich ist und was nicht. Du darfst verstaubte Konditionierungen und Verhaltensmuster gehen lassen. Viele versuchen das husch, husch an der Oberfläche zu tun und wundern sich, dass es nicht funktioniert.

Meine Erfahrung ist, dass wir uns unseren tiefsten Schatten stellen dürfen und uns mit der nackten Wahrheit konfrontieren müssen. Ein bisschen Konfetti streuen und sonst alles weglächeln wird dir nicht die Meisterschaft bringen. Denn dieses multidimensionale Programm lebt dich und flüstert dir immer wieder subtil ein, dass es das alles nicht braucht, dass es nicht für dich sei, dass es viel rühmlicher sei, bescheiden zu sein und nicht zu viel zu wollen.

Doch dein Konto sagt etwas anderes. Dein ganzes Leben läuft in vielen Bereichen auf Sparflamme, wenn du deine Geldthemen nicht heilst.

Schonungslos ehrlich mit dir selbst zu sein, deine eigene Wahrhaftigkeit zu verkörpern, dein kleines Ich sterben lassen, um wirklich zu leben und dich deinem wahren Potenzial hinzugeben – das bedeutet auch, alles, was du nicht bist, wie bei einer Zwiebel abzuschälen, Schicht um Schicht immer tiefer deine Wurzeln in den Boden wachsen zu lassen, um weit über dich hinauszuwachsen.

Für mich war irgendwann klar: Ich möchte Millionärin sein! Fällt dir was auf? Millionärin wollte ich sein, Millionärin und nicht Multimillionärin oder Billionärin. Haha! Da fängt es bereits an. Alleine bei dieser fixen Idee, „nur" Millionärin sein zu wollen, geht das Spektakel im Kopf bereits los. Unser Verstand sucht nach Referenzpunkten, und sobald wir uns in der männlich dominierten Finanzwelt umschauen, werden wir mit Limitierungen überhäuft. „Ihre erste Million in sieben Jahren" suggeriert zum Beispiel nicht wirklich, dass es leicht und schnell gehen kann. Warren Buffett, einer der erfolgreichsten Investoren der Welt, gilt als sehr sparsam. Und vielleicht kennst du auch keine Frau in deinem näheren Umfeld, die es zur Selfmade-Millionärin gebracht hat. Unser Verstand und mit ihm die Stimme in unserem Kopf wird uns also sofort die passenden Argumente liefern, warum es mit Leichtigkeit, Spaß und guten Gedanken alleine ja dann wohl kaum funktionieren kann.

Und jetzt kommt's: Weil es so schwierig und fast unerreichbar scheint, kaufen wir uns in die lahmen Geschichten der anderen ein. Sofern wir überhaupt an dem Ziel festhalten und es nicht sofort für uns als völlig unrealistisch verwerfen, akzeptieren wir, dass es ein langer, harter, mit vielen Entbehrungen gepflasterter Weg sein wird. Wir halten vielleicht an dem Ziel fest, schieben es allerdings, aufgrund der vermeintlichen Schwierigkeiten, in eine weit entfernte Zukunft.

Nicht meine Liga! Seit ich das für mich erkannt habe, setze ich mir nur noch Ziele mit einer maximalen Timeline von einem Jahr, besser, nur wenige Monate. In Wahrheit würde Gott es mir sofort geben, wenn ich tatsächlich bereit wäre zu empfangen.

Ich habe aufgehört, an die Begrenzungen anderer zu glauben, und mache meine eigenen Regeln. *Alles, was ich beginne, wird ein gigantischer Erfolg.* Ich bin der beste lebende Beweis, dass

Wunder und Magie genau dann am besten funktionieren, wenn der Verstand sich nicht auskennt.

Alle Konditionierungen, die uns in unserer Kindheit übergestülpt wurden, in Bezug darauf, bloß nicht zu viel zu wollen, zu viel zu sein, peinlich zu sein, zu Schuld und Schamgefühl, zur Erlaubnis, mehr zu wollen, dürfen wir liebevoll verabschieden, wenn es darum geht, die scheinbar großen Ziele zu erreichen. Also warum nicht im Business die erste Million nach sieben Monaten für möglich halten? Oder eine Million im Monat mit deinen Investments kreieren?

Klar gibt es immer auch eine perfekte Strategie. Der viel wichtigere Teil ist aber dein Mindset.

Denn die Art, wie du, bewusst oder unbewusst, über Geld und Erfolg denkst, und deine Konditionierungen zu Geld und Erfolg, bestimmen, ob du den harten oder leichten Weg nutzt, um dir dein Leben zu kreieren. *Wir bekommen, was wir glauben haben zu können.*

Immer!

An der Stelle wird es gerne wild. Gerade heute habe ich eine E-Mail von einer Frau bekommen, die Teilnehmerin eines zweitägigen Gratis-Workshops von mir war. Sie schreibt: „Barfuß im Rock über die Wiese zu laufen und Wildkräuter zu sammeln macht mich am glücklichsten. Ich brauche keinen Gürtel von Gucci." Der Klassiker! Es werden Äpfel mit einem Stein verglichen, obwohl es auch bei längerer Betrachtung keinerlei Zusammenhang gibt. Niemand braucht einen Gucci-Gürtel, um barfuß über eine Wiese zu laufen. Ich persönlich käme gar nicht auf die Idee, mir einen Gucci-Gürtel zu kaufen, weil ich bei dieser Marke einfach keine Resonanz spüre. Gleichzeitig lässt sich bei derartigen Aussagen auf den Kontostand der betreffenden Person schließen. Sie redet sich über „Ich brauch das alles nicht" schön, dass sie es sich sowieso nicht leisten kann. Noch mal:

Niemand braucht Luxusmarken, Yachten, Suiten in Fünf-Sterne-Hotels oder Strandhäuser mit eigenem Butler.

Tatsache bleibt, dass unsere Gesellschaft auf einem Geldsystem aufgebaut ist und wir in der Regel Geld brauchen, um in den Besitz von Dingen zu kommen. Wir brauchen gewisse Dinge zu unserer Verfügung, um unser Leben, unser Wohlbefinden, unsere Gesundheit und unsere persönliche Entwicklung zu fördern. Ich persönlich kenne die Situation, wenn das Konto am Ende des Monats leer ist und gewisse Wünsche nicht finanzierbar sind. Ich weiß, wie es sich anfühlt, das Geld über mich und meine Wünsche zu stellen. Ich habe diesen Zustand viele Jahre akzeptiert und gelebt. Ich weiß allerdings auch, wie viel mehr Lebensqualität möglich ist, wenn Geld nicht der limitierende Faktor ist. Dieses Entweder-Oder, „Lieber gesund als reich" oder auch das Beispiel mit dem Gucci-Gürtel bedeuten am Ende des Tages einfach nur, dass sich jemand selber immer wieder limitiert, indem er sich energetisch vom eigenen Potenzial abschottet. Wir sind Problem und Lösung zugleich.

Was würde sich in deinem Leben verändern, wenn du dich ab sofort zur Hauptrolle in deinem eigenen Lebensfilm nominierst? Lass diesen Gedanken mal für den Augenblick zu. Nur zum Spaß. Mal angenommen, du bist ab sofort die wichtigste Person in deinem Leben. Hast du es gelesen? In *deinem Leben*. Hey, es ist tatsächlich dein Leben. Nicht das Leben deiner Eltern, deines Mannes, deiner Kinder, deines Chefs. Es ist deins. DU bist tatsächlich die einzige Person, die ein gewisses Eigeninteresse daran haben sollte, dass du dein Leben und deine Bedürfnisse wichtig nimmst und an erste Stelle stellst.

Was bitte leben wir denn unseren Kindern vor, wenn wir das auf dem Zahnfleisch gehende, fremdbestimmte Opferlämmchen spielen? Immer getrieben, müde, überarbeitet, gereizt, voller negativer Glaubenssätze und nur bedingt gutem Geldmindset, unseren eigenen Wert mit Füßen tretend. Fühl da mal rein. Unsere Kinder lernen von uns diesen ganzen limitierenden *Schmodder*, wenn wir unsere Hausaufgaben nicht machen.

Was würde es wohl für unsere schöne Welt bedeuten, wenn jeder nur noch aus seiner höchsten Identität und aus purster Selbstliebe handeln würde? Wenn wir alle unseren eigenen Wert kennen würden und darauf bedacht wären, unsere eigenen Gefühle und Bedürfnisse zu achten und wertzuschätzen. Wenn wir uns täglich auf maximale Erfüllung ausrichten würden. Wenn wir unser Herz offenhalten würden, statt es immer wieder zu verschließen.

Wenn wir die Welt verändern wollen, dürfen wir bei uns anfangen.

Wobei die Welt ja grundsätzlich gar nicht kaputt ist.

Alles ist in bester Ordnung.

25

DIE LÖFFELLISTE

Erinnere dich an deine Träume und zünde deinen Geldturbo!

Dieses Leben macht einfach viel mehr Spaß, wenn wir der Freude folgen. Wenn wir uns trauen, verrückte Dinge zu tun, und uns selber erlauben, dass ALLES möglich ist.

Ist es nicht so?

Was würde wohl passieren, wenn wir regelmäßig Dinge täten, die unsere Konditionierungen crashen, und unsere Überzeugungen davon, was wir für uns für möglich halten, ausdehnten? Was würde wohl passieren, wenn wir regelmäßig und mit Absicht unsere Träume wirklich lebten?

Wir leben in einem *Fülleversum*. Doch die meisten Menschen sind so in ihren Begrenzungen gefangen, dass sie sich selber immer weniger erlauben. Das ist nicht meine Wahrheit. Wir sind keine Opfer der Umstände, wir sind Schöpfer unserer eigenen Realität. Wir haben uns für dieses Leben bewusst entschieden, um über uns hinauszuwachsen und die unterschiedlichsten Erfahrungen zu machen. Neue Erfahrungen machen wir allerdings nur, wenn wir uns immer mehr erlauben, neue Dinge auszuprobieren, die wir noch nie zuvor gemacht haben.

Tendenziell lehnen Menschen oft Dinge ab aufgrund von *Hörensagen* und Meinungen anderer. Was wäre, wenn wir uns ab sofort erlauben, erst einmal alles auszuprobieren und erst dann zu entscheiden. Was wäre, wenn wir uns öffnen für das Unbekannte? Wie viel mehr wäre dann möglich?

Hast du eine gut gefüllte Löffelliste?

Es ist eine Liste mit den Ereignissen und Aktivitäten, die du erleben möchtest, bevor du den Löffel abgibst. Diese Liste hat bei mir vor ein paar Jahren den Raum aufgemacht für ein komplett neues Leben.

Viele Menschen haben überhaupt keine Ahnung, was sie alles wollen könnten. Da sie es nicht wissen, plätschert das Leben halt gewohnheitsmäßig vor sich hin.

Auf dem Sterbebett wirst du bestimmt nicht denken: „Ach, hätte ich nur mehr in meinem Nine-to-five-Job gearbeitet." Also fang doch heute an, dein Leben mit all den verrückten Erlebnissen zu füllen, die dein Herz höherschlagen lassen. Wir sind so von falschen gesellschaftlichen Normen geprägt, dass Bescheidenheit eine Tugend sei, dass wir verlernt haben, unser Leben wirklich in seiner ganzen Fülle zu leben. Also los, mach es! Alles, was sich vielleicht bis gestern nach einem verrückten Hirngespinst angehört hat – mach es. Fang an, alles, was gelebt werden will, auch wirklich zu leben. Mach neue Erfahrungen. Ganz egal, ob dein Partner, deine Eltern oder die Zahnfee es verstehen. Es ist dein Leben. Du bist die einzige Person, die sich diese Erlaubnis geben kann. Keine faulen Kompromisse mehr!

Nie mehr!

Die Löffelliste ist ein sehr mächtiges Manifestationstool. Im ersten Schritt geht es nämlich vor allem um das unendliche Potenzial, für das wir uns öffnen. Wenn also alles möglich wäre und Geld keine limitierende Rolle spielte, was würdest du dann gerne noch alles erleben, bevor… du weißt schon. Es geht hier übrigens gerade nicht ums Geld. Lachen, bis die Tränen kommen, kostet nichts, während andere Wünsche deine aktuelle Vorstellung von dem, was für dich jemals finanziell in drei Trillionen Jahren möglich scheint, total crashen dürfen. Du darfst also so richtig größenwahnsinnig auf die Kacke hauen. Alles, was du dir bis gestern aufgrund des Preisetiketts verboten hast, gehört auf diese Liste. Vielleicht bemerkst du bereits jetzt, wie verboten alleine der Gedanke ist, diese Liste schamlos für deine Zwecke auszunutzen.

Also los, nimm dir ein schönes Journal und leg sofort los. Lass es einfach fließen und beobachte dich dabei. Fällt es dir leicht, Dinge und Ereignisse aufzuschreiben, die du schon immer mal erleben wolltest? Bewertest du doch noch über den Preis und schreibst gewisse Dinge gar nicht auf, weil dein Verstand sofort in Ablehnung geht? Fällt dir auf Anhieb vielleicht gar nichts ein, was du noch wollen könntest, weil du es nicht mehr gewohnt bist, Wunschkonzert zu spielen? Oder sagst du dir von vorneherein, dass du den ganzen Luxus ohnehin nicht brauchst?

Hey, kleine Erinnerung: Es geht gerade nicht ums Geld. Ein schönes Picknick auf einer Blumenwiese mit Blick auf einen Bergsee darf genauso auf die Liste wie ein Acht-Gänge-Menü in einem angesagten Sternerestaurant oder die Luxusreise auf die Privatinsel mit Butler und privatem Koch, um dort am Strand unter dem schönsten Sternenhimmel zu schlafen. Jetzt, da du sowieso schon auf der Insel bist. Hihi.

Ich kann dir versichern, dass es ein sensationelles Gefühl ist, auf einer solchen Liste wieder mal ein Häkchen zu setzen. Du wirst dich nach ein paar Jahren wundern, welche Magie von dieser Liste ausgeht. Dein Leben wird umso vieles bunter, wenn du endlich zulässt, dass alles möglich ist. Öffne dich für Möglichkeiten, von denen du bis gestern noch nicht einmal wusstest, dass es sie gibt.

Eine gute Löffelliste darf übrigens wachsen. Ich empfehle dir, jedoch für den Start mindestens 100 Punkte zu finden. Sobald du einen Haken machst, darf die Liste mindestens um einen weiteren Punkt wachsen.

Brauchst du Inspiration? Bitte schön:

1. Safari in Afrika
2. Den Sternenhimmel in der Wüste sehen
3. Mit dem Heißluftballon fahren
4. Lachen bis die Tränen kommen
5. Alle Kontinente bereisen
6. Im Toten Meer schwimmen
7. Im Privatjet fliegen
8. Schwerelosigkeit erleben
9. Die Polarlichter sehen
10. Die Big Five (Elefant, Nashorn, Büffel, Löwe und Leopard) in ihrem natürlichen Lebensraum in Afrika sehen
11. Einen Feuerlauf machen

12. Auf einem Hausboot leben
13. In einer Villa direkt am Meer leben
14. Ein Zipline-Abenteuer in Costa Rica erleben
15. Die Milchstraße sehen
16. In Dubai über der Palmeninsel Fallschirm springen
17. Nach Costa Rica reisen
18. Orang-Utans in Borneo besuchen
19. Die Baobab-Bäume in Madagaskar besuchen
20. Paragliding
21. Eine Weltreise machen
22. Einen Bestseller schreiben
23. Einen Tauchschein machen
24. Mit Haien tauchen
25. Die Victoriafälle in Simbabwe sehen
26. Inselhopping auf den Philippinen
27. Auf einem Kamel reiten

28. Reise nach Jordanien

29. Eine krasse Luxusyacht chartern

30. Auf einer riesigen Bühne vor 20.000 Menschen sprechen

31. Im Wohnmobil durch Neuseeland reisen

32. Hawaii bereisen

33. In Ruanda die Gorillas sehen

34. Tarte au citron in Paris essen

35. Eine goldene Rolex kaufen

36. Hypnotisiert werden

37. Wale beobachten

38. Mit Delfinen schwimmen

39. Katzenbabys aufwachsen sehen

40. Von einem privaten Koch bekocht werden

41. Einen Baobab umarmen

42. Elefanten in freier Wildbahn beobachten

43. In einem Penthouse in New York wohnen

44. Ayurveda-Kur

45. Im Schlafsack direkt am Strand schlafen

46. Professionelle Aktfotos machen lassen

47. Business-Class fliegen

48. Imkern

49. Ein Kleid nach Maß anfertigen lassen

50. Tandem fahren

51. Eine Flaschenpost verschicken

52. Mit einem Hundeschlitten fahren

53. Karaoke singen

54. Nackt im Meer baden

55. In einem Eishotel schlafen

56. Eisbären in der Wildnis sehen

57. Einen Buschflieger chartern

58. Heli-Picknick in Südafrika

59. Hurtigruten-Postschiff-Expedition

60. Arktis-Expedition

61. Multimillionärin sein

62. Eine private Insel kaufen

63. Im teuersten Hotel der Welt übernachten

64. Ein Herz in frischen Beton malen

65. Selber meine Haare schneiden

66. First Class fliegen

67. Weihnachten am Strand feiern

68. Einen Monat ohne Geld reisen

69. In einem Film mitspielen

… bis 100.

Ich kann dir noch ein Geheimnis verraten, wie du die Wünsche auf deiner Löffelliste noch viel schneller lebst. Mal angenommen, du schreibst leidenschaftslos einfach nur ein paar Dinge auf, um irgendwie auf die 100 Punkte zu kommen. Spätestens beim 50. Wunsch wird es sicher ein wenig zäh. Haha, bei anderen vielleicht, aber nicht bei dir natürlich! Also, wenn du es durchziehst und tatsächlich bei 100 ankommst, dann achte mal auf die Energie, mit der du deine Liste geschrieben hast. Ist da kribbelige Vorfreude, weil du gerade deine Geschichte neu schreibst und dir die schönsten Erlebnisse kreierst, von denen du schon immer geträumt hast und gleichzeitig noch nie wirklich geglaubt hast, dass es tatsächlich passieren könnte? Denn schließlich schreibst du gerade eine ultimative Wunschliste an das Universum. Du erlaubst dir gerade, wieder zu träumen und an Wunder und Magie zu glauben.

Wooohoooo!

Oder ist es einfach nur eine weitere langweilige To-do-Liste zu der du dich zwingen musst mit Dingen, die du ohnehin nie machen wirst, weil es einfach zu verrückt wäre, endlich mal die angestaubte Komfortzone zu verlassen? Schließlich hast du dich bereits damit abgefunden, dass das Leben kein Wunschkonzert ist …

Ich empfehle dir natürlich die erste Variante, die kribbelige Vorfreude und dich in jeden einzelnen Punkt zu verlieben. Schaffe eine emotionale Verbindung zwischen dir und dieser Liste. Fühle es. Mach die Liste zu deiner Priorität.

Fange zum Beispiel an, die Erlebnisse und Orte zu googeln. Finde dazu Bilder im Internet und *imprinte* die Bilder, indem du sie ausdruckst und an die Wand hängst. Vielleicht fällt dir sogar auf, dass du einige der Dinge bereits in den nächsten Tagen oder Wochen umsetzen kannst.

Worauf wartest du?

Mach es!

Es ist dein Leben, und das darf maximal erfüllend sein.

Schreib mir gerne deine Erfahrungen mit deiner Löffelliste. Email: buch@wibke-sommer.com

26
DEN KELLER AUFRÄUMEN

Bist du bereit ein bisschen Staub aufzuwirbeln?

Jetzt mal unter uns, du wunderschöne Seele: Spürst du diese Sehnsucht nach Veränderung unterschwellig nicht schon dein ganzes Leben? Dieses Gefühl von „War es das schon, oder kommt da noch was“? Ein zartes Gefühl – wie ein Flüstern.

Immer wenn du das Gefühl hattest, du würdest nicht reinpassen, nicht dazugehören. So viele runtergeschluckte Tränen, weil es sich immer wieder so gemein und falsch anfühlte, fast schon wie ohnmächtig. Erinnere dich. Es war schon immer in dir, nur war es verboten, so leicht, wild und unbekümmert zu sein. Es war verboten, anders zu fühlen. Es war verboten, aus der Reihe zu tanzen.

Damit du nicht immer aneckst, hast du dich hinter dieser Maske versteckt. Immer, wenn du das gemacht hast, war augenscheinlich alles gut, obwohl in Wahrheit nichts gut war. Und dann ist das Gefühl immer mehr verblasst. Du hast es so gut versteckt, dass du es selbst irgendwann vergessen hast. Du bist eine andere geworden und hast dich damit arrangiert. Dieses zarte Flüstern in dir, das bist du. Dein wahres Selbst. Genau vor deiner Nasenspitze wartet dieses Leben auf dich, das du dir so sehnlichst wünschst.

Schon immer.

Wach auf.

Du bist so viel mehr.

Wenn wir uns über einen langen Zeitraum immer nur über den antrainierten kleinen schwarzen Punkt definieren, dann läuft unser Leben zuverlässig auf Autopilot.

Ich selbst habe damals zum Beispiel als Bankerin von Wochenende zu Wochenende und von Urlaub zu Urlaub gelebt. Alles dazwischen war irgendwo zwischen chronischer Langeweile und *eingeschlafenen Füßen*. Mein Leben plätscherte vor sich hin. Ich hatte keine konkrete Perspektive. Bereits sonntags ging es los. Ich wurde ganz eng, wenn ich realisierte, dass der Montag kurz bevorsteht.

Mein ganzes System hat sich eingeschwungen auf den Montag, und meine Gedanken waren bereits sonntagabends wieder in der nächsten Woche. Mein Kopfkino (die Stimme in meinem Kopf) plapperte wild drauf los, und ich stieg dann sofort ein in die Energie der Vorwoche und der Woche davor. Die Stimme nahm kein Blatt vor den Mund, wenn es darum ging, mir die Details meiner ausweglosen Situation noch einmal in aller Ausführlichkeit vor Augen zu führen.

Ich hatte mich mit dem Job arrangiert, doch konnte ich keine Leidenschaft dafür aufbringen. Zum damaligen Zeitpunkt hatte ich noch nicht das Bewusstsein dafür, wie sehr ich in meiner Konditionierung gefangen war. Ich wusste zwar, dass mich mein Job – in Wahrheit mein ganzes Leben – nicht erfüllte, doch die Möglichkeit, einfach zu kündigen und dem Ruf meiner Seele zu folgen, war für mich nicht existent.

In einer Realität, in der in meinem Umfeld alle nur ihr Leben absaßen, ohne das jemals zu hinterfragen, konnte ich diese

Option nicht denken. Allein das Bedürfnis zu fühlen, mehr vom Leben zu wollen, wäre zu dieser Zeit schon verboten gewesen.

Wird dir so langsam immer tiefer bewusst, dass wir uns alle bereits seit unserer frühen Kindheit hinter einer Maske verstecken? Wir haben gelernt, dass wir zu viel sind, zu laut, zu wild, unartig, frech und dumm. Bei jedem Nein haben wir uns dann hinter diesem kleinen Schutzpanzer versteckt und heimlich unsere Tränen runtergeschluckt.

Viele von uns haben angefangen, sich die Liebe der Eltern über Leistung und gute Schulnoten zu erarbeiten, und spielen dieses Spiel im Job mit ihrem Chef ihr Leben lang weiter. Wir haben schon früh gelernt, wie wir uns verstellen müssen, um nicht immer wieder anzuecken. Das brave, angepasste, artige Mädchen wird im Laufe des Lebens zur kleinen grauen Maus, die verlernt hat zu träumen. Der eigene Selbstwert ist schon lange im Keller.

Wir haben gelernt, unser Herz zu verschließen, und wenn wir nicht irgendwann aufwachen aus unserem Dornröschenschlaf, dann nehmen wir all unsere Ängste und Selbstzweifel vorzeitig mit ins Grab. Es gibt einen Spruch: „Mit 40 gestorben und mit 80 begraben." Es ist ein Leben gefangen in der Mittelmäßigkeit, die eigene Leere kaschiert hinter der Passt-schon-Maske.

Doch weißt du was? Genau da liegt unser größtes Potenzial versteckt. Unsere Ängste zeigen uns unser größtes Potenzial.

Fühl das mal.

Jede Angst zeigt dir sofort, wo du von deiner Wahrheit abgekommen bist. Angst ist dann das Alarmsignal: „Ich denke falsch!" *Wenn du nicht deine Wahrheit sprichst, hast du Angst.* Deine Ängste dauerhaft zu unterdrücken führt dazu, dass du maximal getrennt bist von dir selbst. Du bist irgendwann nicht mehr du, wenn du dein wahres Ich dein Leben lang zur Seite geschoben hast.

Zurück zum Autopiloten. Dein ganzes Leben läuft auf Autopilot weiter, wenn du nicht irgendwann aufwachst. Du schaust dann in den Kalender und wunderst dich, wie schnell das letzte Jahr schon wieder verpufft ist. In unseren ersten Lebensjahren passiert so viel Wachstum. Krabbeln, sprechen, laufen, Fahrradfahren lernen. Und dann? Spätestens mit unserem ersten Beruf, der Hochzeit und der Hausfinanzierung war es das dann. Wir leben das vorbestimmte Leben der konditionierten Masse. Die Masse ist aber leider nicht reich und wohlhabend, wie wir bereits in den vorigen Kapiteln festgestellt haben. Sie streben nach Sicherheit. Wer sich an dem Strohhalm der vermeintlichen Sicherheit festklammert, wird *niemals nie* frei sein.

Liebe Leserin, du bist anders. Du bist gerade dabei, aus diesem Dämmerschlaf zu erwachen. In Wahrheit bist du schon ganz schön weit gekommen.

Hast du dich schon dafür gefeiert? Dich zu sehr selbst zu feiern war bis gestern verboten, ich weiß. Ab hier ist es dringend empfohlen. Vertrau mir, du darfst das. Mach es einfach, und du wirst sehen, wie sehr es dich nährt. Es mag ungewohnt sein, aber wunderschön. Schon bald wirst du es lieben.

Ab hier wird es manchmal etwas tricky. Vielleicht merkst du es bereits. Wenn du endlich wirklich du sein willst, dann kommst du jetzt nicht daran vorbei, deinen Keller aufzuräumen. Ja, du hast richtig gelesen – deinen Keller.

Als wir 2020 angefangen haben, unseren Hausstand auszumisten und zu verkaufen, war als Erstes der Keller dran. Es gab diesen Vorratskeller, der an allen Wänden mit raumhohen Holzregalen ausgebaut war. Vorräte, Spiele und nicht benötigte

Dinge wurden ordentlich sortiert in den Regalen aufbewahrt, doch in den letzten Jahren war die Nutzung dieses Kellers eskaliert. Alles, was schnell von der Bildfläche verschwinden sollte, war in diesem Raum gelandet. Aus dem ordentlichen Vorratsraum war ein Schwarzes Loch in unserer Galaxie geworden, das alles in sich aufgesaugt hatte. Vom Boden bis zur Decke war alles zugestellt. Meike, unsere große Tochter, hatte sich bereit erklärt, sich diesem Chaos zu stellen.

Der Vorratskeller war also übervoll. Meike fing deshalb zwangsläufig an, das Chaos auf den Flur auszuweiten. Schnell türmten sich mehrere Stapel, Tüten und Kisten im Flur. Vieles wurde sofort aussortiert – Altpapier, Restmüll, Gelber Sack –, aber es gab auch eine Kiste mit Flohmarktartikeln und den spannenden Bereich mit dem großen Fragezeichen. Braucht es das noch in unserem neuen Leben?

Wirklich?

Oder ist es ein Symbol unseres alten Lebens und kann jetzt endlich weg?

Meine Kunden lieben diese Kellergeschichte, weil sie so schön deutlich macht, womit wir uns konfrontieren dürfen, wenn wir wirklich, wirklich aufwachen wollen.

Liebes, auch du darfst jetzt deinen Keller aufräumen, und dabei alles, was an Gefühlen, Erinnerungen und Emotionen hochkommt, anschauen. Hier scheitern zugegebenermaßen die meisten, weil es an manchen Stellen echt unbequem werden kann, wenn so viel alter Staub aufgewirbelt wird. Vieles, was dir auf deiner wundervollen Reise zu deinem wirklichen Du begegnen wird, ist in Wahrheit nicht deins. Du hast es nur irgendwann in dein System gelassen, als du dir nicht bewusst warst, wie sehr es dich in Wahrheit kleinhält. Alles, was du im Keller findest, sind Anteile von dem *minikleinen* schwarzen Punkt auf deinem Arm.

Über die Jahre hat es vielleicht bereits hier und da unbemerkt angefangen zu müffeln und zu stinken und sich in Form von unbewussten Limitierungen in deinem Leben ausgebreitet. Verabschiede dich liebevoll von diesen nicht dienlichen Gedanken und Konditionierungen. Das darf alles weg. Du musst dich übrigens nicht explizit auf die Suche machen. Wenn du dich auf diesen Weg einlässt, kommt ohnehin alles nach und nach an die Oberfläche. Es zeigt sich. Geh in den Vollkontakt. Fühle, ob es dir dient, und wenn nicht, dann lass es einfach durch dich hindurchfließen.

Letztlich ist genau das Gegenteil von all dem die Wahrheit. Kannst du das schon zulassen?

Schauen wir es uns doch mal an einem Beispiel an: Mal angenommen, du hast bis gestern geglaubt, du müsstest die Verantwortung für deine Finanzen deinem Mann, einem Banker oder jemand anderem in deinem Umfeld überlassen, weil du dich in die Geschichte eingekauft hast, dass alles rund ums Geld für dich zu kompliziert ist. Weil du es ohnehin nicht verstehst oder keine Zeit hast, dich damit zu beschäftigen. Vielleicht glaubst du auch, dass du nicht technikaffin bist und es deswegen zu kompliziert für dich sein könnte. Oder es war bereits bei deinen Eltern so, dass dein Vater als Hauptverdiener das Ressort Finanzen unter sich hatte, alle großen Entscheidungen alleine getroffen hat und deine Mutter als Hausfrau nur das Haushaltsgeld verwalten durfte.

Bäm!

Fällt dir was auf?

Du hast es nur von anderen übernommen. Es war nie deine bewusste Entscheidung. Sie haben es dir vorgelebt und du hast es für dich adaptiert. Wahrscheinlich lebst du aktuell mit deinem Partner eine ähnliche Realität, wie du es bereits von deinen

Eltern kennst. Fühl da mal rein. Es ist nicht deins. Es war nie deine freie Entscheidung.

Vielleicht ist schon länger deine große Sehnsucht, endlich mehr als genug eigenes Geld zu haben und dich nicht immer zu limitieren, wenn es ums Geld geht. Vielleicht hast du genau deswegen wieder angefangen, für Geld zu arbeiten? Vielleicht hast du schon lange keine Lust mehr auf die Gespräche mit deinem Partner, wenn es ums Geld geht, weil sie in dir so tiefe Ohnmachtsgefühle auslösen. Du weißt es schon länger, dass es dich nicht mehr befriedigt, dich so sehr einzuschränken. Weil du fühlst, dass es einen leichteren Weg geben muss als diesen krassen Leistungsdruck, den dein Partner zelebriert. Wenn du jetzt hinter die Konditionierung schaust, dann stellst du fest, dass du sehr, nennen wir es „interessante“, limitierende Gedanken zu Geld, Reichtum und finanzieller Fülle hast. Sehr gut!

Und jetzt erlaube dir mal, das genaue Gegenteil zu denken: Du liebst es, zu 100 % Eigenverantwortung für deine Finanzen zu übernehmen.

Du liebst es, deinem Geld beim Wachsen zuzuschauen, und bist total begeistert, wie leicht das Geldspiel als Investorin ist.

Du genießt deine neue Leichtigkeit, die dir diese neue Haltung bringt, und freust dich, wie sehr es deine komplette Familie und besonders deine Kinder positiv beeinflusst. Dein Partner findet es total sexy, dass du so easy Geld kreierst. Unabhängig davon, wo du finanziell startest, du kannst nur gewinnen.

Yes!

Wahrscheinlich findest du noch andere Limitierungen in deinem persönlichen Keller. Du fängst einfach an, nach und nach eine neue Haltung zu allem aufzubauen, was dir bist gestern Drama und Begrenzung gebracht hat. Genau das ist es. Du bist keine Dramaqueen. Es sei denn, du bist mittlerweile süchtig nach diesem Zustand und kümmerst dich lieber nicht um deinen Keller.

In Wahrheit bist du Schöpfer deiner eigenen Lebensumstände. Du entscheidest einfach neu, auch wenn es sich manchmal so anfühlt, als würde es kurzfristig eher schlimmer als besser. Lass dich einfach darauf ein und genieße die Show. Jede unbewusste Konditionierung, die auftaucht, ist ein Geschenk. Auch wenn manches davon ganz schön viel Staub aufwirbelt. Es lohnt sich. Es ist, als würdest du in einem gruseligen, dunklen Raum das Licht anknipsen.

Zurück zum Keller unseres Familienhauses: Nachdem die ersten Müllsäcke entsorgt waren, wurde es immer spannender. Einige Dinge waren schon ewig in Vergessenheit geraten. Niemand hatte sie wirklich vermisst. In dem Moment, als sie sich wieder zeigten, waren die alten Emotionen und Gefühle schlagartig wieder präsent. Die Vergangenheit holte uns ein: alte Fotos, Mitbringsel aus dem Urlaub vor vielen Jahren, aber auch viel altes Zeug, das schon vor Jahren statt in den Keller in den Müll gehört hätte. Loslassen war angesagt.

Aber es gab auch alte Emotionen und Gefühle wie Scham und Schuld, als ein vielleicht sogar wertvolles Geschenk der Tante auftauchte und keiner es schaffte, es in die Flohmarktkiste zu legen. Oder die zehn originalverpacken Duschgel-Packungen einer Sorte, die wir schon lange nicht mehr mochten. Können wir die einfach wegwerfen? Es war superspannend zu beobachten, wie unterschiedlich wir vier auf die verschiedenen Fundstücke reagierten. Manches war bereits in der Mülltonne entsorgt und tauchte Tage später wieder im Haus auf. Es war ein total verrückter Prozess.

Loslassen. Lieb Gewonnenes aussortieren, weil es einem definitiv nicht mehr dienlich ist. Das alte Leben auflösen, um überhaupt Raum und Platz für Neues zu schaffen. Das ganze System durchlüften.

Und in den tiefsten hinteren Ecken müffelt es schon länger. Klebriger alter Scheiß, der endlich aussortiert werden darf. Du kannst dich darin verlieren, wenn du nicht achtsam bist.

Die alten Emotionen und Gewohnheiten werden dir schmeicheln. Dein Verstand wird versuchen, dich davon abzuhalten und dir in allen Facetten deinen Untergang ausmalen: Du wirst schon sehen, was du davon hast. *Hochmut kommt vor dem Fall.* Du wirst am Ende alleine, verarmt und mit leeren Händen dastehen, weil du alles kaputtmachst. Bla, bla, bla.

Irgendwann kommt dann auch noch jemand aus deinem Umfeld um die Ecke, vielleicht dein Mann, deine Eltern oder sogar deine Kinder, und spielt den Moralapostel: Das darfst du nicht! Du kannst doch nicht alles wegschmeißen, was dich ausmacht. Du hast dir doch alles so mühsam erarbeitet. Aus der Reihe zu tanzen ist verboten. Du darfst es nicht unbequem machen – für sie. Dann müssten sie sich ja auch konfrontieren. Sie müssten sich dann ihre eigenen Ängste anschauen, die genau dann aufkochen, wenn jemand kurz davor ist, ihre kleine Bubble zu sprengen.

Liebes, an dieser Stelle gilt es, dich für etwas zu entscheiden und dafür einzustehen, was niemand außer dir sehen kann. Trau dich. Es wird großartig.

Leben aus dem höchsten Selbst bedeutet, dass du durch deine Ängste gehst – auch wenn es viel Staub aufwirbelt, auch wenn der ganze *Schmodder* an die Oberfläche kommt. Angst vor Bewertung und Ablehnung wird die Situation nicht verbessern. Das kleine Mädchen will geliebt werden. Ja, genau! Und jetzt heißt es, über dich hinauszuwachsen. Deine Wahrheit war schon immer in dir. Die Zeit ist reif. Tief in dir weißt du es. Das Neue kann nur entstehen, wenn du den Raum dafür schaffst. Wenn du bereit bist loszulassen. Wenn du neugierig auf das Leben bist. Genau dafür bist du hier. Du bist hier, um diese vielen kribbeligen Erfahrungen zu machen, die schon so lange auf dich warten, und um dich zu erfahren in deiner tiefsten Wahrheit.

It‘s time to fly, Baby!

Mir sind schon viele Menschen begegnet, die sagen: „Ich will.“ Aber zwischen „ich will“ und „ich will wirklich“ liegen ganze Universen. Dieses „ich will“, das tief aus deiner Seele kommt, bedeutet, bereit zu sein, dich auf allen Ebenen zu konfrontieren und in deine Impulse springen. Wenn sich eine *Zeitlinie* auftut, gehst du durch. „Ich will“ heißt, du machst keine faulen Kompromisse mehr. Du weichst nicht aus.

Du bist nicht mehr das kleine, angepasste Mäuschen.

Du übernimmst zu 100 % die Verantwortung für alles, was ist, und gehst in deine volle Selbstermächtigung.

Du sprichst endlich deine Wahrheit.

Du bist endlich zu 100 % du selbst!

Du befreist dich selbst.

Wooohoooo!

Und jetzt solltest du dich dafür feiern.

27

DARF ICH VORSTELLEN? DER UNIVERSUMS-KOPIERER

Bist du dir bewusst, was du über dich denkst?

Eine meiner wichtigsten Erfindungen ist die Metapher vom Universumskopierer.

Schnall dich an!

Stell dir vor, das Universum sei ein riesiges Kopiergerät. Dieses Gerät macht, was es soll – perfekte 1:1-Kopien von dem, was wir drauflegen. Der Universumskopierer bewertet nicht, er hinterfragt nicht. Er kopiert. Ausnahmslos alles, was du jeden Tag denkst und aussprichst, legst du auf deinen Universumskopierer. Seine einzige Antwort ist: „Gerne! Dein Wunsch ist mit Befehl." Gott sagt immer JA zu dir. Er respektiert deinen freien Willen. Du kannst alles sein, tun und haben, was du möchtest.

Die Sätze „Ich kann es mir nicht leisten" oder „Ich habe kein Geld" zu denken oder auszusprechen sind für den Kopierer die Aufforderung, dir eben exakt diese Situationen in dein Leben zu projizieren, damit du genau diese Erfahrung immer wieder im Dauerloop machen kannst. Wenn wir die Bewertung rausnehmen, dann ist und bleibt es eine Erfahrung. Wenn du also zum Beispiel Armutsideen immer wieder auf den Kopierer legst, nimmt das Universum an, dass du dir es genau so für dein Erleben wünschst. *Bewusstsein wertet nicht.*

Ein Funfact als Beispiel: Kennst du die Situation, dass du einen bestimmten Gegenstand augenscheinlich verloren hast und du in dem Moment, in dem du es bemerkst, kurzzeitig leicht panisch reagierst? Wir hatten diese Situation auf einem der VIP-Events in Zypern auf der Yacht. Eine Teilnehmerin sprach mich an, weil sie ihren Fingerring offensichtlich „verloren" hatte. Sie bat mich, dass ich ihr beim „Suchen" helfe. Meine Erklärung, dass der Ring gar nicht weg sei und sie doch bitte die Energie von Suchen auf Finden legen solle, fand bei ihr kein offenes Ohr. Sie war so tief in ihrem Autopiloten, dass sie mich gar nicht „hören" konnte. Sie wollte den Ring weiterhin suchen, da er ja definitiv weg war.

Nach meiner Erfahrung mit dem Universumskopierer macht das Suchen nur wenig Sinn, weil wir uns damit die Erfahrung von Suchen als 1:1-Kopie bestellen. Ich erklärte ihr, dass es möglich sei, mit dem Ring Kontakt aufzunehmen und dass die folgenden Worte „Lieber Ring, ich weiß ganz genau, wo du bist" Wunder bewirken könnten, wenn sie gleichzeitig den Fokus von Suchen auf Finden legte. Auf diese Weise wird die Energie von „Er ist weg" zu „Gleich finde ich ihn, weil ich bzw. mein Unterbewusstsein ja eh weiß, wo er sich befindet" gelenkt. In dem Moment, in dem wir loslassen, weil wir uns entspannen und es eben bereits wissen, bekommen wir eine Ahnung, ähnlich einem Déjà-vu, und werden den Ring genau an dieser Stelle finden. So meine Erklärung.

Ungläubig rollte sie mit den Augen. Kurz nach dieser Begegnung trafen wir uns alle an Deck zum gemeinsamen Lunch. Die Teilnehmerin verkündete sogleich bei Tisch, dass sie ihren schönen Ring an Bord verloren habe. Die übrigen Teilnehmerinnen stiegen sofort in die Energie von „*OMG!* Der Ring ist weg" ein, während die Geschädigte beteuerte, dass sie bereits überall erfolglos gesucht habe und der Ring definitiv weg sei. Als ich das Geschnatter unterbrach, um zu betonen, dass der Ring gar nicht verloren sei, weil er auf einer Yacht ja wohl kaum wegkommen könne, und sie ihn einfach nach dem Essen an der Stelle wegnehmen solle, wo er schon die ganze Zeit liegt, war die Verwirrung perfekt. Ich lieb's.

Es ist wirklich immer wieder spannend zu beobachten, wie ablehnend wir Menschen reagieren, wenn ein neuer Denkansatz unser altes, gewohnheitsmäßiges Denken und das Nicht-für-möglich-Halten von Wundern und Magie durchkreuzt.

Um es kurz zu machen: Gegen Abend beobachtete ich die Teilnehmerin in einem der Schlafzimmer, wie sie gerade in ihrer großen Tasche kramte, und ging zu ihr. In dem Moment bemerkte sie den Ring. Er war ihr am Vormittag unbemerkt vom Finger gerutscht und in die Tasche gefallen. Obwohl sie die Tasche bereits mehrfach nach dem Ring „abgesucht" hatte, zeigte er sich genau jetzt „zufällig", da sie nicht mehr suchte, sondern dabei war, ihre Tasche zu packen. Er war nie weg!

Ziemlich verrückte Geschichte, oder?

Jetzt weißt du auch, warum wir *Girls* im Hause Sommer immer nur finden und eben nicht suchen. „Ich weiß genau, wo meine Schlüssel liegen. Wer kann sie mir bringen?" ist bei uns eine klassische Formulierung, wenn es darum geht, einen gewissen Gegenstand (Schlüssel) zu finden. Einzig mein Mann sucht immer noch gerne, wenn er etwas verlegt hat. ;-)

Alles, was du bewusst oder unbewusst in Form von Worten und Gedanken von dir gibst, wird dir also vom Universumskopierer exakt so in dein Leben projiziert.

Jeden Tag.

Dein ganzes Leben lang.

Schon immer.

Was wäre, wenn jedes deiner Worte oder deiner gewohnheitsmäßigen Gedanken über dich und deine Möglichkeiten zu deiner Realität würden?

Würdest du das wirklich wollen?

Echt?

Viele Menschen machen sich zum Beispiel aus Unsicherheit immer wieder über sich selber lustig. Dein Unterbewusstsein hat aber keinen Sinn für Humor. Ich empfehle dir deshalb dringend: Mache *niemals nie* schlechte Witze über dich! Es sei denn …

Bist du bereit, ab sofort etwas mehr Bewusstsein an den Tag zu legen in Bezug darauf, was du denkst und aussprichst? Bist du bereit, dich die nächsten Tage ganz intensiv dabei zu beobachten? Das bedeutet in letzter Konsequenz, dass du nicht mehr den ganzen Tag im Autopiloten vor dich hinleben kannst. Ein interessantes Spiel, um dir endlich selbst auf die Schliche zu kommen und zu erkennen, wo und wann du wirklich bewusst dein Leben lebst. Du wirst sehen, wie schnell der Autopilot übernimmt, wenn du nur kurz nicht aufpasst.

Ich persönlich habe mir angewöhnt, meine Worte sehr bewusst zu wählen, weil ich die Macht unserer Gedanken, Gefühle und erst recht der Worte, die wir aussprechen, sehr intensiv erforscht habe.

Ich lade dich von Herzen ein, dich zu dieser Achtsamkeitsübung zu committen, und bin sehr neugierig, wie du diese Übung erlebst.

Was legst du jeden Tag auf deinen Universumskopierer?

Fokus auf Mangel ⇔ Fokus auf Fülle

Fokus auf Mangel	Fokus auf Fülle
______________________	______________________
______________________	______________________

28
DAS GELDTHERMOSTAT

Reichtum ist eine Frage des Bewusstseins.

Vor dem Hintergrund des riesigen Raumes, den ich bisher für dich aufgemacht habe, möchte ich nun noch einmal ganz praktisch über Finanzen reden. Der Antrieb, finanziell vorzusorgen und eine Lebensversicherung oder einen ETF oder Fonds zu besparen, bedeutet immer, dass wir aus einer Angst vor einer unsicheren Zukunft handeln.

Wir haben uns damit in die negative Erwartungshaltung eingekauft, dass es diesen Notgroschen für schlechte Zeiten braucht. Tief in uns ahnen wir bereits, dass dieses marode Finanzsystem gegen uns arbeitet und definitiv kein guter Wertspeicher für unser „sauer verdientes" Geld ist (Was für ein krasses Wording!). *Die Reichen werden immer reicher, während die Armen immer ärmer werden.* Heißt es nicht so? Aber warum? Die Antwort ist so multidimensional.

Allein das Wort „Vorsorge" verkörpert schon den puren Mangel. Laut Duden versteht man darunter die „Gesamtheit von Maßnahmen, mit denen einer möglichen späteren Entwicklung oder Lage vorgebeugt, durch die eine spätere materielle Notlage oder eine Krankheit nach Möglichkeit vermieden werden soll". Fühl mal die Schwere.

Nahezu alle Vorsorgeprodukte werden über Angst verkauft. Das Spiel mit der Angst funktioniert hervorragend. Und schwupps, sind wir voll eingestiegen in das Bewusstsein der Masse, die nach aktueller Statistik eben nicht wohlhabend ist. Angst ist eben ein denkbar schlechter Begleiter, wenn es darum geht, nachhaltig gute (finanzielle) Entscheidungen zu treffen. Warum geben sich aber so viele Menschen mit Mittelmaß zufrieden?

Unser Kontostand und die Art, wie wir uns Geld erlauben, macht unsere Konditionierungen sichtbar, ob du diesen Gedanken angenehm findest oder nicht. *Reichtum ist eine Frage des Bewusstseins.* Ewiges Rumeiern wird auch auf dem Konto sichtbar. Unser Kontostand lügt übrigens nie. Er zeigt uns schonungslos, wo wir aktuell stehen.

Wenn du dir nicht bewusst bist, wie machtvoll du in Wahrheit bist, siehst du dich als kleines Arbeitsbienchen, das gar keine andere Wahl hat, als fleißig jeden Tag hart für Geld zu arbeiten (Pollen und Nektar zu sammeln). Die Bienenkönigin legt übrigens keine besonderen Königinnen-Eier oder Arbeiterinnen-Eier. Das Ei an sich ist immer nur ein Ei. Die Entscheidung, ob aus diesem Ei eine Königin oder ein Arbeitsbienchen entsteht, entscheidet die Größe der Wabe (Bewusstsein, Ausdehnung), in die das Ei gelegt wird, und darüber hinaus das bessere Futter. Gelée royale ist die Nahrung (Konditionierung), die darüber entscheidet, ob lebenslang Arbeitsbienchen oder Königin. Eine Arbeiterin kann bei den Bienen niemals Königin werden.

Bei uns Menschen ist das zum Glück anders. Zwar wachsen wir auch mit einer gewissen Konditionierung und mit Prägungen auf und haben ein entsprechendes Level an Bewusstsein. Anders als im Bienenstaat haben wir jedoch alle per göttlichem Recht durch unseren freien Willen die Möglichkeit, uns komplett neu zu entscheiden. Ja, wir dürfen neu wählen und können uns jederzeit von dem hart arbeitenden Arbeitsbienchen in die in uns schlummernde Göttin verwandeln und unsere wahre Größe anerkennen.

Und genau das ist die Perfektion des Universums. *Wir bekommen, was wir glauben haben zu können.* Bewusst oder unbewusst. Es gibt dieses Mangelspiel nur aus einem einzigen perfekten Grund: Dualität! Wo Licht ist, muss es auch Dunkelheit geben. Armut existiert nur, wenn es auch Reichtum gibt. Sonst würde dieser freie Wille gar keinen Sinn machen.

Wir dürfen selbst entscheiden, welche Erfahrungen wir in diesem Leben machen wollen. Wir sind Schöpfer. Wir kommen alle lichtvoll auf die Welt und werden in unseren ersten Lebensjahren durch unsere Konditionierungen in Dunkelheit gehüllt. Wir vergessen, wer wir in Wahrheit sind. Das gehört zum Spiel dazu.

So ein Spaß!

Deswegen sind wir hier, um – je bewusster wir uns werden – zu erfahren, dass wir in der Dunkelheit, die uns umgibt, in Wahrheit selbst das Licht sind. Wir sind alles und dürfen alles sein. *Wooohoooo!*

Ich liebe es so sehr.

Erinnerst du dich an die Sollbruchstelle, die ich in Kapitel 1 erwähnt habe? Du hast sie implementiert. Und du hast jetzt mit diesem Buch die Chance aufzuwachen. Ich habe es nur für dich geschrieben, und du liest dieses Buch nicht zufällig. „Wach auf", flüstert deine Seele liebevoll. Sie hat dir dieses Buch in den Schoß gelegt, damit du endlich den nächsten Schritt machst. Vielleicht ist ja genau jetzt dieser historische Moment, der dein komplettes Leben verändert.

Glaubst du nicht?

Schade!

Es ist nämlich immer was du glaubst.

Du hast immer recht.

Immer!

Das macht dich als Schöpfer deiner eigenen Lebensumstände aus. Alles, was in deinem Leben passiert, wurde mehr oder weniger bewusst – und größtenteils unbewusst – von dir erschaffen. Wenn du dir den Gedanken erlauben kannst, dann macht es so Sinn. Die Wahrheit ist in dir. Vielleicht irgendwo gut versteckt, in der hintersten Ecke in deinem dunklen Kellerraum, und doch ist sie da. Erlaube dir, deine Barrieren runterzufahren, und erinnere dich an das Geschenk der Amnesie.

Du darfst neu wählen. Was wäre, wenn du ab sofort immer mehr als genug Geld hättest, um dir all deine verrückten Träume zu erfüllen? Darum geht es doch: Maximal viele Erfahrungen machen, weit über dich hinaus wachsen, endlich leben und dir Millionen erlauben, um all das zu tun, was dich maximal erfüllt.

Bist du bereit?

Hast du schon einmal davon gehört, dass viele Lottogewinner nach wenigen Jahren weniger Geld besitzen als vor ihrem Gewinn? Wir haben alle eine Art eingebautes unbewusstes Geldthermostat. Wie bei einer Heizung ist die „Temperatur" individuell verstellbar. Mit unserer Geburt ist das Thermostat auf Fülle und bedingungslose Liebe voreingestellt. Im Laufe unseres Lebens werden wir dann mit den unterschiedlichsten Erfolgs- und Geldglaubenssätzen konfrontiert. Somit haben wir alle irgendwann unsere eigene Geld-Identität, die sich durch unsere bisherigen Erfahrungen und ganz viel *Hörensagen* gebildet hat. Alles, was du im Zusammenhang mit Geld glaubst oder nicht glaubst, ob du meinst, es zu verdienen, Geld zu haben, und wie du deinen persönlichen Wert bemisst, wenn du für Geld arbeitest in einem Job, den du du dir nur schönredest – all das ist Teil dieser Geld-Identität. Welchen Grad der Selbstbestimmung lebst du?

Wie dieses Thermostat bei dir eingestellt ist, kannst du an deinem Kontostand und natürlich in allen Lebensbereichen, die direkt oder indirekt mit Geld zu tun haben, ablesen.

Hast du immer mehr als genug Geld zur Verfügung?

Wie leicht fließt Geld in dein Leben?

Arbeitest du noch hart für Geld?

Glaubst du, Geld verdirbt den Charakter und macht dich zu einem schlechten Menschen?

Erlaubst du es dir, *easy* Geld zu nutzen?

Wie stehst du zu Luxus?

Kannst du dir Luxus erlauben, *einfach weil*?

Oder lehnst du ihn aus deiner Konditionierung heraus ab?

Kannst du dir Geld erlauben, um es nur für dich zu nutzen, oder möchtest du es nur haben, damit du die Welt verbessern kannst?

Siehst du überall Fehler und Probleme oder dein Potenzial dahinter?

Ist es vielleicht so, dass du immer wieder Geld durch ungünstige Umstände verlierst?

Steht vielleicht immer genau dann, wenn du etwas mehr Geld zur Verfügung hast, eine dringende Reparatur an?

Triffst du gewinnbringende finanzielle Entscheidungen?

Kannst du Investitionen von Ausgaben unterscheiden?

Kannst du Geld als Geschenk annehmen?

Viel davon?

Hast du das Gefühl, dass du, wenn dir jemand etwas Schönes schenkt, dich dafür bei nächster Gelegenheit revanchieren musst?

Ist es dir unangenehm, teure Geschenke anzunehmen? Oder bewirkt sogar schon die berühmte Einladung auf einen Kaffee ein unangenehmes Gefühl?

Wie reagierst du, wenn dir jemand ein Kompliment macht?

Wie reagierst du auf Rechnungen, die du bezahlen musst?

Oder auf eine Steuernachzahlung?

Wie reagierst du auf eine Steuerrückerstattung?

Feierst du jede Geldkreation? Und auch den Euro, den du auf der Straße findest? Bückst du dich auch für das Ein-Cent-Stück?

Was macht es dir für Gefühle, wenn du an Geld denkst?

Glaubst du, es könne so einfach mit dem Reichtum nicht sein, denn sonst wäre ja wohl jeder reich? Vielleicht glaubst du auch, diesen ganzen Luxus nicht zu brauchen?

Oder nicht zu verdienen?

Bist du der Meinung, dass es löblicher ist, bescheiden zu sein?

Lieber gesund als reich?

Vielleicht hast du auch schon Geld durch Abzocke (Scams) oder Betrug verloren und bist deswegen besonders ängstlich und vorsichtig geworden?

Vielleicht glaubst du auch, mit Geld oder der entsprechenden Technik nicht umgehen zu können, und lässt deshalb lieber die Finger davon?

Vielleicht glaubst du auch, dass es auf ehrliche Art und Weise wohl kaum möglich ist, zu Geld zu kommen?

Oder du glaubst, dass dein Partner sich besser auskennt und du gibst die Verantwortung in Gelddingen an ihn ab?

Wie genau ist es bei dir?

Fühl mal und nutze diese Fragen für deine Selbstreflexion.

Wenn wir dauerhaft an falschen Überzeugungen festhalten, werden wir uns als Opfer erfahren. Wir meinen dann, andere Menschen, der Staat, die Umstände oder die Zahnfee seien daran schuld, wenn unser Leben schwer und anstrengend ist. Jemand, der chronisch pleite ist, wird unbewusst sein Geldthermostat eher auf einen negativen Wert eingestellt haben in Bezug darauf, Geld zu besitzen, Geld zu verdienen und Geld auf leichte Weise zu nutzen.

Wenn jemand zwar viel Geld verdient, eventuell sogar ein Vermögen aufbaut, und dieses Geld gleichzeitig immer wieder durch unterschiedliche Ereignisse verliert, zum Beispiel durch eine Insolvenz oder ein anderes unglückliches Ereignis, ist sein Geldthermostat ebenfalls nicht auf finanzielle Fülle eingestellt. „*Wie gewonnen, so zerronnen*" ist eine Konditionierung aus dem Armutsdenken. Und Armutsdenken wird *niemals nie* nachhaltig zu Wohlstand führen.

Wenn jemand glaubt, seinen Wert über Leistung und Fleiß beweisen zu müssen, wird diese Konditionierung aus der Kindheit im Erwachsenenalter gerne in übersteigerter Form ausgelebt. Dabei kommt sicher einiges an Geld rein. Bei gleichzeitig maximalem Zeitinvest, regelmäßigen Überstunden und entsprechender latenter gesundheitlicher Erschöpfung infolge von anhaltender Überlastung. Gelebte Freiheit ist das definitiv nicht.

Menschen ohne finanzielle Bildung sind sich ihrer Limitierungen nicht gewahr. Sie nähren ihr Leben lang Glaubens- und Denkmuster, die ihnen nicht dienlich sind, und geben diese auch noch, ohne es zu merken, an ihre Kinder weiter.

Wir wissen nicht, was wir nicht wissen.

Stell dir mal vor, wie viele Menschen da draußen in der Finanzbranche arbeiten oder mehrere Jahre BWL studieren, um dann besonders fleißig ihre Karriere voranzutreiben. Viele Überstunden inklusive. Sie analysieren täglich die Finanzmärkte, lesen furztrockene Finanzbücher und freuen sich über die Performance ihres MCSI World Index ETFs im Depot. (Stand 02.06.2024: Performance der letzten drei Jahre liegt bei ca. 16 %. Das sind im Durchschnitt ca. 5,33 % pro Jahr.) Bei deutlich höherer Inflation verliert ihr Erspartes jeden Tag an Kaufkraft.

Warum merkt das niemand? In Wahrheit merken sie es schon. Ihre Antwort darauf lautet: Überstunden, noch mehr arbeiten, noch mehr vorsorgen und den Gürtel noch enger schnallen. Sie nähren das Mangelspiel. Finanzielle Bildung schadet nur dem, der sie nicht hat.

Wenn die Strategien deines Bankers nachhaltig funktionieren würden, wäre er doch bestimmt reich, oder? Noch mal zur Erinnerung: *In der Bank lernen sie Bank und eben nicht Geld.*

Das ist nicht meine Liga. Geld zu kreieren kann so sexy sein, wenn du nicht mehr hart dafür arbeiten musst. Die Kunden meines Finanzkurses haben im selben Zeitraum fast schon ihr eigenes Geld gedruckt. Sie übernehmen Eigenverantwortung für den Lebensbereich Finanzen und können aus einem neuen Bewusstsein heraus neue, bessere finanzielle Entscheidungen treffen.

Mein Lieblingsthema Geld kreiert so viel Wachstum auf allen Ebenen. Natürlich nur, wenn du dich zu 100 % darauf einlässt. Viele Menschen sind so voller Konditionierungen und dem, was sie vom Hörensagen kennen, dass sie noch nicht einmal einen klitzekleinen neuen Gedanken zulassen können, wenn es um Geld geht. Wie ein Glas, das bereits bis zum Rand gefüllt ist. Da passt einfach nichts mehr rein.

Liebe Leserin, kannst du dir den Gedanken erlauben, dass möglicherweise alles, was du bisher zu Geld gelernt hast oder was du dazu glaubst, wie es funktioniert, einfach nicht wahr ist? Oder zumindest nur zur Hälfte wahr? Kannst du es dir erlauben, auch wenn du jetzt noch glaubst, dass das nicht sein kann?

Warnung: Möglicherweise gehst du jetzt etwas in Ablehnung. Ich möchte dir gerne ein kleines Experiment anbieten.

Lass uns doch mal mit der Lupe hinschauen, was passiert, wenn du zum Beispiel 100.000 Euro für dich arbeiten lassen möchtest. Falls dir die Summe zu groß oder auch zu klein sein sollte, dann lass einfach ein paar Nullen weg oder füge welche hinzu.

Beispiel 1:

Du hast 100.000 Euro und machst zehn Jahre lang gar nichts. Vielleicht lagerst du dein Geld unter dem Kopfkissen oder in deinem privaten Geldspeicher und nimmst jeden Tag ein schönes Geldbad.

Nach zehn Jahren hast du also immer noch 100.000€. Wirklich? Ja und nein. Tatsächlich liegen da immer noch 100.000 Euro in bunten Scheinen unter deinem Kissen oder wo auch immer. Wenn du allerdings die Inflation (hier in unserem Beispiel 7,4 %) mit einrechnest, dann bleibt von deinem ursprünglichen Kapital nur noch eine Kaufkraft von 48.973 Euro übrig. Autsch! Erinnerst du dich noch daran, wie viel Lebenszeit und Mühe es dich gekostet hat, die Summe zu erarbeiten?

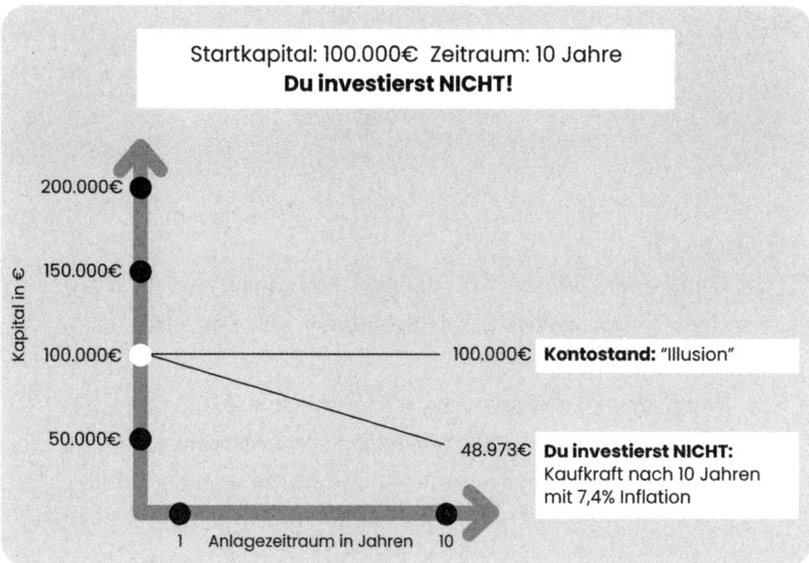

Beispiel 2:

Du hast 100.000 Euro Startkapital und legst dieses Geld ohne weitere Einzahlungen für zehn Jahre mit 4 % Rendite fest an. Nach zehn Jahren hast du damit also einen Kontostand von satten 148.024 Euro. Doch du ahnst es sicher schon: Inflationsbereinigt bleibt deutlich weniger an Kaufkraft übrig, nämlich mit 72.492 Euro abermals nur gut die Hälfte. Das ist zwar deutlich mehr als bei der Kopfkissenvariante, aber es ist und bleibt ein schlechter Deal.

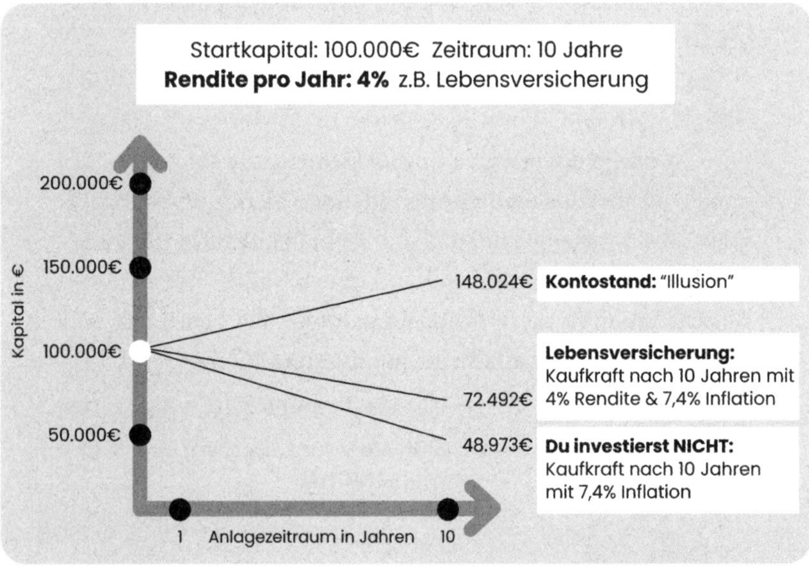

Beispiel 3:

Du hast 100.000 Euro Startkapital und denkst jetzt nach den vorigen Beispielen vielleicht: Schlimmer kann es wohl kaum kommen. Leider doch.

Wenn dein Geldthermostat auf Dunkelrot steht, dann bist du empfänglich für schlechte finanzielle Entscheidungen. In Wahrheit kennst du dich null aus und bist gutgläubig in diese Sache hineingeraten. In diesem Beispiel steckst du dein Kapital in einen KI-Trading-Bot oder eines der vielen betrügerischen Scam-Projekte. Nach wenigen Wochen oder Jahren stehst du mit leeren Händen da.

Dein Geld ist futsch.

Echt gruselig, wenn du bedenkst, dass du, um dieses Geld zu erwirtschaften, deine kostbare Lebenszeit eingetauscht hast, anstatt Qualitätszeit mit deinen Liebsten zu verbringen Diese Variante der Geldvernichtung kommt übrigens sehr häufig vor. Als wäre der eigene Geldverlust nicht schon schlimm genug, sind oft sogar noch Freunde und Familienmitglieder über Empfehlungen dieses Systems mit von der Partie.

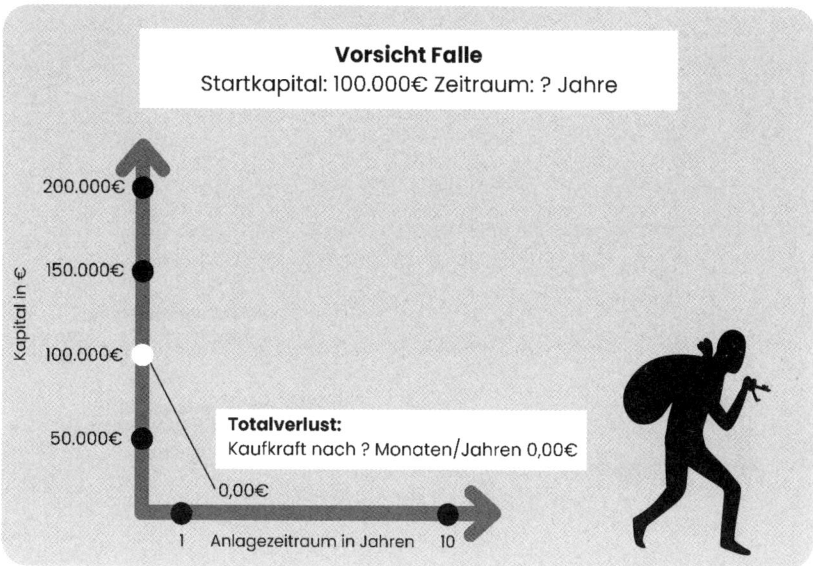

Beispiel 4:

Ich muss an dieser Stelle einfach mal abfeiern. Die Absolventen meines Finanzkurses „easy peasy HAPPY MONEY Krypto Investing" haben alleine in einem Jahr (Juni 2023 bis Juni 2024) aus 100.000 Euro inflationsbereinigt ca. 243.000 Euro kreiert, wenn sie exakt eine meiner Strategien umgesetzt haben. Hast du jetzt eine Ahnung, wie grundlegend finanzielle Bildung ist und was es bedeutet, die eigenen Finanzen zur Chefsache zu erklären und 100 % Eigenverantwortung zu übernehmen?

Was würde das für dich bedeuten, wenn dein Geld so fleißig für dich arbeiten würde?

Vielleicht verstehst du es jetzt noch eine Ebene tiefer, wenn ich sage, dass das Leben der Menschen gemessen in Euro immer teurer wird (einfach weil ihr Geld inflationsbedingt nur eine Lebenszeit von 10 bis 20 Jahren hat), während das Leben meiner Finanzkursabsolventen immer günstiger wird.

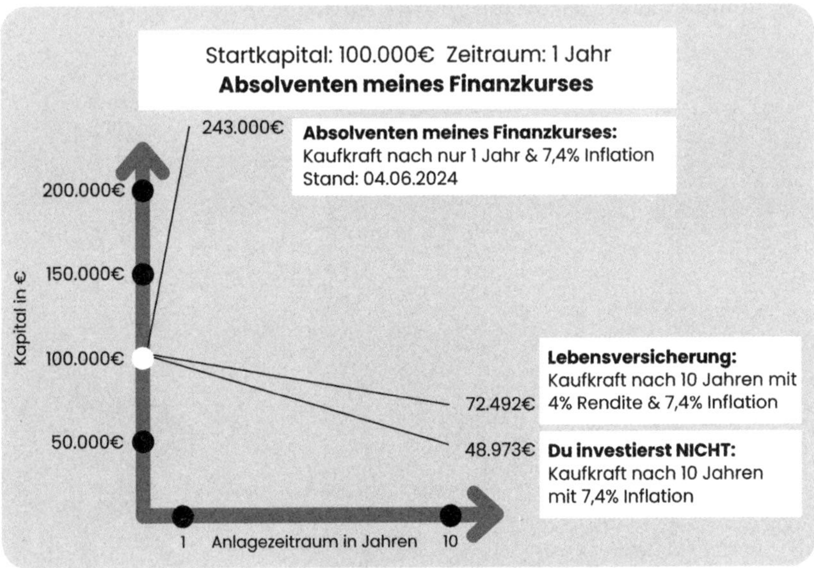

Dabei geht es mir jetzt im Moment weniger um meinen Finanzkurs als um das Potenzial, das theoretisch für alle Menschen gleich ist. Unabhängig, wo wir aktuell im Leben stehen, können wir neue Sichtweisen annehmen und andere Entscheidungen treffen als bisher.

Eine immer gleiche Grundhaltung und ein starres Mindset werden immer gleiche Ergebnisse bringen. Wenn wir beim

Anblick einer Eichel nur eine Eichel sehen, dann ist das, als würden wir die Welt durch einen Strohhalm betrachten und wir sehen immer nur einen sehr beschränkten kleinen Ausschnitt. Alles, was nicht im Sichtfeld ist, ist dann unbekannt. Alles Unbekannte wird, wie bereits ausführlich erklärt, durch unsere Konditionierung und unseren Verstand tendenziell abgelehnt oder sogar bekämpft. Wachstum und Veränderung werden *niemals nie* in unserem bisherigen Begrenzungsrahmen stattfinden.

Um wirklich neue Ergebnisse im Leben zu bekommen, müssen wir bereit sein, über den Tellerrand zu schauen und uns für Möglichkeiten öffnen, die wir bis gestern, durch unsere limitierende Konditionierung oder negatives *Hörensagen,* noch nicht sehen konnten oder wollten. Hand aufs Herz: Wie bereit bist du wirklich, dass sich dein komplettes Leben verändern darf?

Tipp: Ich biete immer wieder Gratis-Workshops zum Thema Finanzen, Finanzielle Bildung, Mindset und Manifestation an. Trag dich dazu gerne gratis auf wibke-sommer.com in meinen Newsletter ein, um rechtzeitig von neuen Terminen zu erfahren.

29

MEIN 49. GEBURTSTAG – DAS LETZTE HÄKCHEN ✓

Erfolg liebt Geschwindigkeit.

Ich will meinen 50. Geburtstag auf einer riesigen Yacht feiern – das habe ich am 8. August 2018 bei Jack Canfield als Ziel definiert. Erinnerst du dich?

Noch nicht einmal zwei Jahre später, am 11. Juli 2020, sitze ich im Flugzeug und fliege mit einem One-Way-Ticket in mein neues Leben nach Zypern. *Niemals nie* hätte mein Erbsen-Verstand daran geglaubt, dass die größenwahnsinnigen Ziele, die ich im Seminar bei Jack formuliert hatte, so schnell Realität werden.

Im Juni 2021 war von den ursprünglich fünf Zielen noch genau eines offen. Warum eigentlich auf den 50. Geburtstag warten? Spontan entschied ich mich Anfang Juni, diesem verlockenden Impuls zu folgen und die Party meines Lebens bereits wenige Tage später auf meinen bevorstehenden 49. Geburtstag am 30. Juni vorzuverlegen. „Erfolg liebt Geschwindigkeit" war meine neue Grundhaltung.

Zudem wollte ich zusätzlich eine exklusive Strandparty feiern. Mit Livemusik, Lagerfeuer und gutem Essen. Ich hatte zu allem sehr genaue Vorstellungen. Bunte Teppiche, Bodenkissen, ein speziell für mich gefertigter bodennaher Tisch, viele kleine Lampen und eine Feuertonne an einem meiner Lieblingsplätze. Die White Rocks, weiße Kreidefelsen auf Zypern, türkisfarbenes Meer und schwarzer Sand. Genau so hatte ich es mir vor meinem inneren Auge ausgemalt.

Unser Freundeskreis war zu diesem Zeitpunkt sehr geschrumpft. Das schöne Haus zu verkaufen, den gut bezahlten Ingenieursjob zu kündigen, die Kinder aus der Schule zu nehmen, Auszuwandern, *easy peasy* viel Geld zu kreieren, ohne zu arbeiten, und krasse Luxusreisen über mehrere Monate zu unternehmen war für viele einfach zu verrückt. Man könnte sagen, wir hatten schlicht andere Interessen als unser altes Umfeld, das sich zu dieser Zeit von den Umständen in der Welt hat einschüchtern lassen.

Auf Zypern war alles extrem entspannt. Ich war im Begriff, die geilste Geburtstagsparty meines Lebens zu feiern und hatte keine Gästeliste.

Gottes Plan war wie immer so viel größer. Einem weiteren Impuls folgend habe ich kurzerhand das erste VIP-Zypern-Event kreiert. Ich kündigte das Event sehr spontan in meiner Finanzkurs-Community an: „Komm als VIP und ich nehme dich mit in meine Welt. Luxus meets zypriotische Gastfreundschaft."

Zwei Monate nach Start meines Finanzkurses „easy peasy HAPPY MONEY Krypto Investing" gab es nun also das erste dreitägige Live-VIP-Event auf Zypern. Es war sofort ausgebucht – mit absoluten *Soulclients*. Es wurde ein krasses Event von Seele zu Seele, mit ganz viel Bewusstmachung, tiefgründigen Gesprächen und Transformation vom Feinsten. Ein Outdoor-Seminarraum mit Blick auf eine wunderschöne landschaftliche Kulisse und das Meer am Horizont (Wer braucht schon langweilige Seminarräume?), der besagten Strandparty und einem Tag auf der schönsten und größten charterbaren Luxusyacht Zyperns.

Die Dankesworte einer Teilnehmerin: „4 Stunden nach Start des VIP-Events auf Zypern hat sich ein 3 Jahre alter Knoten durch Wibke gelöst." Ein Teilnehmer schenkte mir am letzten Abend aus voller Begeisterung einen riesigen Blumenstrauß: „Nach drei Tagen VIP auf Zypern bei Wibke als Ergänzung zum „easy peasy HAPPY MONEY Krypto Investing"-Kurs haben sich meine Erwartungen absolut übertroffen. Es war der Hammer. Mein absolut bestes Invest in den letzten zehn Jahren in mich und mein Vorankommen."

Mindblowing!

Das VIP-Event hat ihnen, im wahrsten Sinne des Wortes, die Augen geöffnet und fast alle Teilnehmer dieses ersten VIP-Events leben heute ein komplett neues Leben.

Das war's. Der fünfte Haken auf meiner Liste der fünf größenwahnsinnigen Ziele vom 8. August 2018. Mittlerweile sind noch viele weitere Ziele wahr geworden. Ich habe mich aktiv dafür entschieden, dass es so ist. Ich bin Schöpfer. Ich mache meine eigenen Regeln. Gott liebt es, sich durch mich in all dem zu erfahren.

Warum ging das alles bei mir so schnell? Warum hat das Universum noch viel mehr und schneller geliefert, als ich mich getraut habe zu bestellen? Es gab diesen Moment, in dem ich mein altes Leben im schönen, gemütlichen, selbst erschaffenen goldenen Käfig so satthatte, dass ich gar nicht anders konnte, als es einfach zu tun. Meine innere Leere war unerträglich. Es gab kein „Ich versuch's mal". Ich musste es tun.

Ich war bereit, alles zu verlieren, und habe alles bekommen. Genau das ist es! „*Ich kann dir nur geben, was du glaubst, haben zu können"*, sagt Gott. Keine faulen Kompromisse mehr! Ich habe die vermeintliche Sicherheit gegen Freiheit eingetauscht.

Das Mindset von erfolgreichen Menschen bedeutet auch immer, bereit zu sein, ein gewisses Risiko einzugehen, nach dem Motto „Ich habe 'ne Scheißangst und ich mache es trotzdem".

Kontrolle, krampfhaftes Festhalten an alten Strukturen und Sicherheitsdenken werden dich nicht frei machen.

Niemals!

Falsche Vorbilder, gut gemeinte Ratschläge von Menschen, die nicht ansatzweise das Leben deiner Träume leben, *Hörensagen* und müde Ausreden werden dich nicht unterstützen, wenn es darum geht, größenwahnsinnige Ziele zu erreichen. Zögern, Aufschieberitis, lineares Denken und mangelnde Entscheidungsfähigkeit sind die angezogene Handbremse für deine eigene Wachstumsreise in die Freiheit.

Eigenverantwortung in allen wichtigen Lebensbereichen und eine echte, zu 100 % committete Entscheidung bedeuten: *DU MACHST ES! NO MATTER WHAT!!!* Genau das ist meine Energie. Erfolg liebt Geschwindigkeit. Wenn ich etwas wirklich, wirklich will, kommt Scheitern nicht vor. Ich werde zu der Person, die es lebt. Mach dir selber das Geschenk der Amnesie und finde heraus, warum du wirklich hier bist.

Du weißt nicht, was du nicht weißt. Es ist dein Leben. Öffne dich für Wunder und Magie. Gottes Plan für dich ist so viel größer.

DU BIST ALLES. DU DARFST ALLES.

Richte dich aus und definiere deine persönlichen größenwahnsinnigen Ziele.

Folge dem ersten Impuls.

IMMER!

Geh in Konfrontation mit der Angst. Angst ist deine Superpower, weil sie dir dein Potenzial zeigt. Jedes Abweichen nährt die Lüge und kreiert Mangel.

SEIN – TUN – HABEN bedeutet:

ICH TUE ES.

Ich agiere aus meiner höchsten Identität.

Erfolg bedeutet Umsetzen.

Immer!

Erlaubnis.

Ich mache es mir möglich.

Expansion.

Eine neue Realität.

WUNDER, WUNDER, WUNDER und Magie.

Wort, ich bin Wort.

Deep LOVE LOVE LOVE

Wibke ♥

Costa Rica, 6. Juni 2024

DANKE

Eine Hotelbar in Hamburg, Oktober 2016

„Du bist immer zur richtigen Zeit, am richtigen Ort, aus dem richtigen Grund“, sagte er zu mir. Rückblickend waren es diese besonderen Begegnungen, die mir das Universum scheinbar „zufällig“ untergejubelt hat.

Wir können nicht nicht manifestieren. Alles im Leben hat eine Auswirkung. Die Zeichen sind immer da. Ich durfte lernen, sie zu sehen.

Gott sei Dank!

Letztendlich schickt uns das Leben selbst unzählige Menschen, Situationen und Möglichkeiten, die sehr leise oder auch mit großer Wucht für diesen perfekten kosmischen Moment in unser Leben kommen, um uns, teilweise unbewusst, ein besonderes Geschenk zu überbringen. Dabei sind gut und schlecht, viel oder wenig, Täter und Opfer nur Bewertungen, die wir gerne hinzufügen, wenn wir uns noch nicht bewusst sind, wer wir wirklich sind.

In Wahrheit ist nichts so, wie es scheint. Und gleichzeitig eben doch!

Alles in unserem Leben passiert für uns. Und damit es passieren kann, passiert alles im perfekten Moment. Alleine das ist schon *mindblowing*.

Es brauchte viele dieser besonderen Momente mit besonderen Menschen, um mich zu dieser Frau werden zu lassen, die ich heute bin. Danke! Danke! Danke!

Beginnen möchte ich mit mir selbst. Ich war bereit, alles zu verlieren, und habe so viel mehr bekommen, als mein begrenzter Verstand denken konnte. Tatsächlich hatte ich keine andere Wahl. Mein selbst erschaffener goldener Käfig wurde immer enger und unbequemer. Die Entscheidung, es zu tun, war längst überfällig. Ich musste lernen zu fliegen.

Der Moment, wo ich realisiert habe, dass ich metaphorisch ohne Fallschirm aus dem Flugzeug gesprungen bin, lehrte mich komplett neue Qualitäten: Erlaubnis, Empfangen, Vergebung und Hingabe, während Sicherheitsdenken, Kontrolle und übertriebenes Denken offensichtlich nicht mehr dienlich waren. Ich war bereit für *„Alles ist möglich."*

LOVE LOVE LOVE & hugs:

Meine Eltern haben mir das wohl größte Geschenk überhaupt gemacht. Die perfekte Startrampe auf meiner Reise zu mir selbst. Mama & Papa, ich liebe euch so sehr!

Meine Familie, die sich auf diese größenwahnsinnige Reise eingelassen hat und mit mir gemeinsam dieses neue Leben erschaffen hat. Micha, Meike & Nele, ihr großen Seelen, I LOVE YOU! Danke für diese größenwahnsinnige gemeinsame Lebensreise. ♥

Es ist mir ein Fest, viele tolle Menschen für immer in meinem Herzen zu tragen, auch wenn sie es selber vielleicht gar nicht wahrgenommen haben, dass sie mir ein wichtiges Puzzleteil überbracht haben, und selbst wenn wir uns eventuell nie persönlich kennengelernt haben.

Ich möchte meinen wundervollen Kunden danken, weil ich durch jeden Einzelnen selber so sehr wachsen durfte. Das Commitment und die Liebe jedes einzelnen Reisenden im *WIBKEversum* hat mich massiv über mich hinauswachsen lassen. Ich durfte mich mehrfach neu erfinden, um zu dieser Frau zu werden, die mal eben nebenbei in ihre Hermès-Identität geschlüpft ist, von Null ein Multimillionen-Business erschaffen hat und bis heute so viele große Seelen auf ihre individuellen Reise in die Freiheit begleiten durfte. Teil von etwas zu sein, was so viel größer ist, als ich selbst jemals glauben konnte, durchflutet mich mit Demut. Mittlerweile weiß ich, dass ich nichts weiß und das Ganze erst das Vorspiel von etwas noch viel Größerem ist. *Ich bin so was von ready.*

Ein fettes Dankeschön an alle wundervollen Menschen, die dieses Buch mit ihrem Wirken auf dem Weg zu dir, liebe Leserin begleitet haben.

Für mich war es eine interessante Erfahrung, wie sich das Buch quasi von selbst durch mich hindurch geschrieben hat, und gleichzeitig ist meine eigene Reise zu mir selbst für viele Frauen ein riesiger Spiegel ihres eigenen Lebens.

Und jetzt bist du dran. Liebe Leserin, ich möchte dir aus tiefstem Herzen danken, weil du mit dem Kauf und der Inspiration dieses Buches Teil meiner großen Vision geworden bist. Alles ist möglich. Nimm dir meine exklusiven Geschenke auf den nächsten Seiten und erlaube dir, weit über dich hinaus zu wachsen.

YOU MATTER! ♥

QUELLEN

Statistische Werte:
www.statista.de
www.usdebtclock.org

Rendite-Rechner:
https://rendite.rechner.handelsblatt.com/rechner/handelsblatt2

DAS SAGEN KUNDEN ÜBER WIBKES MENTORING

André Gassmann, Unternehmer und Spezialist für intuitive Wahrnehmung

„Easy Peasy“ – untrennbar mit Wibke Sommer verknüpft.

Wibke zaubert. Sie zaubert das Unmögliche.

Ich bin geflasht und denke mir, die letzte Vermehrung von Wein und Fisch war doch gut 2000 Jahre her. Mindestens.

Die erste Runde im Januar-Kurs sackt noch, da ist schon die August-Ausgabe „The MONEYgame – easy peasy HAPPY MONEY Krypto Investing“ am Start. Fasziniert schaue ich auf die Art und Weise, wie sie Wissen ausräumt und, als wäre es ein Legobausatz für 3-Jährige, spielend einfach neu zusammensetzt.

Sie jongliert mit Stories und hält jede Emotion – easy peasy.

Sie habe „Bank gelernt“ und lehrt heute Geld, doch für mich zuallererst Liebe, Fülle, Glück, Freundschaft, Freiheit, Friede, Reichtum, Sicherheit, Verantwortung, Selbstwirksamkeit, Intuition, Weiblichkeit, Lebensführung u. v. m.

Hätte ich es nicht erlebt, müsste ich an Wunder glauben. ;-)

Ich gönn‘ mir jetzt einen weiteren Schluck Wein und ein Stück Fisch – die Platte ist so reichhaltig.

Danke Wibke Sommer für „Your Way“!

Evelyn Bachmann, zert. Gesundheits- und Persönlichkeitsbildnerin, Wellnesstrainerin und Investorin

Als ich vor ca. 3 Jahren Wibke privat bei einem Bootsausflug kennenlernte, hatte ich keine Ahnung, was diese Begegnung für mich bedeuten würde.

Eins hab ich sofort gespürt, es war eine große Anziehungskraft da. Ich war total von ihrem Sein inspiriert. Und das hat mich bewogen, sie für einen ersten Kurs zu buchen.

Der „Kohlrabi"-Kurs war mein Start. Es folgten „Selflove Millionaire", das „VIP" auf Zypern, „MAGIC – Ruf deiner Seele", der Finanzkurs und jetzt zum dritten Mal „Beyond" und ganz bald ihre Business-Begleitung. Ich bin einfach immer wieder meinen Impulsen gefolgt.

Ehrlich gesagt wusste ich bei der ersten Runde „Beyond" nicht, was auf mich zukommt.

Ich wusste nur, wenn ich wachsen will, ist das mein Weg. Eine verrückte Entscheidung, unabhängig vom Geld. So bin ich in die BEYOND-Rakete im *Wibkeversum* eingestiegen.

Ich bin in diesem Jahr, seitdem ich die Kurse direkt nacheinander gemacht habe, über mich so was von hinausgewachsen. Es ist pure Erlaubnis. Ich bin auf allen Ebenen in die Sichtbarkeit gekommen und traue mich Dinge, die ich früher nie getan hätte.

Wibke hat in mir mein verborgenes „Alles ist möglich"-Potenzial freigesetzt. Sie hat mir geholfen, in meine wahre Größe zu kommen, sie anzuerkennen und immer mehr zu leben.

Was, wenn alles möglich ist? Wie hätte ich es gerne und wie kann es noch viel, viel geiler werden?

Wibke weiß in ihren Programmen genau, wo jeder steht, und sie hat die große Gabe, jeden Einzelnen in seine volle Größe zu führen.

Ich bin nicht mehr dieselbe Evelyn wie vorher. Ich bin wacher. Ich bin präsent, ich weiß, was ich will. Ich bin mutig und gehe für meine Träume. Ich folge immer mutiger meiner Intuition.

Liebe Wibke, danke, danke, danke, dass du all das in mir gesehen hast und mich so liebevoll begleitest.

Danke, dass du mir immer noch tiefer gezeigt hast, dass für mich so viel mehr möglich ist, wenn ich mir erlaube, mir und meiner Seelenführung zu vertrauen.

Was lege ich auf meinen Kopierer? Magic, magic, magic!

Nellie Kirchner, spirituelle Life-Coach

Ich möchte DANKE sagen und ein paar Einblicke geben, was mit Wibke als Mentorin alles möglich ist!

Wibke deckt Mangelprogramme auf und offenbart neue Räume der Fülle.

Ebenso ermächtigt sie dazu, voller Klarheit mit 100 Prozent Commitment und Eigenverantwortung für die verrücktesten Träume zu gehen.

Wibke steht für Wahrhaftigkeit, Freiheit und Wachstum.

Wibke als Mentorin zu haben ist die ultimative Abkürzung zum eigenen Traumleben. Denn ich kann sagen … Mein Leben hat sich in den letzten Jahren so krass verändert!

Die verschiedenen Mentorings bei Wibke („BEYOND“, „easy peasy HAPPY MONEY Krypto Investing“-Finanzkurs, „Selflove Millionaire“, „VIP“, „Kohlrabikurs“ …) haben mir sooooo viel Magisches kreiert! Einige davon habe ich mir sogar mehrfach gegönnt.

Ich gestalte mir heute jeden einzelnen Tag, wie ich möchte, habe superviel Zeit für mich, meine Tiere, meine Hobbys, Familie, Freunde und alles, was mir wichtig ist …

Ich bin jedes Jahr 3–6 Monate auf Reisen und entdecke unseren wunderschönen Planeten.

Ich habe gelernt, meine finanzielle Fülle anzunehmen und sie zu genießen. Ich fliege Businessclass und erlaube mir Luxusreisen in 5-Sterne-Hotels.

Meine verrückten Träume von früher sind mein Leben von heute ...

Soooooo so magisch!! Vor ein paar Jahren hätte ich nie gedacht, dass es möglich ist mit 33 Jahren so ein obermegageniales Leben zu führen, und heute bin ich selbst der Beweis dafür! Yes! Es ist möglich!!

Danke, liebe Wibke fürs Räume-Öffnen, immer wieder und wieder.

Danke, dass Du mich mitnimmst in Deine Alles-ist-möglich-Welt.

Ich liebe es, mit Dir an meiner Seite zu wachsen und mich immer noch mehr für die Magie und die Fülle des Lebens zu öffnen.

It's Magic.

Ich kann eine Zusammenarbeit mit Wibke von Herzen empfehlen.

Susanne Burgstaller, spirituelle Lehrerin, Investorin

Mein Start im *Wibkeversum* war im Jahr 2021, als ich mir zum ersten Mal den Finanzkurs „easy peasy HAPPY MONEY Krypto Investing" gegönnt habe. (Ich war mittlerweile das 3. Mal dabei, und jedes Mal habe ich dazugelernt.)

Ich habe gelernt, mein Geldthermostat immer weiter hochzudrehen, und schlussendlich bemerkt, dass es gar nicht ums Geld geht.

Crazy, oder? Es geht gar nicht ums Geld in einem Finanzkurs … und irgendwie doch.

Sehr sogar!

Wibkes Finanzkurs ist so anders, so Augen öffnend, so hinter die Kulissen blickend, dass es zeitweise wehtut.

Wibke sagt gerne: „Reichtum ist ein Bewusst-Seins-Zustand." Wenn dir dieser Satz total doof erscheint und dich vielleicht sogar wütend macht, dann lege ich dir Wibkes Programme ganz besonders ans Herz.

Im Frühling 2022 – oh Gott, das fühlt sich schon so weit zurück an – habe ich aus Sehnsucht, ans Meer zu kommen, Wibkes „VIP" auf Zypern gebucht und konnte mir überhaupt nicht vorstellen, was daraus entsteht.

Dass ich mich dann Hals über Kopf für ihr erstes „BEYOND"-Programm entschieden und meinen Mann damit überrumpelt habe, war auch nicht vorhersehbar. (Wir sind aktuell in der 5. Runde dabei und lieben es.) Wie so vieles für den Verstand unvorhersehbar ist, wenn man sich entscheidet, ins *Wibkeversum* einzutauchen. Da übernimmt die Seele und führt behutsam weiter. Genauso behutsam und gleichzeitig fokussiert hat Wibke mich an die Hand genommen und immer tiefer mich selbst entdecken lassen. Vieles, was damals undenkbar schien, ist mittlerweile auf wundersame Weise geschehen.

Wir haben gemeinsam gelacht. Wir haben geweint. Wir haben Stille erlebt und Nähe zugelassen. Ich habe mir niemals vorstellen können, mit einem Menschen so verbunden zu sein wie mit Wibke.

Ich danke Wibke von ♥ , dass sie mich immer wieder aus meiner Komfortzone lockt und mich ermutigt, an mich zu glauben. Ich bin nicht Durchschnitt. Ich bin besonders! DANKE

Alexandra Schaef, Freediving CEO, Dipl.-Betriebswirtin (FH), Unternehmensberaterin und Investorin

Vor 2 Jahren war da ein Kurs, der mich magisch angezogen hat.

Die Mentorin kannte ich nicht, und gleichzeitig habe ich gespürt: „Da MUSST du einfach dabei sein."

Ein Gruppenprogramm mit ganzen 4 Calls für einen 5-stelligen Betrag. Thema: Finanzen.Hmmm, okay.

Bis dahin habe ich meine Finanzen anderen überlassen – meiner Bank, Versicherungen, Finanzdienstleistern oder Menschen in meiner Familie, die sich da viel besser auskannten als ich. Schließlich arbeiteten sie ja bei einer Bank.

Doch irgendwie habe ich gespürt, dass ich mich dringend selbst mit finanzieller Bildung beschäftigen darf, wenn ich wirklich, wirklich pure Freiheit leben möchte.

Ich bin soooo dankbar für diese Entscheidung. Sie war für mich das Eintrittsticket ins *Wibkeversum.*

Der Finanzkurs „easy peasy HAPPY MONEY Krypto Investing" in 2021 war absolut lebensverändernd. Zum ersten Mal habe ich wirklich verstanden, wie das Finanzsystem funktioniert und dass ich mich dringend davon unabhängig machen möchte, um das freie Leben zu führen, das ich mir sooo sehr gewünscht habe.

Nie zuvor habe ich das Thema Finanzen aus so einer Freude und Fülle kennengelernt. In dem Kurs geht es NICHT um die klassischen Angstthemen wie Rentenlücke, Altersvorsorge oder Sparen für „schlechte Zeiten".

Für mich geht es in Wibkes Finanzkurs darum, endlich das Geldsystem zu verstehen, Alternativen zu klassischen Anlageprodukten kennenzulernen, 100%ige Verantwortung für mein Geld und sein Wachstum zu übernehmen, zu lernen, wie ich mein Geld für mich arbeiten lassen kann, anstatt selbst mein Leben lang für Geld zu arbeiten.

Und ganz besonders die finanziellen Möglichkeiten für mich zu entdecken, die mir ein Leben in absoluter Freiheit ermöglichen und ganz viel Fülleenergie.

Mit jedem Kurs hat Wibke absolut overdelivered.

Ja, es ist möglich, all dieses wertvolle Wissen in nur 4 Calls zu transportieren.

Ja, das Programm ist diese Investition absolut wert, denn es kann mir sooo sooo sooo viel mehr kreieren.

Ganz klar, dass ich auch beim neuen Finanzkurs als Wiederholer noch mal dabei war. Und der war noch mal Next Level!

Mittlerweile habe ich mir neben dem Finanzkurs noch weitere Programme bei Wibke gegönnt. Viele sogar mehrfach: „Selflove Millionaire", „Kohlrabikurs", „VIP Zypern", „MAGIC – Ruf deiner Seele" und nun schon die dritte Runde „BEYOND".

Vielen Dank dafür, liebe Wibke. Du ermöglichst damit jedem, sich die finanzielle Bildung anzueignen, die es braucht, um wirklich in purer Freiheit zu leben.

Justyna Pogoda (Nana Luu), Bewusstseins- und Fitness-Trainerin

Liebe Wibke, meine tiefe Dankbarkeit für dein Sein. Nach „Selflove Millionaire" habe ich mir den Finanzkurs „The MONEYgame – easy peasy HAPPY MONEY Krypto Investing" gegönnt. Dieser Kurs hat das Awakening-Potenzial. Das heißt im Klartext: Nach dem Kurs wählst du bewusst nur die Angebote des Lebens, die Dir dienlich sind und zu anderen (den undienlichen) sagst du einfach „Nein danke".

Um es zu bemerken, was sich wirklich hinter dem Scheinbaren verbirgt, benötigen wir ein waches Bewusstsein, was Wibke verkörpert und in ihren Kursen mit ganz viel Liebe weitergibt.

Für mich bleibt nach dem Kurs nix mehr so, wie es war.

Ich habe die volle Verantwortung für meine Finanzen und mein gesamtes Leben übernommen und handle nur noch aus dem Antrieb der Selbstliebe und Wertschätzung für mich.

Jeder, der das Gefühl hat „Irgendwas stimmt hier nicht, irgendwas passt hier nicht ... wie komme ich hier raus?“ darf sich diesen Kurs ermöglichen.

Danach wird dir klar, warum es sich so angefühlt hat ... und was außergewöhnlich ist: Es wird dir tatsächlich der Weg in die Freiheit gezeigt und authentisch von der Familie Sommer vorgelebt.

Ob du dich für diesen Weg entscheidest und die Schritte gehst, bleibt dir überlassen ... für mich habe ich es schon entschieden und mache meine Schritte jeden Tag.

Reinste Bewusstseinsarbeit in der Praxis ... kommen wir alle nicht drumherum ... „die rote Pille“ inklusive liebevolles, authentisches Auffangen nach dem freien Fall.

Familie Sommer, I love you all.

Claudia Meichelbeck, no job, no rank, no title

Liebe Wibke,

was für ein fantastischer Finanzkurs, den du umgetauft hast in „THE MONEYgame – easy peasy HAPPY MONEY Krypto Investing“. Ja, es ist ein Spiel, das es zu verstehen gilt, und das Finanz- bzw. Geldspiel darf Spaß machen und vor allem leicht gehen, so wie du es vorlebst.

Ich hatte keinerlei Vorstellung, was mich erwarten würde, doch für mich hast du zu 1000 % „overdelivered“. Deine ZOOM-Calls waren großartig und der 4. ZOOM so grandios ... 4 Stunden „Power-Input” in deiner einzigartigen, begeisternden, ehrlichen und sehr direkten Art ... das muss dir erst einmal jemand nachmachen. Chapeau!!!!!

Seit 10 Jahren treibt mich die Frage um, warum mein Geld nicht für mich arbeitet. Dank dir weiß ich nun, warum. Lösungen liegen auf dem Tisch und das Finanz-Zepter ist zurück in meinen Händen. Doch die neuen Welten und Räume, die du ebenfalls geöffnet hast, treiben mich in Wirklichkeit noch viel mehr um. Und dahin geht meine weitere Reise.

Unendlich dankbar für dein unermüdliches Tun + Sein und das Belüften der verklebten Flügelchen.

Bin startklar.

MEIN GESCHENK AN DICH

Der Umsetzungskurs zum Buch im Wert von 499 Euro

Ich liebe Geschenke. Und du?

Du erhältst als Leser:in meines Buches exklusiven Gratis-Zugang zu wertvollem Bonusmaterial als Ergänzung zum Buch. Sowie aktuelle Infos und Termine, wo du mich live in deiner Nähe treffen kannst.

Registriere dich jetzt für den exklusiven **Gratis-Umsetzungskurs zum Buch:**

SelfLOVE Millionaire – Lerne das Geldspiel und du musst nie wieder für Geld arbeiten

Website: wibke-sommer.com/buchbonus
Email: buch@wibke-sommer.com

FINANZKURS: THE MONEYGAME - EASY PEASY HAPPY MONEY KRYPTO INVESTING

Du liebst schnelle Entscheidungen und möchtest jetzt den nächsten Schritt gehen? Wir stehen vor der größten Vermögensumverteilung unserer Zeit. Jeder hat die gleichen Chancen. Egal wo du aktuell finanziell stehst, „**The MONEYgame - easy peasy HAPPY MONEY Krypto Investing**“ verändert dein Leben.

Dieser Finanzkurs ist perfekt für dich, wenn du:

- endlich 100 % Eigenverantwortung für deine Finanzen übernehmen möchtest.

- aus der Zeit gegen Geld tauschen Falle aussteigen willst. Und durch eine neue Ausrichtung Geld anziehen möchtest wie ein Magnet. 20% Strategie und 80% Mindset.

- endlich wissen möchtest, warum du deine finanzielle FREIHEIT täglich selbst sabotierst.

- die Denkweise & Handlungen der Reichen lernen und dir ein SelfLOVE Millionaire-Lifestyle kreieren möchtest.

- endlich verstehen möchtest, warum das Leben, gemessen in Euro, immer teuer wird und wie du das leicht für dich verändern kannst.

- an bewährten Strategien interessiert bist, mit denen du in jeder Marktphase maximales Gewinnpotenzial hast und nachhaltig Vermögen aufbaust.

- verstehen möchtest, warum sparen dich nicht reich macht. Und du totes Kapital (z.B. Immobilien, Erbschaften, ETF's und Gold) in vitales, lebendiges Vermögen umwandeln möchtest.

- verstehen möchtest, warum Krypto nicht gleich Krypto ist und wie du dieses Wissen für dich nutzen kannst.

Hier findest du alle Infos zum Kurs:
Website: wibke-sommer.com/finanzkurs
Email: buch@wibke-sommer.com

Wie alle von der Börse profitieren

Ratgeber

ISBN: 978-3986601287